I0264737

**DEBUT D'UNE SERIE DE DOCUMENTS
EN COULEUR**

Bibliothèque de Philosophie scientifique

WILLIAM JAMES
Professeur à l'Université de Harvard.

Philosophie de l'Expérience

Traduit par E. Le Brun et M. Paris

« L'expérience immédiate de la vie résout les problèmes qui déconcertent le plus l'intelligence pure. »

PARIS
ERNEST FLAMMARION, ÉDITEUR
26, RUE RACINE, 26

Bibliothèque de Philosophie scientifique
DIRIGÉE PAR LE Dʳ GUSTAVE LE BON

1° SCIENCES PHYSIQUES ET NATURELLES

La Science et l'Hypothèse, par H. Poincaré, membre de l'Institut (16ᵉ mille).

La Valeur de la Science, par H. Poincaré (14ᵉ mille).

La Vie et la Mort, par le Dʳ A. Dastre, membre de l'Institut (10ᵉ mille).

Nature et Sciences naturelles, par F. Houssay, profʳ à la Sorbonne (6ᵉ mille).

Les Frontières de la Maladie, par le Dʳ J. Héricourt (6ᵉ mille).

Les Influences ancestrales, par F. Le Dantec, chʳ de cours à la Sorbonne (9ᵉ mille).

La Lutte universelle, par Félix Le Dantec (8ᵉ mille).

Les Doctrines médicales, par le Dʳ E. Boinet, profʳ de clinique médicale (5ᵉ mille).

L'Évolution de la Matière, par le Dʳ Gustave Le Bon, avec 63 figures (18ᵉ mille).

La Science moderne et son état actuel, par Émile Picard, membre de l'Institut, professeur à la Sorbonne (10ᵉ mille).

La Physique moderne, par Lucien Poincaré, Inspʳ gᵃˡ de l'Instr. pub. (11ᵉ mille).

L'Histoire de la Terre, par L. de Launay, profʳ à l'École supʳᵉ des Mines (8ᵉ mille).

La Musique, par J. Combarieu, chargé de cours au collège de France (8ᵉ mille).

L'Hygiène moderne, par le Dʳ J. Héricourt (8ᵉ mille).

L'Électricité, par Lucien Poincaré, Inspecteur gᵃˡ de l'Instruction publique (8ᵉ mille).

L'Évolution des Forces, par le Dʳ Gustave Le Bon, avec 42 figures (10ᵉ mille).

Le Monde végétal, par Gaston Bonnier, de l'Institut, avec 230 figures (8ᵉ mille).

Les Transformations du Monde animal, par C. Depéret, Cʳ de l'Institut (7ᵉ mille).

De l'Homme à la Science, par Félix Le Dantec (6ᵉ mille).

L'Évolution souterraine, par E.-A. Martel, directeur de *La Nature* (80 figures).

La Vérité scientifique, sa poursuite, par E. Bouty, membre de l'Institut.

La Conquête minérale, par L. de Launay, professeur à l'École des Mines.

La Dégradation de l'Énergie, par B. Brunhes, directeur de l'Observatoire du Puy de Dôme (6ᵉ mille).

Science et Méthode, par H. Poincaré, membre de l'Institut (9ᵉ mille).

L'Aéronautique, par le Commandant Paul Renard (6ᵉ mille).

L'Évolution d'une Science, la Chimie, par W. Ostwald (6ᵉ mille).

Les Théories de l'Évolution, par Yves Delage, de l'Institut et M. Goldsmith.

2° PSYCHOLOGIE ET HISTOIRE

La Philosophie moderne, par Abel Rey, profʳ agrégé de philosophie (6ᵉ mille).

L'Âme et le Corps, par A. Binet, directeur de Laboratoire à la Sorbonne (6ᵉ mille).

Les grands Inspirés devant la Science, par le colonel Biottot.

La Connaissance et l'Erreur, par Ernst Mach, profʳ à l'Université de Vienne.

L'Athéisme, par Félix Le Dantec, chargé de cours à la Sorbonne (10ᵉ mille).

Science et Conscience, par Félix Le Dantec (6ᵉ mille).

Science et Religion dans la Philosophie contemporaine, par Émile Boutroux, membre de l'Institut (10ᵉ mille).

La Valeur de l'Art, par G. Dueff.

Psychologie de l'Éducation, par le Dʳ Gustave Le Bon (11ᵉ mille).

La Vie du Droit et l'Impuissance des Lois, par J. Cruet, avᵗ à la Cour d'appel.

Le Droit pur, par Edmond Picard, sénateur, professeur à l'Université de Bruxelles.

La Vie sociale, par Ernest van Bruyssel, consul général de Belgique (6ᵉ mille).

L'Allemagne moderne, par H. Lichtenberger, profʳ adj. à la Sorbonne (10ᵉ mille).

Les Démocraties antiques, par A. Croiset, membre de l'Institut (6ᵉ mille).

Le Japon moderne, son Évolution, par Ludovic Naudeau (6ᵉ mille).

Les Névroses, par le Dʳ Pierre Janet, profʳ au Collège de France (6ᵉ mille).

La Naissance de l'Intelligence, par le Dʳ Georges Bohn (40 figures).

Le Crime et la Société, par le Dʳ J. Maxwell, substitut du Procureur gᵃˡ à Paris.

Les Idées modernes sur les enfants, par A. Binet, directeur de labᵉ à la Sorbonne (6ᵉ mille).

L'Évolution des Dogmes, par C. Guignebert, chargé de Cours à la Sorbonne.

La Formation des Légendes, par A. Van Gennep, dirʳ de la Revue d'Ethnographie.

Découvertes d'Histoire sociale, par le Vicomte Georges d'Avenel.

L'Évolution de la Mémoire, par H. Piéron, Mʳᵉ de Cᶜᵉˢ à l'École des Htᵉˢ-Études.

Philosophie de l'Expérience, par William James, profʳ à l'Université de Harvard.

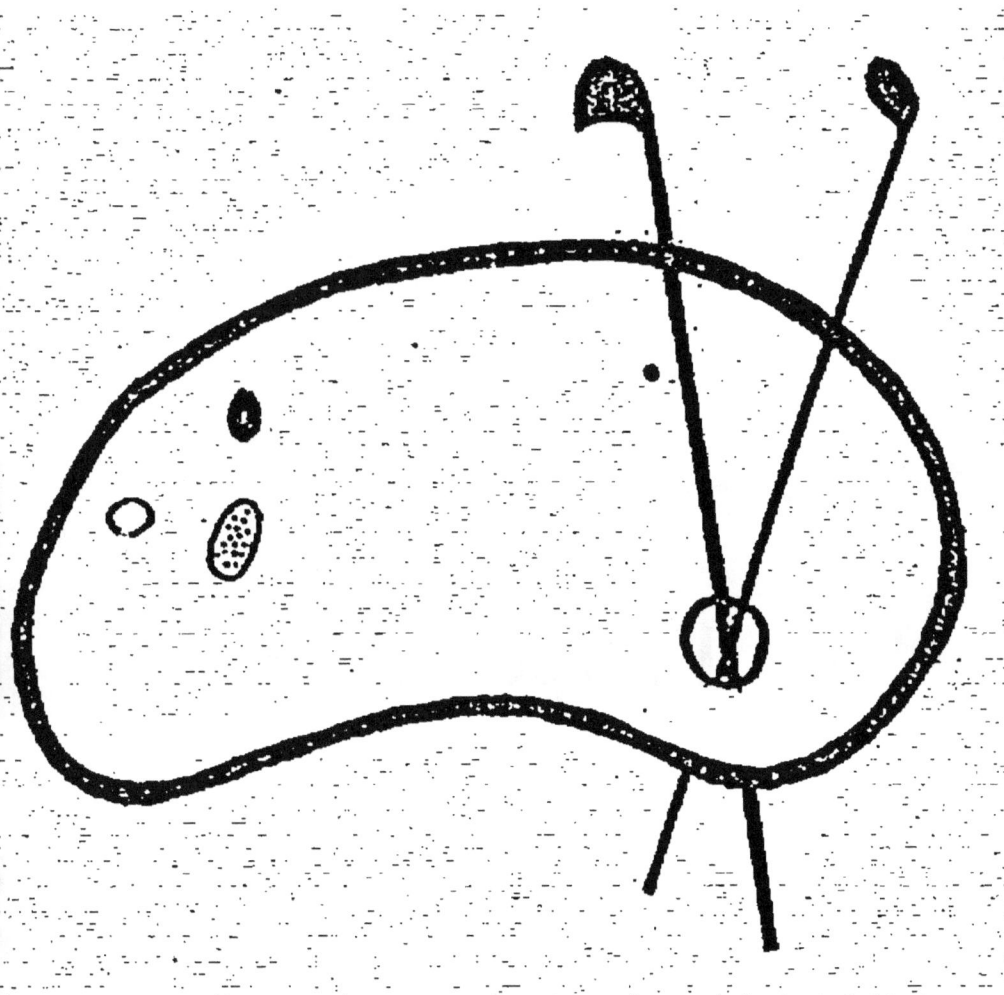

**FIN D'UNE SERIE DE DOCUMENTS
EN COULEUR**

Philosophie de l'Expérience

*remplacement de
8 R 23602*

Bibliothèque de Philosophie scientifique

WILLIAM JAMES

PROFESSEUR A L'UNIVERSITÉ DE HARVARD
MEMBRE DE L'INSTITUT DE FRANCE

Philosophie de l'Expérience

Traduit par E. Le Brun et M. Paris

« L'expérience immédiate de la vie résout les problèmes qui déconcertent le plus l'intelligence pure. »

PARIS
ERNEST FLAMMARION, ÉDITEUR
26, RUE RACINE, 26

1910

Droits de traduction et de reproduction réservés pour tous les pays, y compris la Suède et la Norvège.

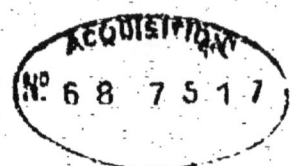

Droits de traduction et de reproduction réservés
pour tous les pays.

Copyright 1910,

by Ernest Flammarion.

Philosophie de l'Expérience

PREMIÈRE LEÇON

Les aspects de la pensée philosophique.

Renaissance de la philosophie à notre époque. — Le ton change depuis 1860. — Définition de l'empirisme et du rationalisme. — Comment procèdent les philosophes : voulant expliquer l'univers, ils y choisissent une partie et l'interprètent tout entier par elle. — Ils s'efforcent de faire qu'il paraisse nous être moins étranger. — Différences que leur tempérament met entre eux. — Nécessité de reconstruire les raisonnements d'où sont sortis leurs systèmes. — Leur tendance à un excès de technicité. — Exagération en ce sens chez les Allemands. — Importance de la vision chez un philosophe. — La pensée chez les primitifs. — Le matérialisme et le spiritualisme. — Deux types de spiritualisme : le théisme et le panthéisme. — Le théisme laisse l'homme en dehors de Dieu. — Le panthéisme identifie l'homme et Dieu. — Les tendances contemporaines vont au panthéisme. — Légitimité de notre prétention d'être quelque chose d'essentiel dans l'univers. — Pluralisme contre monisme. — Deux formes pour représenter l'univers : la forme *chaque*, et la forme *tout*. — Comment se caractérise l'idéalisme absolu. — Particularités qui appartiennent à une conscience finie et ne sauraient appartenir à l'absolu. — Le panthéisme met la première dans l'impossibilité de communiquer avec le second.

Ces leçons ne s'adressant pas qu'à des étudiants, et devant être fort peu nombreuses, j'ai supposé que tous les problèmes trop spéciaux devaient en être exclus et qu'un sujet d'intérêt général s'imposait.

Heureusement, notre époque semble revenir à la philosophie : sous la cendre, le feu vit toujours. Oxford, longtemps la pépinière, pour le monde anglais, de l'idéalisme inspiré de Kant et de Hegel, est récemment devenu le berceau d'une manière de penser toute différente. Ceux-là mêmes qui ne sont pas des philosophes ont commencé à s'intéresser à une controverse sur ce qu'on est convenu d'appeler le pluralisme ou l'humanisme. Ne dirait-on pas que le vieil empirisme anglais, depuis si longtemps démodé, et remplacé dans ce pays par les formules allemandes, plus sonores et de plus noble allure, fût en train de retrouver ses ailes et de reprendre des forces pour un vol plus vigoureux que jamais? Ne dirait-on pas qu'on est en train d'en sonder et d'en examiner à nouveau les fondations?

C'est un fait que l'individualité déborde toute classification : cependant, nous tenons à classer sous quelque rubrique générale chacun des individus que nous rencontrons. Or, ces rubriques suggèrent habituellement de fâcheuses associations chez certains esprits. Alors, la controverse philosophique se compose, dans son ensemble, de protestations contre ces classements, et de reproches contre ceux qui les comprennent mal.

Mais une éclaircie s'annonce, et il y a, dans l'ensemble, moins d'aigreur dans la discussion, en partie grâce à Oxford et à Harvard.

Reportons-nous aux environs de 1860. — Mill, Bain et Hamilton étaient les seuls philosophes officiels de la Grande-Bretagne. Spencer, James Martineau et Hodgson ne faisaient qu'apparaître. En France, les disciples de Cousin ne travaillaient que l'histoire de la philosophie : — seul, Renouvier avait une pensée originale. En Allemagne, le mouvement hégélien était épuisé, et, en dehors de l'érudition historique, il ne restait plus que la controverse engagée sur le matérialisme qui avait pour champions des hommes tels que Büchner et Ulrich. Lotze et Fechner étaient les seuls penseurs originaux, et Fechner n'était nullement un philosophe de profession.

L'impression générale qui en résultait, c'est qu'il n'y avait que des conclusions et des oppositions brutales, peu de subtilité et une immense ignorance. L'*amateurisme* triomphait. Les « Lettres de Samuel Bailey sur la philosophie de l'esprit humain », publiées en 1855, sont un livre d'une réelle valeur et l'un de ceux dans lesquels l'associationisme anglais trouve sa meilleure expression. Écoutez cependant comment il parle de Kant : « Il n'y a pas lieu d'éprouver le moindre étonnement à entendre déclarer par des hommes d'une *intelligence éminente* que, après des années d'étude, ils n'avaient pas réussi à tirer une seule idée claire des spéculations de Kant. C'est plutôt de les y voir réussir, que j'aurais été surpris. En 1818, ou vers cette époque, lord Grenville déclarait au professeur Wilson que, après avoir étudié pendant cinq ans la philosophie de Kant, il n'en avait pas tiré une seule idée claire. Wilberforce, vers la même date, fit le même aveu à un autre de mes amis. — Je m'évertue, en ce moment, s'écrie sir James Mackintosh, sans doute irrité de l'inutilité de ses efforts, à comprendre ce maudit philosophe allemand[1] ».

Voilà des citations bien naïves et qui sentent leur provincial. Elles ont beau faire autorité encore aujourd'hui : lequel parmi les penseurs d'Oxford oserait les reproduire maintenant?

La torche du savoir passe d'un pays à un autre, comme l'Esprit souffle la flamme. La profondeur croissante de la conscience philosophique nous est venue de l'Allemagne, à nous autres Anglais, et il est probable que nous la leur renverrons d'ici peu. En tout cas, ce fut là un progrès : on en est redevable à Ferrier, à J.-H. Stirling et surtout à T.-H. Green.

Un changement de doctrine est donc survenu. En quoi a-t-il surtout consisté? Pour ma part, j'y

---

1. BAYLEY. *Op. cit.* Première série, p. 52.

vois la pensée anglaise, jusqu'alors si peu élaborée et toute simpliste, qu'elle fût religieuse ou anti-religieuse, tendre vers un rationalisme venu de l'Allemagne tout d'abord, mais libéré de ce qu'il avait de technique et de tranchant avec les Allemands : c'est un rationalisme qui se contente de suggérer des solutions, qui se plait dans le vague et qui reste imprégné d'une religiosité bien anglaise.

A l'époque où T.-H. Green débutait à Oxford, sa génération paraissait avoir l'impression qu'il y avait assez longtemps qu'elle se nourrissait de la paille hachée que lui fournissaient les psychologues et les associationistes. Elle semblait aspirer à un peu plus d'ampleur, — dût cette ampleur avoir quelque chose de vague et de flottant, — comme à une brise humide venue de loin et nous rappelant la sublimité de nos origines.

Le grand point auquel s'attaqua Green fut l'incohérence du sensualisme anglais qui régnait alors. *Poser des relations*, voilà quel était pour lui le grand objet de l'activité intellectuelle, et la clef de cette opération résidait, en définitive, croyait-il, dans cette idée toute kantienne de l'unité d'aperception érigée en un vivant esprit qui anime le monde.

De là un monisme d'une espèce toute religieuse. D'après ce monisme il faut, d'une manière ou d'une autre, que nous soyons des anges déchus,

1.

ne faisant qu'*un* par cette nature angélique avec l'Intelligence pure. De là, un grand dédain pour l'empirisme sensualiste, dans cette école de penseurs qui, somme toute, n'a pas cessé de régner d'une manière absolue à Oxford et dans les universités écossaises.

Mais voici que certains signes paraissent annoncer qu'elle recule devant une vague nous apportant un empirisme renouvelé. J'avoue que mon bonheur serait de voir triompher cette vague tout récemment survenue. Plus tôt je m'expliquerai là-dessus, mieux cela vaudra; car j'espère que ma voix pèsera en faveur de son triomphe et que tel sera l'un des résultats de ces leçons.

Que signifient ces deux termes : empirisme et rationalisme? Réduits à leur différence la plus significative, *l'empirisme est l'habitude d'expliquer un tout par ses parties, et le rationalisme, celle d'expliquer les parties par le tout.*

Le rationalisme conserve ainsi des affinités avec le monisme, puisque l'idée d'un tout implique l'idée de l'union des parties, tandis que l'empirisme a des tendances pluralistes. Nulle philosophie ne peut jamais être autre chose qu'une esquisse sommaire, un tableau du monde en raccourci, une vue réduite d'avance et à vol d'oiseau de la perspective des événements. Et la première chose à remarquer, c'est que les seuls matériaux à notre disposition, pour tracer un tableau du monde dans son ensemble, nous sont fournis par les diverses parties de cet univers que notre expérience nous a déjà fait connaître. Nous ne pouvons, sous aucune forme, créer, pour l'appliquer au tout exclusivement, aucune conception qui ne nous soit pas primitivement suggérée par les parties.

En conséquence, tous les philosophes ont conçu la totalité de l'univers d'après l'analogie fournie par quelque trait particulier qui, dans cet univers, a spécialement captivé leur attention.

Ainsi, les théistes prennent comme idée directrice l'idée de fabrication, et les panthéistes, l'idée de développement.

Pour tel homme, le monde ressemble à une pensée, ou bien à une phrase exprimant une pensée grammaticalement. Pour ce philosophe-là, le tout doit logiquement être antérieur aux parties, car les lettres n'auraient jamais été inventées sans des syllabes à épeler, ou les syllabes, sans des mots à prononcer; — tandis qu'un autre, frappé de la discontinuité, de la mutuelle contingence de tant de menus détails dans l'univers, se représente le monde comme un tout qui aurait été originellement une chose discontinue : il suppose que l'ordre y a été surajouté après coup, peut-être par l'usure graduelle et la disparition résultant du frottement interne de certaines parties qui se contrariaient primitivement.

Tel autre homme concevra l'ordre simplement

comme une sorte de statistique; et l'univers sera pour lui comme un immense sac rempli de boules blanches et noires, dont nous devinons le nombre respectif comme simplement probable, suivant que nous avons vu les unes ou les autres sortir du sac plus fréquemment.

Pour un autre philosophe encore, il n'y a pas, en réalité, d'ordre immanent : c'est nous qui projetons l'ordre dans l'univers en choisissant des objets et en établissant des relations, de manière à satisfaire nos intérêts intellectuels. Nous *taillons* un ordre en mettant de côté les parties non ordonnées; et le monde est ainsi conçu par analogie avec une forêt ou un bloc de marbre dont on peut tirer des parcs ou des statues, en éliminant les arbres ou les fragments de pierre qui font disparate.

D'autres penseurs s'inspirent de la vie humaine, et traitent l'univers comme s'il était essentiellement un lieu dans lequel des idéaux se réalisent.

D'autres sont plus frappés par ses aspects inférieurs, et, pour eux, c'est l'idée de nécessité pure qui exprime le mieux ses caractères.

Ainsi, tous adoptent une analogie ou une autre, et toutes ces analogies s'accordent avec l'une ou l'autre des circonscriptions de l'univers. Chacun est cependant porté à prétendre que ses conclusions sont les seules logiques, qu'elles sont imposées par la raison universelle. Or, ce ne sont jamais au fond, et à quelque degré, que des particularités d'une vision personnelle. Cette vision, il vaudrait bien mieux la présenter pour ce qu'elle est. La vision d'un homme, en effet, peut avoir beaucoup plus de valeur que celle d'un autre, et nos visions sont d'ordinaire notre apport, non seulement le plus intéressant, mais le plus respectable, à cet univers où nous jouons notre rôle.

Pourquoi la raison a-t-elle été donnée aux hommes, dit un écrivain du xviiie siècle, sinon pour lui permettre de justifier ce qu'ils éprouvent le besoin de penser et de faire? — Et je crois que l'histoire de la philosophie, dans l'ensemble, justifie ce mot.

« Le but de la connaissance, dit Hegel [1], est d'enlever au monde objectif son caractère étranger, et de faire que nous y soyons plus chez nous ». Or, c'est dans des fragments très différents de l'univers que l'esprit de chacun se trouve le mieux chez lui.

Permettez-moi d'insister un peu ici sur les curieuses antipathies qu'éveillent ces vues qui semblent inspirées par l'esprit de parti. Ces antipathies sont souverainement injustes, car un parti est un être humain. Deux partis auront les mêmes intérêts essentiels, et aucun d'eux ne sera le démon absolument pervers qu'il est dans l'imagination de l'autre. Tous deux respectent le monde qui

---

1. *Logique inférieure*, § 194.

les porte; ni l'un ni l'autre ne veut le dépouiller; ni l'un ni l'autre ne veut le regarder comme une folle incohérence; tous deux veulent le maintenir comme un univers d'un certain genre, et leurs différends sont tous secondaires par rapport à cet accord profond. Il se peut qu'il n'y ait chez eux que des tendances à mettre en relief des traits différents. Ou bien un homme peut se soucier de la finalité et de la sécurité plus qu'un autre; ou bien leurs goûts en matière de langage peuvent différer. L'un peut aimer un univers qui se prête à une conception lui donnant un caractère élevé ou sublime. A un autre, cela peut paraître sentimental et de pure rhétorique. L'un réclame le droit d'employer un vocabulaire théologique; l'autre, un vocabulaire technique ou la phraséologie d'un professeur. Un vieux fermier de ma connaissance en Amérique fut traité de coquin par un de ses voisins. Il le frappa immédiatement, en disant : « Faites-moi grâce de vos termes diminutifs »! Les rationalistes, partant du tout et jouissant ainsi des privilèges de la grande éloquence, jugent que les empiristes, mettant les parties avant le tout, emploient, eux, de choquants « diminutifs »!

Toutes ces différences, encore une fois, sont choses secondaires, si l'on envisage ce fait que, empiristes ou rationalistes, nous faisons tous également partie de l'univers : nous sommes tous intéressés de la même manière, et profondément, à ses destinées. Nous éprouvons tous également le besoin de nous y sentir plus véritablement *chez nous*, et de contribuer pour notre obole à son progrès. Il serait pitoyable que de mesquines disputes d'esthétique dussent séparer les hommes de bonne foi !

J'aurai moi-même à employer les termes « diminutifs » de l'empirisme. Mais si vous considérez l'esprit sous la lettre, vous ne jugerez pas, j'en suis sûr, qu'il faille voir en moi un parricide : envers notre mère commune, je suis un aussi bon fils que n'importe quel rationaliste d'entre vous.

Ce qui me gêne plus que cette idée fausse, c'est le caractère foncièrement abstrus que présentent un grand nombre de matières dont il me faudra vous entretenir, et la difficulté de les rendre intelligibles du premier coup. Mais il y a deux maîtresses pièces : « *zwein stücke* », comme aurait dit Kant, dans toute philosophie : la conception, la croyance ou l'attitude finale à laquelle cette philosophie nous amène, — et les raisonnements par lesquels on atteint à cette attitude, et qui la préparent. Certes, une philosophie doit être vraie ; mais c'est la moindre des conditions à remplir. On peut trouver la vérité sans être philosophe, grâce à une divination ou grâce à une révélation. Ce qui distingue la vérité philosophique, c'est qu'elle est construite par le raisonnement. C'est par des démonstrations, et non pas par des hypothèses, que le philosophe doit se mettre en possession de cette vérité. Les hommes du commun se trouvent, sans savoir comment, avoir hérité de leurs croyances. Ils s'y précipitent à pieds joints et s'y tiennent. Les philosophes doivent faire plus : ils doivent d'abord obtenir la permission de la raison pour leurs croyances; et, aux yeux du philosophe de profession, le travail qui la leur fait obtenir est ordinairement une chose de beaucoup plus d'importance et de poids que n'importe quelles croyances particulières auxquelles ils aboutissent en usant de cette licence.

Supposez, par exemple, qu'un philosophe croie à ce qu'on appelle le libre arbitre. Qu'un homme du commun, marchant dans le même sens que lui, partage aussi cette croyance, mais ne la possède que par une sorte d'intuition innée, cet homme n'en deviendra, en aucune façon, cher au philosophe : ce dernier pourra même rougir de se voir associé à un tel homme.

Ce qui intéresse le philosophe, ce sont les prémisses particulières qui établissent le libre arbitre auquel il croit, le sens qu'on lui donne, les objections auxquelles on échappe, les difficultés dont il est tenu compte, — bref, toute la procédure, toute la synthèse, toute la mise en œuvre, tout l'appareil technique accompagnant la croyance en question. Un philosophe du camp adverse, qui userait du même appareil technique, qui ferait les mêmes distinctions, mais qui aboutirait à des conclusions opposées et nierait absolument le libre arbitre, ce philosophe aurait beaucoup plus de prestige aux yeux du premier que le *naïf*[1] qui partagerait sa croyance. L'intérêt commun qu'aurait pour nos deux philosophes le côté technique, les unirait plus que leurs conclusions opposées ne les diviseraient. Chacun d'eux se sentirait essentiellement le frère germain de l'autre, penserait à lui, écrirait *pour* lui, tiendrait à son estime. Le naïf partisan du libre arbitre serait dédaigné par l'un et par l'autre. Allié ou adversaire, son vote ne compterait pas.

Dans une certaine mesure, sans doute, les choses se passent en cela de la manière dont elles doivent se passer; mais, comme toujours avec l'esprit professionnel, elles peuvent aller jusqu'aux extrêmes et jusqu'aux abus. La fin, après tout, compte plus que le moyen dans la plupart des choses humaines : les formes et les méthodes peuvent aisément aller contre leur but. L'abus de la technicité se manifeste par ce fait qu'il est rare dans la littérature philosophique que les questions métaphysiques soient discutées directement, et pour ce qu'elles valent en elles-mêmes. Presque toujours on les manie comme à travers un lourd rideau de laine, voile jeté sur elles par les opinions des philosophes antérieurs. On enveloppe de noms propres les solutions oppo-

---

[1]. En français dans le texte. [Trad.].

sées, comme s'il était indécent pour une vérité d'aller toute nue ! Feu le professeur John Grote, de Cambridge, fait là-dessus des remarques fort justes : « La pensée, dit-il, n'est pas une matière professionnelle, ni quelque chose qui appartienne seulement aux soi-disant philosophes ou penseurs officiels. Le meilleur philosophe est l'homme qui pense on ne peut plus *simplement*. Je voudrais voir les hommes considérer la pensée, — et la philosophie n'est rien de plus qu'une pensée saine et méthodique, — comme chose qui leur est intérieure, qui fait partie de leur moi réel... les voir *attacher un prix* à ce qu'ils pensent et s'y intéresser... A mon avis, continue cet auteur, il y a quelque chose de décourageant dans ce fardeau d'érudition, où rien ne saurait vous venir à l'esprit sans qu'on vous dise : oh! c'est l'opinion exprimée il y a longtemps par telle ou telle personne... Je ne puis concevoir rien de plus nuisible pour ceux qui veulent s'instruire, que de se dire sans cesse, à propos de leur pensée philosophique habituelle : oh! quelqu'un doit avoir pensé tout cela avant moi[1] ! »

Telle est pourtant l'habitude qu'on encourage dans nos centres d'enseignement. Vous devez subordonner votre opinion à celle d'Aristote ou de Spinoza; vous devez la définir par sa distance à

---

[1]. *Exploratio philosophica*, Partie I, 1865, xxxviii, 130.

l'égard de celle de Kant ; vous devez réfuter les vues de votre rival en les identifiant avec celles de Protagoras. Ainsi sont détruites toute la spontanéité de la pensée et toute la fraîcheur des conceptions. Tout ce que vous touchez est comme une marchandise défraîchie. L'excès de technicité, et la sécheresse qui en résulte chez les jeunes étudiants des universités américaines, sont effrayants. Cette technicité, cette sécheresse tiennent à ce qu'ils suivent de trop près les modèles et les méthodes de l'Allemagne. Puissent-ils revenir, et puisse-t-on, dans d'autres pays aussi, revenir à une tradition plus largement humaine ! Les étudiants américains, pour leur part, ont à se remettre en contact direct avec la philosophie par un pénible effort personnel. Quelques-uns d'entre eux l'ont fait. D'autres, parmi les plus jeunes, ne le feront jamais, je le crains, tellement sont déjà fortes chez eux les routines professionnelles de leur boutique.

Dans les choses de la philosophie, comme dans certaines autres, on est fatalement exposé à ne savoir plus respirer ce qui, dans la nature humaine, est comme le grand air ; et à ne plus penser qu'au moyen des formules traditionnelles qui sentent l'école ou la boutique. En Allemagne, les formules sont tellement devenues chose professionnelle, que tout homme qui a obtenu une chaire et composé un livre, si bicornu, si extravagant que soit ce livre, a légalement le droit de figurer désormais dans l'histoire de la question comme une mouche fossilisée dans l'ambre. Tous ceux qui viennent après lui ont le devoir de le citer et de mesurer leurs opinions sur la sienne. Telles sont pour les Allemands les règles du « sport » professoral : s'ils pensent et s'ils écrivent, c'est exclusivement l'un d'après l'autre, l'un pour l'autre et l'un contre l'autre.

En supprimant ainsi le plein air, on fait que toute vraie perspective s'évanouit : aux outrances, aux bizarreries, on attache le même prix qu'aux idées sensées; et, si par hasard un homme écrit sous une forme populaire, en ne s'occupant que des résultats positifs, en faisant converger toute sa pensée directement sur le sujet, son ouvrage passe pour un *fatras superficiel* (*oberflächliches Zeüg*); on le juge *dépourvu de toute méthode scientifique* (*ganz unwissenschaftlich*).

Le professeur Paulsen a récemment écrit quelques lignes bien senties sur cette exagération de l'esprit professionnel dont le règne, établi en Allemagne, a fait perdre leur crédit à ses propres écrits, qui ont le tort d'être « littéraires ». La philosophie, remarque-t-il, a depuis longtemps acquis chez les Allemands la réputation d'une science ésotérique et occulte. La peur d'être facilement compris est chez eux une peur toute naturelle. Pour eux la simplicité dans l'exposé est synonyme de vide, d'esprit superficiel et de manque de profondeur. Paulsen rappelle cet aveu d'un vieux professeur qui lui disait une fois : « Oui, nous autres philosophes, quand nous le voulons, nous pouvons marcher d'un tel pas qu'en deux phrases nous savons nous transporter là où personne ne saurait nous suivre ». Ce professeur se faisait gloire de parler ainsi, alors qu'il aurait dû en rougir ; si importante que soit la technique, en effet, les résultats le sont davantage.

Enseigner la philosophie de telle façon que les élèves s'intéressent à la technique plus qu'aux résultats est certainement une aberration. C'est là tout simplement une mauvaise méthode, dans une étude d'un intérêt humain aussi universel. D'ailleurs, technique pour technique, est-ce que, après tout, la technique de David Hume offre un modèle si difficile à suivre? En est-il de plus admirable? L'esprit anglais, grâce à Dieu, et l'esprit français, par leur aversion pour la critique brutale comme pour le barbarisme, se tiennent plus près des probabilités naturelles de la vérité. Leurs littératures montrent beaucoup moins de faussetés et de monstruosités manifestes que la littérature allemande.

Considérez la littérature allemande sur l'esthétique : n'est-il pas absurde qu'un personnage aussi peu esthétique qu'Emmanuel Kant y soit installé au centre, et sur un trône?

Pensez aux livres allemands sur la philosophie religieuse, où les luttes du cœur sont traduites dans le jargon des concepts et transformées en une dialectique ! Certes, il n'y a rien de tel que la vie religieuse pour s'acharner à poser des questions, à pressentir des objections, à exiger des preuves. Pourtant, une méthode toute technique, appliquée à ces troubles de l'âme, pourra être absurde, à force d'être mesquine. Le miracle est que, avec leur façon de philosopher, les Allemands, en tant qu'individus, puissent conserver une pensée quelque peu spontanée ; et le fait qu'ils manifestent toujours de la fraîcheur et de l'originalité à un degré si éminent, prouve la richesse inépuisable des dons du cerveau allemand.

Permettez-moi de répéter une fois de plus que la « vision » d'un homme est chez lui le point important. Qui se soucie des *raisons* de Carlyle, ou de celles de Schopenhauer, ou de celles de Spencer ? Une philosophie est l'expression du caractère d'un homme dans ce qu'il a de plus intime, et toute définition de l'univers n'est que la réaction volontairement adoptée à son égard par une certaine personnalité. Dans le livre récent du professeur Paulsen, que je vous citais tout à l'heure, — livre composé de chapitres successifs, écrits par divers philosophes allemands encore vivants [1],

---

1. Hinneberg, *Die Kultur der Gegenwart : Systematische Philosophie.* Leipzig, Teubner, 1907.

nous passons d'une atmosphère d'idiosyncrasie personnelle dans une autre, à peu près comme si nous tournions les pages d'un album de photographies.

Si nous considérons dans son ensemble l'histoire de la philosophie, les systèmes se réduisent à un petit nombre de grands types qui, sous tout le verbiage technique dont les enveloppe ingénieusement l'intelligence humaine, sont autant de manières de sentir le mouvement total qui emporte la vie et d'en apercevoir la direction générale. Oui, chaque système est la vision qu'impose à un homme son caractère complet, son expérience complète; la vision qu'il *préfère*, en somme, — il n'y a pas d'autre terme exact, — comme constituant pour lui la meilleure attitude de travail. Un caractère railleur fait prendre telle attitude générale; un caractère sentimental, où domine la sympathie, fait prendre telle autre attitude.

Toutefois, aucune attitude générale n'est possible à l'égard de l'univers pris dans son ensemble, tant que l'entendement n'a pas acquis une aptitude considérablement développée pour la généralisation, et n'a pas appris à goûter les formules synthétiques. C'est à peine si la pensée des hommes très primitifs est, si peu que ce soit, teintée de philosophie. La Nature ne peut guère avoir d'unité pour les sauvages. A leurs yeux, elle n'est qu'une procession de la nuit du Walpurgis, un mobile damier de lumières et d'ombres, une mêlée confuse d'elfes et de lutins qui sont des puissances amies ou hostiles. Les sauvages ont beau vivre « tout près de la Nature », ils ne sont rien moins que des disciples de Wordsworth. Si une parcelle d'émotion cosmique les fait jamais tressaillir, ce sera probablement à minuit, quand la fumée du camp s'élève toute droite vers la pleine lune maléfique brillant au zénith, et que la forêt est toute frémissante des murmures de la sorcellerie et du danger. Ce qu'il y a de supra-terrestre dans le monde, la discorde et l'infinie multiplicité, la petitesse des forces en jeu, les surprises produites par des causes magiques, l'essence inexplicable de chacun des agents naturels : voilà certainement les faits qui font la plus vive impression pendant cette période de la culture humaine, ceux qui propagent les premiers tressaillements de la curiosité, les premiers émois de l'intelligence. Les tempêtes et les conflagrations, les pestes et les tremblements de terre révèlent des puissances surnaturelles et inspirent une terreur religieuse plutôt qu'une philosophie.

La Nature, plus démoniaque que divine, apparait surtout comme *diverse infiniment*. Parmi tant d'êtres qui nourrissent l'homme ou qui le menacent, qui l'aident ou qui l'écrasent; parmi tant d'êtres à détester ou à chérir, à comprendre ou devant lesquels s'étonner, lequel est au sommet de l'échelle et lequel est subalterne? Qui peut le dire? Ils sont plutôt coordonnés : s'adapter à chacun d'eux séparément, « se mettre en règle » avec les puissances dangereuses, et conserver l'amitié des autres, sans s'occuper de « liaison ou d'unité », tel est alors le grand problème. Le symbole de la Nature, pour cette période, comme Paulsen le dit très bien, est le sphinx dont les griffes, faites pour déchirer, sont visibles sous les mamelles nourricières.

Mais, à son heure, l'entendement s'est éveillé, avec son ardeur à généraliser, à simplifier, à subordonner : alors ont commencé ces divergences de conception que toute l'expérience ultérieure semble avoir rendues plus profondes plutôt qu'elle ne semble les avoir effacées, parce que la nature objective leur apportait à toutes sa contribution impartiale. Elle a laissé les penseurs mettre en lumière certaines de ses parties qui n'étaient pas les mêmes pour tous, et entasser par-dessus, pour les compléter, d'imaginaires éléments sur lesquels ils ne s'accordaient pas.

Le désaccord le plus intéressant est peut-être le désaccord résultant du choc qui se produit entre ce que j'appelais tout à l'heure le caractère sentimental ouvert à la sympathie et le caractère railleur. La philosophie matérialiste et la philosophie spiritualiste sont les types rivaux nés de ce choc : la première, définissant l'univers de manière à y laisser l'âme de l'homme comme une sorte de voyageur d'impériale, ou comme une sorte d'étranger qui le regarde du dehors ; tandis que la seconde insiste sur ce que la réalité intime et humaine doit envelopper la réalité brute et lui être sous-jacente.

Or, il y a deux types ou deux stades très distincts dans la philosophie spiritualiste, et mon but, dans cette leçon, va être maintenant de rendre évidents leurs contrastes. Tous deux réalisent la vision intime que nous cherchons ; mais l'un y réussit un peu moins que l'autre.

Le terme générique « spiritualisme » dont j'ai commencé à me servir, parce qu'il est l'opposé du mot matérialisme, s'applique ainsi à deux conceptions : le spiritualisme moniste, qui est le plus profond des deux, et le spiritualisme dualiste, qui l'est le moins. Celui-ci consiste dans le *théisme*, dont la période d'élaboration a commencé avec la philosophie scholastique, tandis que le spiritualisme moniste consiste dans le *panthéisme*, dont on parle tantôt comme d'un simple idéalisme, et tantôt comme de « l'idéalisme post-kantien ou absolu ». Le théisme dualiste est professé aussi fermement que jamais dans toutes les chaires d'enseignement catholique, tandis que, depuis les dernières années, il tend à disparaître de nos universités anglaises et américaines, pour céder la place à un panthéisme moniste tantôt plus ou moins avéré, tantôt plus ou moins déguisé. J'ai l'impression que depuis l'époque de Th. H. Green, l'idéalisme absolu n'a positivement pas cessé d'être en progrès à Oxford. Il est en progrès aussi dans ma propre université de Harvard.

L'idéalisme absolu réalise, disais-je, la vision la plus intime ; mais cette affirmation a besoin d'être expliquée. En tant que le théisme représente l'univers comme l'univers de Dieu, et Dieu comme ce que Mathieu Arnold appelait « un homme surnaturel magnifié », il semblerait que, par sa qualité intrinsèque, l'univers conservât quelque chose d'humain, et que nos relations avec le monde pussent être assez intimes, — puisqu'alors ce qu'il y a de meilleur en nous apparaît aussi en dehors de nous, — puisque l'homme et l'univers sont deux réalités de la même espèce, deux réalités spirituelles. Jusqu'ici, donc, tout va bien, et l'on pourrait, par conséquent, demander : Que voulez-vous de plus, en fait de vision intime ? A cette question, la réponse est que le fait de ressembler à une chose n'est pas une relation aussi intime que de fusionner avec elle substantiellement, pour former une âme et un corps qui soient un tout continu ; et que l'idéalisme panthéiste, faisant de nous essentiellement une seule et même entité avec Dieu, atteint seul ce plus haut degré de vision intime.

La conception théiste, représentant Dieu et sa création comme des entités distinctes l'une de l'autre, laisse toujours le sujet humain en dehors de la plus profonde réalité qu'il y ait dans l'univers. Dieu est complet de toute éternité, dit le théisme, et se suffit à lui-même : il produit le monde par un acte libre et comme substance extérieure à lui ; et il produit l'homme comme une troisième substance, extérieure à la fois au monde et à lui-même. Entre eux, Dieu dit : « un » ; tandis que le monde dit : « deux », et que l'homme dit : « trois ». Telle est la conception théiste orthodoxe. Et le théisme orthodoxe a été si jaloux de la gloire de Dieu qu'il s'est efforcé d'exagérer tout ce qui, dans sa façon de le concevoir pouvait le séparer, l'isoler. Dans ses livres, la scholastique entasse les pages sur les pages pour démontrer que Dieu n'est, en aucun sens, impliqué dans son acte créateur ou enveloppé dans sa création. Que ses relations avec ses créatures doivent produire en lui une différence quelconque, être de quelque conséquence pour lui, ou modifier son être, tout cela est répudié comme une flétrissure que le panthéisme lui infligerait, comme une atteinte à ce pouvoir qu'il possède de se suffire à lui-même.

Je disais, il y a un instant, que le théisme considère Dieu et l'homme comme des êtres de la même espèce ; mais, du point de vue de l'orthodoxie, c'est une erreur de langage. Dieu et ses créatures sont absolument distincts dans la théologie scholastique : absolument *rien* de commun entre elles et lui, quant à leur nature. Que dis-je? c'est rabaisser Dieu que de lui attribuer un caractère générique, quel qu'il soit : il ne saurait être classé avec aucune autre chose.

Le théisme philosophique, à le prendre en un certain sens, fait donc de nous des êtres extérieurs à Dieu et lui restant étrangers; ou bien, en tout cas, son rapport avec nous apparait comme unilatéral, et non comme réciproque. Son action peut nous affecter; mais il ne saurait jamais être affecté par notre réaction. Bref, notre relation avec lui n'est pas proprement une relation sociale. Naturellement, dans la religion des hommes du commun, on croit que cette relation a un caractère social; mais ce n'est là qu'une des nombreuses différences qui existent entre la religion et la théologie.

A ce dualisme essentiel de la conception théiste s'attachent des conséquences accessoires de toute sorte. L'homme étant à l'égard de Dieu un être extérieur, un simple sujet, au lieu de lui être intimement associé, un caractère d'extériorité envahit tout le champ de notre vision. Dieu n'est plus le cœur de notre cœur, et la raison de notre raison : il est plutôt notre souverain; et l'obéissance aveugle à ses commandements, si étranges qu'ils puissent être, demeure notre seule obligation morale. Les conceptions du droit criminel ont en fait joué un grand rôle dans cette manière de définir nos rapports avec lui.

Nos relations avec la vérité spéculative offrent le même caractère d'extériorité. Un de nos devoirs est de connaître la vérité, et les penseurs rationalistes ont toujours admis que c'est notre suprême devoir. Mais, dans le théisme scholastique, nous trouvons la vérité déjà instituée, déjà établie, sans notre concours, déjà complète dès avant que nous la connaissions : tout ce que nous pouvons faire, c'est de la reconnaître passivement et d'y adhérer, quoiqu'une adhésion telle que la nôtre ne puisse d'ailleurs lui ajouter ou lui enlever un *iota*. La situation est donc, ici encore, radicalement dualiste. Les choses ne se passent point comme si c'était en partie grâce à nous que le monde ou Dieu parvient à se connaître lui-même, ainsi que les idéalistes panthéistes l'ont soutenu. Non, la vérité existe par elle-même et absolument, par une grâce et par un décret de Dieu : peu importe qui de nous la connaît ou ne la connaît pas; et elle continuerait à exister sans modification, même si nous étions tous anéantis avec notre savoir borné.

Il faut avouer que ce dualisme et ce manque d'intimité dans la vision a toujours été, pour la pensée chrétienne, en quelque sorte ce qu'est une surcharge pour un cheval de course. La théologie orthodoxe a dû soutenir une guerre en règle, à l'intérieur des écoles, contre les formes diverses de l'hérésie panthéiste que produisaient constamment, d'une part, les expériences mystiques des âmes religieuses, et de l'autre, les avantages logiques ou esthétiques du monisme sur le dualisme. Concevoir Dieu comme l'âme intime et la raison intime de l'univers, a toujours passé, près de certaines personnes, pour plus noble que l'idée d'un créateur qui serait extérieur à son œuvre. Conçu de la première manière, Dieu a semblé unifier le monde plus parfaitement : il l'a créé moins borné, moins mécanique ; et, en comparaison avec un tel Dieu, un créateur extérieur paraissait ressembler davantage au produit de l'imagination d'un enfant. Des Hindous m'ont dit que le grand obstacle à l'expansion du christianisme dans leur pays est la puérilité de notre dogme de la Création : il n'a pas assez d'ampleur et d'infinité pour satisfaire les exigences des indigènes illettrés de l'Inde eux-mêmes.

Assurément, plus d'un parmi mes auditeurs accepterait de se rallier à l'hindouisme en cette matière. Ceux d'entre nous qui sont des sexagénaires ont éprouvé pour leur propre compte un de ces insensibles changements du climat intellectuel, produits par d'innombrables influences, qui font que la pensée d'une génération passée paraît aussi étrangère à la génération suivante que si elle était l'expression d'une autre race humaine. La construction théologique qui paraissait si vivante à nos ancêtres, avec sa durée bornée pour le monde, sa création tirée du néant, sa moralité et son eschatologie juridiques, son goût pour les récompenses et les punitions, et sa manière de présenter Dieu comme un organisateur extérieur, un « gouverneur moral et intelligent » : tout cela est aussi étrange, pour les oreilles de la plupart d'entre nous, que si c'était la religion d'une peuplade sauvage, en quelque région lointaine. Les vues plus vastes que l'évolutionisme scientifique a ouvertes, et la marée montante de l'idéal social démocratique ont changé le type de notre imagination, si bien que l'ancien théisme monarchique est vieilli ou en train de vieillir. La place du divin dans le monde doit être plus organique et plus intérieure. Un Créateur extérieur à l'univers et à ses institutions, cela peut encore s'enseigner verbalement à l'église, grâce à des formules que leur inertie même empêche de disparaître ; mais la vie s'en est retirée : nous évitons de nous y appesantir ; la vie véritable de notre cœur n'est plus là, mais autre part.

Je ne m'occuperai dans nos discussions ni du matérialisme du « railleur », ni de l'ancien théisme démodé, car ni l'un ni l'autre ne nous intéressent ici. L'esprit contemporain étant devenu désormais capable de concevoir le monde d'une manière plus intime (*weltanschauung*), les seules opinions vraiment dignes d'arrêter notre attention appartiennent au même ordre d'idées que ce qu'on peut appeler en gros la vision panthéiste, c'est-à-dire la vision de Dieu considéré comme immanent à l'univers, plutôt que comme le créant du dehors, et aussi de la vie humaine considérée comme faisant partie de cette réalité profonde.

Ainsi que nous l'avons vu, le spiritualisme, en général, comprend deux visions inégalement pénétrantes : la plus pénétrante, à son tour, comprend deux subdivisions, dont l'une affecte plutôt la forme du monisme, et l'autre celle du pluralisme.

C'est de la forme que je parle ici, car notre vocabulaire devient impossible à utiliser, si nous ne distinguons pas entre la forme et la substance de la vision. Dans n'importe quelle philosophie spiritualiste, la vie intérieure des choses doit être, d'une manière ou d'une autre, de la même essence que les parties les plus intimes de la nature humaine. Le mot *intimité* est probablement celui qui exprime le caractère distinctif d'une telle philosophie. Le matérialisme affirme que ce qu'il y a d'extérieur dans les choses doit en être l'élément le plus primitif et le plus permanent : il nous renvoie, avec notre intimité, dans un coin solitaire. Pour lui, ce sont les aspects bruts qui l'emportent, qui survivent : en les affinant, on a sur la réalité une prise d'autant plus faible et d'autant plus éphémère.

En se plaçant à un point de vue pragmatique, le fait de vivre en dehors des choses de l'univers, d'y vivre en étranger, s'oppose à celui d'y vivre intimement, comme la méfiance s'oppose à la confiance. On pourrait voir là une différence sociale, car, après tout, nous avons pour commun *socius* ce grand univers dont nous sommes tous les enfants. Si nous sommes matérialistes, ce *socius* doit nous être suspect : nous devons être à son égard soupçonneux, tendus, sur nos gardes. Si nous sommes spiritualistes, nous pouvons nous abandonner à lui, l'embrasser, et finalement, ne garder aucune crainte.

Cette opposition est un peu sommaire, et nous pourrions la compléter par un grand nombre d'autres divisions, empruntées à d'autres points de vue qu'à celui de l'extériorité et de l'intimité. Nous sommes en rapport avec la nature de tant de manières différentes qu'aucune d'elles ne nous rend possible une étreinte qui l'embrasserait toute. Est d'avance certaine d'échouer toute tentative philosophique pour définir la nature, qui prétendrait n'oublier le rôle d'aucun être, n'en laisser aucun à la porte qui pourrait dire : « Par où vais-je entrer, moi ? » Le plus que puisse espérer une philosophie, c'est de ne fermer à tout jamais la porte à aucun intérêt. Quelles que soient les portes qu'elle ferme, elle doit laisser d'autres portes ouvertes pour les intérêts qu'elle néglige. J'ai commencé par nous enfermer dans l'intimité et l'extériorité, parce qu'il y a là un contraste d'un intérêt très général et qui préparera commodément un autre contraste auquel je me propose d'arriver bientôt.

La plupart des hommes sont accessibles à la sympathie. Il y en a relativement peu qui soient des sceptiques aimant le scepticisme pour lui-même; et la plupart de nos vrais matérialistes sont tels, parce qu'ils s'y croient contraints par l'évidence des faits, ou parce qu'ils voient dans les idéalistes avec lesquels ils sont en contact des esprits trop renfermés en eux-mêmes et d'une trop grande sentimentalité : plutôt, donc, que de se joindre à eux, ils courent à l'extrémité opposée. Aussi vous demanderai-je de laisser tout à fait de côté les matérialistes quant à présent, et de considérer seulement l'école des hommes chez qui se rencontre la sympathie.

Il est normal, dis-je, d'être doué de sympathie au sens où j'emploie ce mot. Dans le fait de ne pas vouloir être en relations intimes avec l'univers, et de ne pas les désirer satisfaisantes, il faut voir le signe d'une disposition qui n'est pas bonne. En conséquence, lorsque des esprits de cette sorte atteignent le niveau philosophique et cherchent à unifier d'une manière ou d'une autre leur vision, ils se trouvent contraints de corriger cette apparence primitive des choses qui ne gêne pas les sauvages. Cette réalité, qui se présente pareille au sphinx avec ses mamelles et ses griffes, cette multiplicité toute sèche aperçue d'abord, est chose trop peu faite pour la contemplation philosophique. L'intimité et l'indépendance ne sauraient se constater comme simplement coexistantes. Il faut établir un ordre, et dans cet ordre, c'est le côté supérieur des choses qui doit dominer.

La philosophie de l'absolu s'accorde avec la philosophie pluraliste que je vais lui opposer dans ces leçons, en ce que toutes deux identifient la substance humaine avec la substance divine. Mais, tandis que, pour l'absolutisme, cette substance ne devient pleinement divine que sous la forme prise par les choses dans leur *totalité*, et n'est pas vraiment elle-même sous une autre forme que celle du tout — la forme *tout*, — la vue pluraliste que je préfère adopter admet volontiers que, en fin de compte, il ne peut aucunement ni jamais y avoir aucune forme qui soit celle du tout; qu'il se peut que la substance de la réalité n'arrive jamais à former une collection totale; qu'il est possible que quelque chose de cette réalité reste en dehors de la plus vaste combinaison d'éléments qui se soit jamais produite pour elle; et qu'une forme distributive de la réalité, la forme particulière de *chaque* élément, — la forme *chaque* — est logiquement aussi acceptable, et empiriquement aussi probable, que la forme *tout* qui passe communément pour être d'une manière si manifeste la chose évidente par elle-même.

L'opposition de ces deux formes, que nous conviendrons de supposer substantiellement spirituelles, est, à vrai dire, le sujet de ces leçons. Vous voyez maintenant ce que j'entends par les deux subdivisions du panthéisme. Si nous donnons à la subdivision moniste le nom de philosophie de l'absolu, nous pouvons donner celui d'empirisme radical à sa rivale pluraliste, et il pourra être bon à l'occasion de les distinguer plus tard par ces mêmes noms.

Pour aborder commodément l'étude de leurs différences, je puis vous renvoyer à un article récent du professeur Jacks, du collège de Manchester. Le professeur Jacks, dans quelques pages brillantes, parues en octobre dernier dans le *Hibbert Journal*, étudie la relation qui existe entre l'univers et le philosophe qui nous le décrit et nous le définit. Vous pouvez, dit-il, poser deux cas : ou bien ce que nous dit ce philosophe est extérieur à l'univers qu'il explique, — n'est qu'une excroissance parasite et sans intérêt, pour ainsi dire; ou bien le fait qu'un homme établit une doctrine philosophique est lui-même une des choses qui entrent en ligne de compte dans sa philosophie, et qui s'intercale d'elle-même dans sa description de l'univers. Dans le premier cas, par le monde, le philosophe entend tout, *sauf* ce que sa propre présence y introduit; dans le second, sa philosophie fait elle-même intimement partie de l'univers;

et alors elle peut en être une partie d'assez de poids pour orienter différemment la signification des autres parties. Il se peut qu'elle soit une suprême réaction de l'univers sur soi, réaction par laquelle il s'élève à la conscience de lui-même. Il se peut enfin qu'il soit ainsi amené à se façonner autrement qu'il ne l'eût fait sans cette philosophie.

Or, l'empirisme et l'absolutisme amènent l'un et l'autre le philosophe à l'intérieur des choses et mettent l'homme en relations intimes avec elles; mais, l'un étant pluraliste et l'autre moniste, ils le font chacun d'une manière différente qu'il importe d'expliquer. Permettez-moi donc d'opposer l'une à l'autre ces deux manières de représenter la situation de l'homme en tant qu'être pensant.

Pour le monisme, le monde n'est pas du tout une collection de faits, mais un grand fait unique et qui renferme tout. En dehors de ce fait, rien n'existe : ce mot *rien* exprime la seule alternative possible à son égard. Avec le monisme idéaliste, cette chose qui enveloppe tout, est conçue comme un esprit absolu qui crée les faits particuliers, par le fait de les penser, absolument de même qu'en rêve nous créons des objets par le fait de les rêver, ou que dans un roman nous créons des personnages par le fait de les imaginer. *Être*, dans ce système, pour une chose finie, consiste à être un objet pour l'absolu; quant à l'absolu lui-même, *être* consiste à être ce qui pense cet assemblage d'objets. Si nous employons ici le mot « contenu », nous voyons que l'absolu et l'univers ont un contenu identique. L'absolu n'est que la connaissance de ces objets; et les objets ne sont que ce que l'absolu connaît.

Le monde et l'être qui pense le tout, se compénètrent ainsi et s'infiltrent l'un dans l'autre, sans qu'il y ait aucun résidu. Ce ne sont que deux noms pour un seul et même contenu, considéré tantôt au point de vue subjectif, tantôt au point de vue objectif, — *gedanke* et *gedachtes*, comme nous dirions si nous étions Allemands. Nous autres, philosophes, faisons naturellement partie de ce contenu dans le système moniste. L'absolu nous crée en nous pensant; et, si nous sommes nous-mêmes assez éclairés pour croire à l'absolu, on peut dire alors que notre façon de philosopher est un moyen par lequel l'absolu prend conscience de lui-même. Tel est le vrai système panthéiste, la philosophie de l'*identité*, l'immanence de Dieu dans sa création, — conception sublime par sa terrifiante unité! Et cependant cette unité est incomplète, comme un examen plus rigoureux le montrera.

L'absolu et l'univers sont un seul fait, disais-je, quand on en considère le contenu. Notre philosophie, par exemple, n'est pas numériquement distincte de la connaissance que l'absolu a de lui-même. Elle n'en est pas un double et une copie:

elle fait partie de cette connaissance elle-même, et elle lui est numériquement identique pour autant que chacune coïncide avec l'autre. L'absolu *est* précisément notre philosophie, en même temps qu'il est toutes les autres choses se trouvant connues dans un acte de connaissance qui, pour me servir des termes de mon éminent collègue absolutiste Royce, forme dans sa plénitude un seul moment conscient et d'une transparence lumineuse.

Mais tout en ne faisant qu'un en ce sens matériel avec la substance absolue, — celle-ci n'étant que le tout formé par nous, et nous-mêmes n'étant que les parties de cette substance, — cependant, au sens logique, quelque chose apparaît, qui ressemble à une pluralité. Quand nous parlons de l'absolu, nous *saisissons* collectivement ou intégralement la matière unique et universelle que nous connaissons : quand nous parlons des objets qui la composent, de nos *moi* finis, etc., nous *saisissons* distributivement et séparément cette même matière, toujours identique. Mais qu'importe qu'une chose n'*existe* qu'une seule et unique fois, si nous pouvons la *saisir* et la concevoir deux fois, et si, la saisissant de différentes manières, nous rendons vraies pour elle des idées différentes ?

Quand l'absolu me saisit, par exemple, j'apparais, *avec* toutes les autres choses, dans le champ de sa parfaite connaissance. Quand je me saisis moi-même, je m'apparais *en dehors* de la plupart des choses qui se trouvent dans le champ de mon ignorance relative. Or, des différences pratiques résultent de sa connaissance et de mon ignorance. L'ignorance enfante pour moi l'erreur, la curiosité, le malheur, la douleur : je subis ces conséquences. L'absolu connaît de ces choses, naturellement, car il me connaît, moi, et ce que je subis; mais lui-même ne subit rien. Il ne saurait être ignorant, car, avec la connaissance qu'il a de chaque question, va la connaissance qu'il a de chaque réponse. Il ne saurait être patient, car il n'a pas à attendre quoi que ce soit, puisqu'il possède tout. Il ne saurait s'étonner; il ne saurait commettre aucun mal. Nul attribut se rapportant à la succession ne peut lui être appliqué; car il est tout à la fois et pleinement ce qu'il est, « dans l'unité d'un moment unique », et la succession n'est pas vraie *de* lui, mais *en* lui, car on nous dit continuellement qu'il est « intemporel ».

Ainsi, les choses qui sont vraies de l'univers sous ses aspects finis, n'en sont plus vraies lorsqu'on le prend dans son infinie capacité. En tant que finies et multiples, les manières dont il s'explique à lui-même sont différentes de celle dont il se voit lui-même en tant qu'un et infini.

Avec cette radicale opposition entre le point de vue de l'absolu et celui du relatif, il me semble à moi qu'il se dresse dans le panthéisme, pour rendre impossible une *intimité* entre le divin et l'humain, une barrière presque aussi infranchissable que celle qu'on a rencontrée dans le théisme monarchique, et dont nous avions espéré qu'elle ne se retrouverait pas dans le panthéisme. Nous autres humains, nous sommes irrémédiablement enracinés dans le point de vue temporel. Les voies de l'éternel sont entièrement différentes de nos voies. « Imitons le Grand Tout », dit le programme original de cette admirable revue de Chicago, *le Monist*. Comme si cela nous était possible, soit dans notre pensée, soit dans notre conduite ! Quoi que nous puissions dire, chacun de nous est, non pas un tout, mais une partie ; et jamais, pour appréhender l'absolu, nous ne pourrons procéder autrement que s'il nous était étranger. Ce que j'entends par là peut n'être pas tout à fait clair pour vous en ce moment, mais devra s'éclaircir à mesure que cette discussion se poursuivra.

DEUXIÈME LEÇON

L'idéalisme moniste.

Récapitulation. — Le pluralisme radical sera la thèse adoptée dans ces leçons. — La plupart des philosophes le dédaignent. — L'absolu de Bradley est chose qui nous reste absolument étrangère. — Spinoza : sa distinction entre Dieu *en tant qu'*infini et Dieu *en tant que* constituant la pensée humaine. — Difficulté d'entrer en sympathie avec l'absolu. — Comment l'idéalisme essaie de le présenter. — Réfutation du pluralisme par les partisans de l'absolu. — Examen critique de la preuve invoquée par Lotze en faveur du monisme : analyse de ce qu'implique l'idée de l'action d'une chose sur une autre. — Définition de l'intellectualisme mal compris. — Alternative posée par Royce : ou bien la séparation complète des choses, ou bien leur union absolue. — Difficultés que soulève Bradley, au nom de la logique, à l'égard des relations entre les choses. — L'hypothèse de l'absolu ne rend pas rationnelles les choses jugées irrationnelles. — Tendance des rationalistes à se jeter dans les conceptions extrêmes. — Le problème des relations « extérieures ». — Transition pour passer à Hegel.

Permettez-moi de vous rappeler le programme que je vous exposais dans notre dernière leçon. Nous sommes d'abord convenus de ne considérer aucunement le matérialisme, mais de nous placer d'emblée sur le terrain du spiritualisme. Je vous ai signalé trois espèces de spiritualisme, entre lesquelles nous sommes invités à choisir. La première est celle de l'ancien théisme dualiste qui représentait les hommes comme un ordre secondaire de substances créées par Dieu. Cette conception, avons-nous reconnu, ne comportait, à l'égard du principe créateur, qu'un degré d'intimité inférieur à celui qu'implique la croyance panthéiste, celle-ci admettant que nous ne faisons qu'un substantiellement avec ce principe, et que le divin est alors le plus intime de nos attributs, l'être de notre être, en fait. Mais nous avons vu que cette croyance panthéiste pouvait se présenter sous deux formes : une forme moniste que j'ai appelée philosophie de l'absolu, et une forme pluraliste que j'ai appelée empirisme radical. Avec la première, le divin n'a une existence authentique qu'au moment où le monde dans sa totalité devient l'objet d'une expérience synthétique absolue. L'empirisme radical, au contraire, admet comme possible que la somme totale absolue des choses ne fasse jamais l'objet d'une expérience positive, ou ne se réalise jamais ni en aucune façon sous cette forme, et qu'un aspect de dispersion ou d'incomplète unification soit la seule forme sous laquelle cette réalité s'est constituée jusqu'à présent.

On me permettra d'opposer la forme moniste et la forme pluraliste en question, comme j'ai opposé la forme *tout* et la forme *chaque*. A la fin de ma première leçon, en signalant le fait que la forme *tout* est si radicalement différente de la forme *chaque*, celle-ci étant la forme sous laquelle le monde est un objet d'expérience pour l'homme, j'ai constaté que la philosophie de l'absolu, au regard de l'entendement comme de l'intuition, nous laisse, presque autant que le théisme dualiste, en dehors du divin. Je crois au contraire qu'en restant attaché à la forme *chaque*, en ne faisant de Dieu que l'une des réalités qui prennent la forme d'une existence personnelle, l'empirisme radical rend possible un plus haut degré d'intimité avec lui. Ma thèse générale, dans ces leçons, sera, comme je l'ai dit, de défendre la conception pluraliste contre la conception moniste. Représentez-vous l'univers comme n'existant que sous la forme des existences individuelles, et vous en aurez, en somme, une idée plus raisonnable et plus satisfaisante que si vous persistez à croire nécessaire la forme de l'existence collective. Mes autres leçons ne feront guère qu'établir cette thèse d'une manière plus concrète, et, je l'espère, plus convaincante.

Il est curieux de voir combien le pluralisme radical a toujours été peu en faveur auprès des philosophes.

Que leurs tendances fussent matérialistes ou qu'elles fussent spiritualistes, les philosophes ont toujours visé à débrouiller le monde, à le débarrasser de l'apparent fouillis dont il est encombré. A l'enchevêtrement qui d'abord s'offre aux sens, ils ont substitué des conceptions bien ordonnées et conformes au principe d'économie. Qu'il y eût dans ces conceptions quelque élévation morale ou simplement une sorte de propreté intellectuelle, en tout cas, elles avaient pour elles de se présenter avec des contours esthétiquement purs et précis, et elles tendaient à faire du monde quelque chose qui fût net, qui fût pénétré d'intellectualité quant à sa structure interne.

Auprès de tous ces tableaux où triomphe le rationalisme, l'empirisme pluraliste que je professe fait triste figure. C'est quelque chose d'innommable, quelque chose de tourmenté, de trouble, de barbare, dont le dessin général manque d'allure, dont le coloris n'a guère de noblesse. Habitués aux constructions classiques qu'on a élevées pour représenter le réel, certains d'entre vous seront excusables, s'il arrive que leur première impression devant ma propre construction se traduise par un mépris absolu, par un haussement d'épaules, comme si des idées telles que les miennes étaient indignes d'une réfutation en règle. Mais il faut avoir vécu quelque temps avec un système pour en apprécier les mérites. Et peut-être qu'une fois devenus un peu plus familiers avec celui-ci, vous verrez s'atténuer votre première surprise devant le programme que je vous présente.

D'abord, il me faut ajouter un mot à ce que je disais la dernière fois sur l'extériorité relative du principe divin dans la philosophie de l'absolu. Ceux d'entre vous qui ont lu les deux derniers chapitres du merveilleux livre de M. Bradley : *Apparence et réalité*, se rappelleront à quel point *son* absolu, élaboré par lui, finit par prendre un caractère qui nous le rend étranger. Il n'est ni une intelligence, ni une volonté, ni un Moi, ni une collection formée par des « Moi », ni le vrai, le bien, le beau, dans le sens où nous comprenons ces termes. Bref, c'est un monstre métaphysique : tout ce qu'il nous est permis d'en dire, c'est que, quel qu'il soit, il a en tout cas plus de réalité, — plus de réalité pour lui-même, veux-je dire, — qu'il n'en aurait si n'importe laquelle de nos épithètes admiratives s'appliquait à lui. Il est nous, et il est toutes les autres apparences ; mais il n'est aucun de nous *comme tels*, car en lui nous subissons une « transmutation » totale, et le fait pour lui d'être lui-même exige une dénomination ne convenant à nul autre être.

Spinoza fut le plus grand philosophe de l'absolu : or, l'impossibilité d'être intime avec *son* Dieu est universellement reconnue. *En tant qu'*infini (*quatenus infinitus est*), il est autre que ce qu'il est *en tant que* constituant l'intelligence humaine (*quatenus humanam mentem constituit*). On a dit avec raison que tout le ressort de la philosophie de

Spinoza est dans le mot *quatenus*. Les conjonctions, les prépositions et les adverbes jouent en effet le rôle vital dans toutes les philosophies ; et dans l'idéalisme contemporain les mots « en qualité de », « et », « en tant que » ont la lourde charge de concilier l'unité métaphysique avec la diversité phénoménale. En tant qu'absolu, le monde est un et parfait ; en tant que relatif, il est multiple et défectueux ; cependant, c'est identiquement le même monde : — au lieu de parler de lui comme de plusieurs faits, nous l'appelons un fait unique aux aspects multiples.

Eh bien ! *en tant qu*'absolu, ou *sub specie æternitatis*, ou en tant qu'infini (*quatenus infinitus est*), le monde ne saurait provoquer notre sympathie, parce qu'il n'a pas d'histoire. L'absolu, *comme tel*, n'agit ni ne pâtit, n'aime ni ne hait : il ne connaît ni besoins, ni désirs, ni aspirations, ni échecs, ni succès, ni amis ni ennemis, ni victoires ni défaites. Toutes les choses de cette sorte appartiennent, en tant que relatives, au monde dans lequel se produisent nos expériences finies et dont les vicissitudes ont seules le pouvoir d'éveiller notre intérêt. A quoi bon me dire que la voie absolue est la vraie voie, et m'exhorter, comme le fait Emerson, à élever mes yeux jusqu'au style de l'absolu, et jusqu'aux mœurs du ciel, si une telle prouesse est impossible par définition ? Je suis, une fois pour toutes, un être fini ; et toutes les catégories dans lesquelles rentrent mes sympathies ne forment qu'une seule trame avec le monde fini *comme tel* et avec les choses qui ont une histoire... « C'est de la terre, où je vis, que me viennent toutes mes joies, et c'est son soleil qui brille sur mes souffrances ». (*Aus dieser erde quellen meine freuden, und ihre sonne scheinet meinen leiden*). Je n'ai ni yeux, ni oreilles, ni cœur, ni intelligence pour quoi que ce soit d'un genre opposé à ces réalités-là, et la félicité stagnante de la perfection appartenant en propre à l'absolu m'émeut aussi peu que je l'émeus lui-même.

Si nous étions simplement des lecteurs du roman cosmique, les choses seraient différentes : nous partagerions alors le point de vue de l'auteur, et nous reconnaîtrions que les traîtres sont, dans l'action, des personnages aussi essentiels que les héros. Or, nous ne sommes pas les lecteurs, mais les personnages mêmes du drame de l'univers. A vos propres yeux, chacun ici est le héros de ce drame, et les traîtres sont vos amis ou vos ennemis respectifs. L'histoire que le philosophe de l'absolu trouve si parfaite, nous nous la gâtons réciproquement, chacun identifiant sa vie et la vie des autres avec la destinée des divers personnages particuliers engagés dans l'action.

Le point sur lequel les philosophes de l'absolu insistent le plus fortement, est le caractère intemporel de l'absolu. D'un autre côté, pour les pluralistes, le temps demeure aussi réel que toute autre chose, et rien dans l'univers n'est assez grand, ou assez stable, ou assez éternel, pour n'avoir pas d'histoire. Oui, l'univers dans lequel chacun de nous se sent intimement chez soi, est peuplé d'êtres ayant chacun son histoire qui vient, en se déployant, s'insérer dans la nôtre; d'êtres que nous pouvons aider dans leurs vicissitudes, exactement comme ils nous aident dans les nôtres. Cette satisfaction, l'absolu nous la refuse : nous ne pouvons rien pour lui ni contre lui, car il reste en dehors de toute histoire.

C'est sûrement un mérite pour une philosophie, de faire paraître réelle et sérieuse la vie même que nous vivons. Le pluralisme, en exorcisant l'absolu, exorcise le grand destructeur de la seule vie dans laquelle nous nous sentions chez nous, et par là il fait échapper la nature de la réalité à l'extériorité radicale. Toutes nos fins, toutes nos raisons d'agir et tous nos mobiles, tout ce qui fait l'objet de nos désirs ou de nos aversions, tout ce qui nous est une occasion de souffrance ou de joie, — tout cela se trouve dans le monde de la multiplicité définie, car c'est seulement dans ce monde-là que quelque chose arrive en réalité; c'est là seulement qu'il se passe des événements.

En un sens, cette objection est plutôt enfantine et cherchée bien loin. En effet, une très grande partie de l'histoire du fini nous est aussi formidablement étrangère que l'absolu statique peut l'être; et, en fait, cette dernière entité doit en grande partie son extériorité au caractère défectueux qu'elle présente d'être chose finie en même temps qu'infinie. Il s'ensuit que la raison sentimentale qu'on avait pour préférer la conception pluraliste semble bien faible[1].

Je reviendrai sur ce sujet dans la dernière de ces leçons, et, pour le moment, je n'insisterai pas davantage sur l'objection. D'ailleurs, l'extériorité nécessaire de l'absolu se trouve annulée à l'égard de nos émotions par cette *totalité* qui est son attribut, et que l'on regarde universellement comme entraînant à sa suite un autre attribut, la *perfection*. « La philosophie, dit un philosophe américain de nos jours, est pour l'homme une mainmise sur la totalité ». Assurément, une inspiration, pour la plupart d'entre nous, vient de la simple notion d'un absolu qui est un et qui est tout. « Je me suis abandonné au Tout qui est perfection », écrit Emerson. Peut-on trouver un objet par lequel l'esprit se dilate davantage? Cette idée provoque un certain assentiment : même non prouvée vraie, il faut y croire d'une manière ou

---

[1] La différence consiste en ce que les parties mauvaises de cet élément fini sont éternelles et essentielles pour les partisans de l'absolu, tandis que les pluralistes peuvent espérer qu'elles arriveront à disparaître sans même laisser une trace.

d'une autre. Pour en parler légèrement, il faut être l'ennemi de la philosophie.

C'est de l'idée d'un tel Tout que part le Rationalisme : il commence sa construction par le faîte. Le mouvement et le changement sont alors absorbés dans l'immutabilité de ce Tout, comme n'étant que des formes de l'apparence pure et simple. Quand vous acceptez cette bienheureuse vision de ce qui *est*, par opposition avec ce qui *passe*, il vous semble que vous avez accompli un devoir intellectuel. « La Réalité n'est pas, de sa vraie nature, un processus, nous dit M. Mac Taggart, mais un état qui est stable et qui n'a pas de fin[1]. » — « La vraie connaissance de Dieu commence, dit Hegel, quand nous savons que les choses, prises comme elles apparaissent immédiatement, n'ont aucune vérité[2]. » — « La réalisation de l'infini posé comme fin, dit-il ailleurs, ne consiste qu'à écarter l'illusion qui la fait croire non encore accomplie. Le bien, l'absolue perfection, est éternellement en voie de s'accomplir dans le monde ; et, en conséquence, le bien, l'absolue perfection, n'attend pas après *nous*, car c'est déjà... chose accomplie. Notre vie n'est qu'illusion... Dans le cours de son processus, l'Idée produit elle-même cette illusion en posant une

---

1. Cité par W. WALLACE. *Lectures and Essays*. Oxford, 1898, p. 560.
2. *Logic*. W. WALLACE, 1874, p. 181.

antithèse à quoi l'opposer ; et son action consiste à se débarrasser de l'illusion qu'elle a créée[1]. »

Toutefois, faire abstraitement appel de n'importe quelle manière au sentiment, cela sent l'*amateurisme* dans l'affaire qui nous intéresse. En philosophie, aussi bien qu'en matière d'horlogerie ou d'arpentage, l'impressionnisme est odieux aux spécialistes. Pour discuter sérieusement l'alternative que nous rencontrons, je me vois donc forcé de procéder d'une façon plus technique. Le grand *postulat* de la philosophie de l'absolu est que l'absolu n'est nullement une hypothèse, mais une conception préalable impliquée dans tout acte de pensée, et dont un faible effort d'analyse suffit à faire apparaître la nécessité logique. Je vais donc prendre cette philosophie sous cet aspect plus rigoureux, et voir si son postulat s'impose effectivement avec une telle force.

Il a semblé à de nombreux penseurs contemporains qu'il la possédait bien. Le professeur Henry Jones nous décrit ainsi sa portée et son influence sur la vie politique et sociale du temps présent[2] : « Depuis plusieurs années, certains partisans de cette doctrine intéressent par leurs écrits le public britannique. L'importance de ces écrits est presque dépassée par l'importance de ce fait

1. *Ibid*, p. 304.
2. *Contemporary Review*. December 1907, vol. 92, p. 618.

qu'ils ont occupé une chaire de philosophie dans la plupart des universités du royaume. Il n'est pas jusqu'aux adversaires attitrés de l'idéalisme qui ne soient, en majorité, des idéalistes à leur façon. Et quand ils ne le sont pas, ils s'occupent en général de réfuter l'idéalisme plutôt que de construire une théorie qui vaille mieux. A raison de la situation que leur confère leur autorité académique, — cette raison fût-elle la seule, — l'idéalisme exerce une influence, qu'il serait difficile de mesurer, sur la jeunesse de notre pays, — c'est-à-dire sur ceux que les facilités dont ils jouissent par leur éducation appellent naturellement à devenir les guides de ce pays pour la pensée et pour l'action... Si malaisé qu'il soit de mesurer les forces en jeu..., on ne saurait guère nier que le rôle joué par Bentham et par l'école utilitaire a, que ce soit un bien ou que ce soit un mal, passé aux mains des idéalistes,... »

« L'eau du Rhin a pénétré dans la Tamise ! — tel est le cri d'alarme poussé par M. Hobhouse. Cette eau, c'est Carlyle qui l'a fait pénétrer en l'amenant jusqu'à Chelsea. Ensuite Jowett et Thomas Hill Green, William Wallace, et Lewis Nettleship, et Arnold Toynbee, et David Ritchie, — pour ne nommer que les maîtres dont la voix est maintenant silencieuse, — ont guidé les flots de manière à leur faire atteindre cette partie supérieure connue sous le nom local d'Isis. John et Edward Caird leur ont fait remonter la Clyde ; Hutchison Stirling, le Firth de Forth. Ces flots ont rencontré la Mersey, remonté la Severn, remonté la Dee et le Don. Elles contaminent la baie de Saint-André et grossissent les eaux du Cam ; elles se sont, n'importe comment, insinuées par voie de terre jusque dans Birmingham. Le courant de l'idéalisme allemand s'est répandu d'un bout à l'autre du monde universitaire de la Grande-Bretagne. C'est un désastre universel ! »

Évidemment, si le poids de l'autorité était tout, la vérité de l'absolutisme serait ainsi définitivement établie. Mais considérons d'abord la manière générale dont cette philosophie argumente.

Telle que je la comprends, son moyen favori de combattre le pluralisme et l'empirisme est une réduction à l'absurde, construite à peu près de la manière suivante. Vous prétendez, dit-elle au pluraliste, que les choses, quoique liées à certains égards, sont, à d'autres égards, indépendantes, de sorte qu'elles ne sont pas les éléments d'un seul et unique fait individuel qui embrasserait tout. Eh bien ! votre position est absurde sur l'un et l'autre point. Admettez en fait le plus faible degré d'indépendance, et vous verrez, pour peu que vous y songiez attentivement, que vous devrez en admettre un degré de plus en plus élevé, si bien qu'il finit par ne plus vous rester dans les mains qu'un absolu chaos, ou qu'il ne vous reste plus qu'à reconnaître l'impossibilité d'un lien quelconque entre les parties de l'univers. Admettez, d'un autre côté, le plus faible minimum initial de relation entre deux choses quelconques; et, de nouveau, il vous est impossible de vous arrêter jusqu'à ce que vous reconnaissiez que l'unité absolue de toutes choses s'y trouve impliquée.

Si nous commençons par cette seconde réduction à l'absurde, nous en trouvons un bon spécimen dans la preuve bien connue qu'en faveur du monisme, Lotze tire du fait d'une interaction entre les choses finies. Supposez, dit Lotze, que plusieurs êtres distincts a, b, c, etc., existent indépendamment l'un de l'autre : *est-ce que, en pareil cas, a peut jamais agir sur* b ?

Qu'est-ce qu'agir? N'est-ce pas exercer une influence? Est-ce que l'influence se détache de a pour aller trouver b? S'il en est ainsi, c'est là un troisième fait, et la question n'est pas de savoir comment a agit, mais comment son *influence* agit sur b. Est-ce, peut-être, par une autre influence? Mais comment la série des influences finit-elle par rencontrer b plutôt que c, sinon parce que b se trouve, d'une manière ou d'une autre, préfiguré d'abord dans la série? Et quand ces influences ont rencontré b, comment se fait-il que b y réponde, si b n'a rien de commun avec elles? Pourquoi ne passent-elles point par b directement? Le changement qui s'effectue en b est une *réponse*, due à la capacité pour *b* de subir l'influence de *a* ; et voilà encore qui semble prouver que la nature de *b* est, d'une façon ou d'une autre, adaptée d'avance à la nature de *a*.

Bref, *a* et *b* ne sont pas réellement aussi distincts que nous l'avions supposé d'abord ; ils ne sont pas séparés par un vide. Autrement, ils seraient impénétrables l'un pour l'autre, ou du moins n'auraient entre eux aucun rapport. Ils formeraient deux univers, dont chacun vivrait isolément, sans que de l'un résultât une différence pour l'autre, et sans que l'un reçût rien de l'autre, à peu près de même que l'univers dont vous rêvez en plein jour ne reçoit rien de ma rêverie à moi. Ainsi, *a* et *b* doivent être liés par avance, être déjà impliqués l'un dans l'autre, et ils doivent, par leur nature, se rapporter l'un à l'autre dès l'origine.

Voici comment Lotze résout le problème. Les choses multiples et indépendantes que l'on suppose ne peuvent pas être réelles sous cette forme ; mais il faut les regarder toutes, si une action réciproque doit être possible entre elles, comme les parties d'un seul être réel, M. Le pluralisme, par lequel notre conception avait commencé, doit faire place à un monisme ; et l'interaction *transitive* étant inintelligible comme telle, doit se comprendre comme une opération immanente[1].

---

1. *Metaphysic.*, sec. 69 sq.

Les mots *opération immanente* semblent signifier ici que l'être réel unique, M, duquel *a* et *b* font partie, est la seule chose qui change, et que, quand elle vient à changer, elle change tout de suite intérieurement et de fond en comble. Par conséquent, quand la partie *a* change, la partie *b* doit changer aussi; mais sans le changement du tout M, rien ne changerait ni en *a* ni en *b*.

Démonstration élégante, mais purement verbale, j'en ai peur. *Appelez* distincts votre *a* et votre *b*, l'interaction est impossible; *appelez*-les *un*, elle devient possible. Pris abstraitement et sans aucun qualificatif, les mots *distinct* et *indépendant* ne suggèrent, en effet, qu'un manque de liaison. Si c'est bien là la seule propriété de votre *a* et de votre *b*, — comme c'est bien la seule qu'implique votre façon de parler, — alors, puisque vous ne pouvez pas, de cette propriété, déduire leur influence réciproque, vous ne pouvez trouver aucune raison pour expliquer qu'un changement se produise en eux. Votre simple mot *séparé*, contredisant votre simple mot *joint*, semble exclure tout lien.

Le remède trouvé par Lotze à l'impossibilité ainsi constatée verbalement, est de remplacer le premier de ces deux mots. Si, au lieu d'appeler indépendants *a* et *b*, nous les appelons maintenant *interdépendants, unis*, ou si nous disons qu'ils ne font qu'*un*, dit-il, ces *derniers mots* ne seront en contradiction avec l'idée d'aucune espèce d'influence mutuelle. Si *a* et *b* sont « un » et que cet « un » change, il faut évidemment qu'un changement corrélatif se fasse en *a* et en *b*. Ce qu'ils ne pouvaient faire sous le premier nom, il leur est maintenant permis de le faire sous ce nom nouveau.

Mais, moi, je vous demande si le fait d'appeler « un » le « plusieurs » primitif, nous fait réellement un peu mieux comprendre la manière dont s'effectue l'interaction. Nous avons maintenant donné à ces « plusieurs » la permission de changer tous ensemble, s'ils le peuvent; nous avons écarté une impossibilité verbale en lui substituant une possibilité verbale; mais le nouveau nom, la possibilité qu'il suggère, ne nous dit rien du processus réel par lequel les choses réelles, qui font cet « un », peuvent changer et changent en effet, à un degré quelconque. En fait, l'unité abstraite comme telle *ne change pas*, et elle n'a point de parties, — pas plus que l'indépendance abstraite comme telle ne connaît aucune interaction. Mais alors, ni l'unité abstraite ni l'indépendance abstraite *n'existe* : seules existent des choses réelles et concrètes qui, à ces qualités, en ajoutent d'autres qu'elles possèdent en propre pour parfaire ce que nous appelons leur nature totale. Interpréter n'importe lequel de leurs noms abstraits, comme *rendant impossible cette nature totale des choses*, c'est faire un mauvais usage de l'opération qui consiste à *nommer*. Le vrai moyen d'échapper aux conséquences abstraites d'un certain nom, n'est pas de se jeter sur un nom opposé, également abstrait; mais plutôt de corriger le premier par des adjectifs qualificatifs qui restituent quelque chose de concret au terme en question.

Ne prenez donc pas votre « indépendance » *simpliciter*, c'est-à-dire dans le sens le plus abstrait de ce mot, comme le fait Lotze : prenez-la *secundum quid*, c'est-à-dire en déterminant la compréhension de ce terme. C'est seulement quand nous savons en quoi *consiste*, au sens littéral du mot et au point de vue concret, le processus d'interaction, que nous pouvons dire si une interaction est possible ou non pour des êtres indépendants *à certains égards* et d'une manière définie, — distincts, par exemple, quant à leur origine; séparés quant au lieu ; différents quant à l'espèce, etc.

Considérer un nom comme excluant du fait nommé ce que la définition de ce nom n'est pas susceptible de renfermer positivement, c'est ce que j'appelle un « intellectualisme vicieux ». Je reviendrai plus tard sur cet intellectualisme; mais je ne crois guère possible de ne pas admettre que l'argumentation de Lotze en est infectée. On pourrait tout aussi bien prétendre, — pour me servir d'un exemple fourni par Sigwart, — qu'un homme, une fois appelé un « cavalier », est par là même rendu pour jamais incapable d'aller à pied !

Il me semble que je devrais presque m'excuser de discuter des arguments si subtils, dans des leçons aussi rapides que celles-ci. La discussion est forcément abstraite comme les arguments, et, en mettant en lumière leur manque de réalité, elle prend elle-même un air d'une telle irréalité qu'un auditeur non habitué à l'atmosphère intellectualiste ne sait plus de quel côté diriger ses accusations. « Mais le vin est versé : il faut le boire »[1], et je dois citer encore deux exemples avant de m'arrêter.

Si nous sommes empiristes, et si nous allons des parties aux touts, nous croyons que les êtres peuvent d'abord exister, se nourrir, pour ainsi dire, de leur propre substance, et n'arriver que subsidiairement à se connaître les uns les autres. Mais les philosophes de l'absolu nous disent qu'une telle indépendance d'un être à l'égard de celui qui le connaît, désintégrerait l'univers, si elle était admise, au point de détruire pour lui tout espoir d'amélioration. Cet argument est une des preuves que le professeur Royce invoque, pour affirmer que la seule alternative que nous ayons, est de choisir entre la complète séparation de toutes choses et leur complète union dans l'*Un* absolu.

Prenez, par exemple, le proverbe anglais : « un chat regarde bien un roi », et adoptez la conception

---

1. En français dans le texte. [Trad.].

réaliste que l'existence du roi est indépendante du fait d'être connu par le chat. Cette assertion revient à dire qu'il n'y a pas nécessairement une différence essentielle pour le roi entre le fait d'être connu et celui de n'être pas connu par le chat, et que le chat peut cesser de le regarder ou même cesser d'être, sans qu'il y ait rien de changé pour le roi. Une telle assertion, mon ingénieux collègue considère qu'elle conduit pratiquement à la conséquence absurde qu'il est impossible que ces deux êtres forment jamais aucun lien ou aucune relation : de toute nécessité, ils resteront éternellement, pour ainsi dire, dans deux mondes différents. Supposez, en effet, qu'un rapport quelconque s'établisse entre eux dans la suite : ce rapport ne pourrait être qu'un troisième être qui s'ajouterait au chat et au roi, et qui devrait leur être rattaché à tous deux par de nouveaux liens avant de pouvoir les rattacher l'un à l'autre, et ainsi de suite *à l'infini*. L'argument, vous le voyez, serait le même que celui de Lotze sur la question de savoir comment l'influence de *a* exerce son action lorsqu'il influence *b*.

Pour parler comme Royce, si le roi peut exister sans être connu du chat, alors le roi et le chat « ne peuvent avoir aucun caractère commun, ni aucun lien, ni aucune véritable relation ; ils sont séparés l'un de l'autre par des gouffres absolument infranchissables. Ils n'appartiennent ni au même espace ni au même temps, ni au même ordre naturel ou spirituel »[1]. En résumé, ils forment deux univers sans aucune relation ; et c'est là notre fameuse *réduction à l'absurde*.

En conséquence, pour échapper à cet absurde état de choses, il nous faut rejeter l'hypothèse primitive : le roi et le chat ne sont pas indifférents l'un à l'autre de la manière d'abord supposée. Mais si ce n'est pas de cette manière, ce n'est d'aucune autre façon, car la jonction en ce sens entraîne la jonction dans les autres sens; de sorte que, si nous renversons notre raisonnement, nous aboutissons à l'absolu lui-même comme au moindre fait qui puisse exister. Le chat et le roi sont impliqués l'un dans l'autre ; ils sont un fait unique sous deux noms; ils ne peuvent jamais avoir été absents l'un pour l'autre, et ils sont également tous deux co-impliqués dans les autres faits dont se compose l'univers.

La preuve présentée par le professeur Royce est que, si l'on admet que le chat connaisse le roi le moindrement, il s'ensuit qu'on doit admettre l'absolu intégral. Cette preuve, on peut l'exposer brièvement de la manière suivante.

D'abord, pour connaître le roi, le chat doit avoir en vue ce roi-là; il doit, d'une manière ou d'une autre, aller à lui, le saisir en tant qu'individu et en tant qu'espèce. En résumé, l'idée que le chat

1. *The World and the Individual*, vol. I, pp. 131-132.

s'en forme, doit dépasser sa propre pensée, qui est séparée de toute autre, et n'importe comment, s'ouvrir en quelque sorte au roi; car, s'il fallait que le roi lui restât complètement extérieur et fût complètement indépendant du chat, purement et simplement autre que le chat, la pensée de cet animal ne pourrait en aucune manière atteindre le roi. Cela rend le chat beaucoup moins distinct du roi que nous ne l'avions d'abord supposé naïvement. Il faut qu'il y ait entre eux quelque lien antérieur de continuité.

Cette continuité, Royce l'interprète, dans le sens idéaliste, comme étant le signe d'une pensée supérieure qui les pose en elle l'un et l'autre en tant qu'objets, et qui, les posant, peut aussi poser n'importe quelle relation susceptible de se réaliser entre eux : par exemple, le fait, supposé par nous, que l'un connaît l'autre. Qu'on les considère au point de vue du pluralisme pur, ni l'un ni l'autre ne saurait à aucun degré poser un rapport *entre* deux termes, puisque, à les considérer ainsi, on les suppose enfermés chacun en lui-même: le fait d'un rapport entre deux termes nous met donc en présence d'un esprit supérieur qui les connaît tous deux.

Mais cet esprit supérieur, connaissant les deux êtres pris par nous comme point de départ, se trouve être le même que celui qui connaît toutes les autres choses. Prenez, en effet, un troisième être, n'importe lequel, la femme du roi, par exemple; et, de même que le chat connaît le roi, admettez que le roi connaît sa femme. Admettez encore que cette seconde connaissance, par le même raisonnement, exige, comme présupposé par elle, un esprit supérieur. Cet esprit possédant la connaissance que possède le roi, on va soutenir à présent qu'il est l'esprit supérieur déjà exigé pour la connaissance possédée par le chat; car, si vous faites la supposition contraire, vous n'avez plus *le même roi*.

La chose peut ne pas vous paraître immédiatement évidente; mais, si vous suivez la logique intellectualiste adoptée dans tous ces raisonnements, je ne vois pas comment vous pouvez vous dispenser de l'admettre. S'il est bien vrai que l'indépendance ou l'indifférence exclut toute relation, puisque les mots abstraits « indépendant » et « indifférent » n'impliquent comme tels aucune relation, alors il est tout aussi vrai de dire que le roi connu par le chat ne peut être le roi qui connaît sa femme; car, pris simplement « *comme tel* », le terme abstrait « ce que connaît le chat », et le terme abstrait « ce que connaît la femme du roi » sont logiquement distincts.

Ainsi, logiquement, le roi se décompose en deux rois, sans rien qui les rattache l'un à l'autre, jusqu'au moment où l'on introduit un esprit supérieur qui, les connaissant, les *reconnaîtra* pour le même et unique roi faisant déjà l'objet de n'importe quels actes de connaissance antérieurement suscités par lui. Cela, cet esprit supérieur en est capable, parce que tous les termes à connaître sont pour lui des objets dont il est en possession et sur lesquels il peut s'exercer à son gré. Ajoutez un quatrième ou un cinquième terme, et vous obtiendrez un résultat semblable, et ainsi de suite, jusqu'à ce qu'enfin soit atteint un esprit qui le connaisse, parce qu'il connait tout, autrement dit l'absolu. Le monde du moniste où, de toutes parts «. toutes choses s'entre-tiennent », demeure ainsi prouvé par une logique irréfutable, et le pluralisme, conçu n'importe comment, apparait comme absurde.

Ce raisonnement a de quoi séduire par son ingéniosité, et c'est presque dommage qu'un pont, si bien jeté pour aller tout droit de la logique abstraite au fait concret, ne puisse pas porter notre poids. Nous réduire à l'alternative ou d'admettre des choses finies, dont chacune serait soustraite à toutes relations avec son milieu, ou bien d'accepter l'absolu intégral pour lequel n'existerait aucun milieu, et qui contiendrait, empaquetées en lui, toutes les relations de l'univers, ce serait une simplification trop délectable. Mais le caractère purement verbal d'une telle opération est évident. Parce que les *noms* des choses finies et de leurs rapports sont disjoints, il ne s'ensuit pas que les réalités nommées aient besoin d'un *deus ex machina* qui interviendrait d'en haut, pour les joindre l'une à l'autre. Les mêmes choses qu'on disjoint à un point de vue, apparaissent comme jointes à un autre. Donner un nom au fait de *disjoindre* n'empêche pas plus tard, dans une constatation modifiant le point de vue, d'en donner un aussi au fait de *joindre*; car ces deux faits sont des éléments qui se coordonnent très positivement dans le tissu défini de notre expérience. Quand, à Athènes, on jugeait contradictoire en soi qu'un jeune garçon pût, à la fois, être grand et petit, c'est-à-dire grand par rapport à un enfant, petit par rapport à un homme, on n'avait pas encore songé à l'absolu; mais il aurait aussi bien pu être invoqué par Socrate que par Lotze ou Royce, pour sortir de cette difficulté particulière que soulève son intellectualisme.

Partout nous voyons les rationalistes employer la même espèce de raisonnement. Le tout primordial, qui est leur vision, doit être donné non seulement à titre de fait, mais comme une nécessité logique. C'est là l'indispensable minimum susceptible d'exister : — ou bien le tout absolu est donné, ou bien il n'existe absolument rien. La preuve logique, que l'on tire du caractère irrationnel de la supposition contraire, consiste à dire que vous ne pouvez nier le tout qu'en vous servant de mots qui l'affirment implicitement. Parlez-vous de *parties*, on se demandera : les parties de *quoi*? Leur donnez-vous le nom de

« multiplicité »? Ce mot même les ramène à l'unité. Supposez-vous qu'elles n'ont entre elles aucune relation à aucun point de vue particulier? Ce « point de vue » les rattache entre elles; et ainsi de suite.

En somme, vous tombez dans d'irrémédiables contradictions. Vous êtes obligé de vous arrêter soit à un extrême, soit à un autre[1]. Dire du monde qu'il est « partiellement ceci et partiellement cela », partiellement rationnel, par exemple, et partiellement irrationnel, c'est le définir d'une manière absolument inacceptable. Si le rationnel s'y trouve le moindrement, il doit s'y trouver partout; si l'irrationnel s'y trouve quelque part, il doit aussi le pénétrer complètement. Il doit être pleinement rationnel ou pleinement irrationnel, être convergence pure, ou divergence pure, ou encore n'avoir aucune direction; et, une fois qu'on est réduit à cette violente alternative, le choix ne saurait longtemps rester douteux pour personne. L'absolu individuel, avec ses parties qui « s'entre-tiennent » de tous côtés, au point que dans aucune d'elles, il n'y a rien dont n'importe quelle autre puisse

1. Un exemple significatif de ce qui nous occupe est une controverse entre M. Bradley et l'auteur, dans le *Mind* (1893). M. Bradley y soutenait, si je le comprends bien, que la « ressemblance » est une catégorie illégitime, parce qu'elle admet des degrés, et que les seuls rapports réels, en matière de comparaison, ce sont l'identité absolue et l'absence absolue d'éléments comparables!

ne pas se ressentir intimement : telle est la seule hypothèse rationnelle. Admettre des connexions d'un caractère extrinsèque, grâce auxquelles la multiplicité deviendrait continuité pure au lieu d'être consubstantielle, ce serait là une supposition irrationnelle.

M. Bradley est le type même du partisan de cette philosophie « des extrêmes », comme on pourrait l'appeler, car il montre pour le pluralisme une extrême intolérance, si bien que je m'imagine que bien peu de ses lecteurs ont pu s'y associer pleinement. Sa façon de raisonner offre partout l'exemple de ce que j'appelle le vice de l'intellectualisme, car il emploie les termes abstraits comme excluant d'une façon positive tout ce que leur définition ne renferme pas. Certains sophistes grecs pouvaient nier que nous ayons le droit de dire que l'homme est bon ; car, disaient-ils, homme signifie *homme* seulement, et *bon* ne veut dire que *bon* ; et le mot *est* ne peut pas être interprété comme identifiant des significations si disparates. M. Bradley se complaît à ce même genre d'argumentation. Nul adjectif ne peut rationnellement qualifier un substantif, pense-t-il ; car, s'il est distinct du substantif, il ne saurait lui être uni ; et s'il n'en est pas distinct, il n'y a plus là qu'une seule chose, en sorte qu'il ne reste plus rien à unir. Ainsi toute notre méthode pluraliste, quant à la manière d'employer les sujets et les attributs comme nous le faisons, est foncièrement irrationnelle : elle trahit ce qu'il y a d'intenable dans notre domaine intellectuel, infecté et miné comme il l'est par les formes discursives et isolantes qui sont nos seules catégories, mais que la réalité absolue doit d'une manière ou d'une autre absorber dans son unité pour en triompher.

Ceux qui ont lu « *Apparence et réalité* », se rappelleront à quel point M. Bradley se trouve gêné par une difficulté identique à celle dont Lotze et Royce sont victimes : comment une influence pourra-t-elle agir comme telle ? Comment une relation pourra-t-elle s'établir comme telle ? Toute relation servant de lien entre deux expériences phénoménales a et b doit, dans l'intellectualisme de ces auteurs, être elle-même une troisième entité ; et, comme telle, au lieu de jeter un pont sur l'unique gouffre originel, elle ne saurait que créer deux gouffres moins larges, dont chacun exigera un pont à son tour. Au lieu d'accrocher a à b, elle a elle-même besoin d'une autre relation r' pour se raccrocher à a, et encore d'une autre relation r'' pour se raccrocher à b. Ces nouvelles relations ne sont que deux entités de plus, et celles-ci demandent à être nouées ensemble à leur tour par quatre autres relations encore plus nouvelles. Voyez alors la vertigineuse régression à l'infini qui se donne librement carrière !

Puisqu'on juge absurde une *régression à l'infini*,

il faut abandonner l'idée que des relations s'interposent *entre* leurs termes. Aucun pur trait-d'union extérieur ne saurait logiquement unir. Ce qui se produit alors doit être quelque chose de plus intime. L'acte d'accrocher doit être un acte de pénétration, une prise de possession. La relation doit *envelopper* les termes; chaque terme doit envelopper *cette relation* elle-même; et ces termes, plongeant ainsi leur être dans la relation, doivent, en quelque façon, plonger l'un dans l'autre, quoique paraissant toujours extérieurement si séparés, en tant que phénomènes, qu'on ne peut jamais concevoir au juste comment ils arrivent à ne faire qu'un intérieurement. L'absolu, cependant, doit être supposé capable d'accomplir cette unification d'une manière qui lui est propre et qui est insondable.

Autrefois, quand un philosophe était aux prises, dans son propre système, avec quelque absurdité particulièrement épineuse, il avait l'habitude de parer l'attaque par l'argument tiré de la toute-puissance divine. « Entendez-vous limiter la puissance de Dieu? » répliquait-il. — « Voulez-vous dire que Dieu ne pourrait pas, s'il le voulait, faire ceci ou cela? » Cette réplique était supposée devoir fermer la bouche à tout adversaire d'un esprit suffisamment cultivé. Les fonctions de l'absolu bradleyen sont, dans ce cas particulier, identiques à celles du Dieu des théistes. Les hypothèses considérées comme trop absurdes pour être acceptables dans le monde fini que nous habitons, l'absolu doit être capable, à sa manière qui est une manière ineffable, de les justifier « n'importe comment ». On entend d'abord M. Bradley convaincre d'absurdité les choses; puis, on l'entend faire appel à l'absolu pour leur servir de garantie *quand même*. Il n'est invoqué que pour remplir cette fonction-là : cette fonction, il doit l'accomplir, et il ne saurait d'ailleurs y manquer.

La discontinuité la plus étrange entre notre monde phénoménal et le monde supposé de l'absolue réalité, est affirmée à la fois par Bradley et par Royce. Ces deux auteurs, le dernier surtout, avec une grande adresse, cherchent à atténuer la violence de la secousse. Mais elle n'en reste pas moins violente, et la plupart des lecteurs en ont le sentiment.

Quiconque sent fortement cette violence, voit comme sur un diagramme en quoi exactement consiste le caractère particulier de toute cette philosophie de l'absolu. D'abord, il y a en elle cette croyance salutaire que le monde doit être rationnel et cohérent en soi. « Toute science, toute connaissance réelle, toute expérience présuppose, comme l'écrit M. Ritchie, un univers cohérent. » Puis, nous y trouvons un fidèle attachement à la croyance rationaliste que les données des sens et leurs associations sont incohérentes, et que c'est seulement en substituant au système sensible un système de concepts qu'on peut découvrir la vérité. En troisième lieu, sur les concepts ainsi substitués, on opère par la méthode intellectualiste, c'est-à-dire qu'on les regarde comme discontinus, et comme s'excluant l'un l'autre, de sorte que la première pauvre petite continuité qui s'offre dans le flux de l'expérience sensible, on nous la fait disparaître sans nous la remplacer par une continuité supérieure dans les concepts. Enfin, comme le manque de continuité dans l'univers est inacceptable, on fait intervenir l'absolu, *deus ex machina*, pour améliorer cet état de choses à sa manière, puisque nous ne pouvons pas l'améliorer à la nôtre.

Je ne saurais tracer autrement le tableau de cette philosophie post-kantienne de l'absolu. Je vois la critique intellectualiste détruire la cohérence du monde phénoménal, — cohérence qui est pour nous une donnée immédiate, — et la détruire sans pouvoir rendre cohérents ses propres concepts substitués aux phénomènes ; et je la vois recourir à l'absolu pour obtenir une cohérence d'un type supérieur. C'est là une situation d'un intérêt vivant et dramatique, mais foncièrement incohérente d'un bout à l'autre, et qui soulève immanquablement la question de savoir s'il n'a pas pu se glisser une erreur sur quelque point de la route suivie pour y arriver.

Est-il impossible que le remède consiste à faire subir une revision à la critique intellectualiste ? ou bien ne pourrait-on pas l'adopter tout d'abord, pour essayer ensuite d'en détruire les conséquences par un acte de foi arbitraire en un agent inintelligible ? Est-il impossible que le flux même de l'expérience sensible contienne une irrationalité qu'on a méconnue ? Le vrai remède consisterait alors à revenir à l'expérience, à l'écouter d'une oreille plus avertie, — au lieu de s'engager dans la direction opposée, en s'éloignant d'elle et même en dépassant la critique intellectualiste qui la désagrège, pour atteindre le faux-semblant d'intelligibilité que donne le prétendu point de vue de l'absolu. Pour mon compte, je crois que c'est le seul moyen de maintenir la rationalité dans le monde, et que le rationalisme traditionnel a toujours porté ses regards dans la mauvaise direction. J'espère que je finirai par vous faire partager, ou, en tout cas, par vous faire respecter cette croyance ; mais il y aura bien des choses à dire avant que nous en arrivions là.

J'employais tout à l'heure le mot « violent » en décrivant la situation dramatique où la philosophie de l'absolu aime à se retrancher. Je ne vois pas comment qui que ce soit, frappé par cette curieuse tendance des ouvrages philosophiques de cette école, peut s'empêcher de se jeter aux violences extrêmes dont j'ai déjà dit un mot. L'univers doit être rationnel : à la bonne heure ! mais *comment* ? Quel sens donner à cette épithète admissible, mais ambiguë ? Tel est le point qui semblerait devoir être abordé ensuite. Il y a certainement, dans la rationalité, des degrés qu'il y aurait lieu de distinguer et de caractériser. Les choses peuvent avoir de la consistance, être cohérentes, de bien des façons différentes. Mais, pas plus dans sa conception de la rationalité que dans sa conception des relations, la pensée du moniste ne peut souffrir la notion du plus ou du moins. La rationalité est une et indivisible : si l'univers n'est pas rationnel avec cette indivisibilité, il doit être complètement irrationnel, et toute atténuation, tout compromis, tout mélange, sera sans valeur !

Discutant sur l'idée d'un mélange, M. Mac Taggart s'exprime ainsi : « Les deux principes du rationnel et de l'irrationnel auxquels on ramène l'univers, devront être absolument séparés et indépendants ; car, s'il pouvait exister une unité commune à laquelle on dût les ramener, ce serait dans cette unité elle-même, et non dans ses deux manifestations, que se trouverait l'explication dernière ;... et la théorie, étant ainsi devenue moniste[1], » se résoudrait, une fois de plus, dans la même alternative : ce principe unique est-il partout rationnel, oui ou non ?

---

1. *Studies in the Hegelian Dialectic*, p. 184.

« Une pluralité de choses réelles est-elle possible ? » demande M. Bradley, et il répond : « Non »; car cela signifierait un nombre d'êtres non dépendants l'un de l'autre, et leur pluralité serait en contradiction avec cette indépendance. En effet, s'il y a « multiplicité » il y a relation, le premier de ces deux termes n'ayant aucun sens, à moins que les unités soient d'une manière ou d'une autre prises ensemble, et il est impossible de les prendre dans une sorte de vide sans réalité ; de sorte qu'elles doivent appartenir à une réalité plus vaste, et ainsi projeter leur propre essence au-delà d'elles-mêmes, la projeter dans un tout qui possède l'unité, et qui forme un plus vaste système[1]. Donc, indépendance absolue ou dépendance mutuelle absolue, telle est la seule alternative admise par ces philosophes. Naturellement, *l'indépendance*, si elle était absolue, serait absurde. En conséquence, la seule conclusion acceptable est que, comme le dit Ritchie, « tout événement pris à part est, en définitive, en relation avec tous les autres, et il est déterminé par le tout auquel il appartient. » Donc, l'univers tout entier, l'univers complet pris en bloc et dans toutes ses parties, — ou bien pas d'univers du tout !

Le professeur Taylor met tant de *naïveté* dans cette habitude de ne penser qu'au moyen des

---

[1]. *Appearance and Reality*, 1893, pp. 141-142.

extrêmes, qu'il accuse les pluralistes de se couper l'herbe sous le pied en ne l'adoptant pas eux-mêmes avec persévérance. Ce qu'affirment les pluralistes, c'est d'abord la possibilité d'un univers où les liens réels sont lâches, d'après le type même que nous fournit l'expérience quotidienne ; et c'est ensuite que, pour certaines raisons, cette hypothèse s'impose comme préférable. D'après le professeur Taylor, ce qu'ils sont naturellement dans la nécessité ou dans l'obligation de dire, c'est que toute autre espèce d'univers est logiquement impossible, et qu'une totalité de choses en relation les unes avec les autres, comme dans le monde des monistes, n'est pas une hypothèse sérieusement soutenable[1]. Mais, malgré cette mise en demeure, aucun pluraliste de bon sens ne se porte, ou n'éprouve le besoin d'aller, jusqu'à ce dogmatisme outré.

Rien n'arrête les absolutistes, au contraire. Que l'on parle du hasard comme de l'un des facteurs en jeu dans l'univers, et les absolutistes veulent qu'on interprète cette idée comme signifiant que les *double-sept* ont autant de chance que les double-six de sortir d'une boîte à dés. Est-ce du libre-arbitre que l'on parle? On veut nécessairement dire, d'après nos absolutistes, que le fait, pour un général anglais d'aujourd'hui, de manger ses pri-

---

1. Cf. *Elements of Metaphysics*, p. 88.

sonniers, est aussi probable qu'il l'était il y a cent ans, de la part d'un chef maori. Pour prendre les exemples donnés par M. Mac Taggart, on doit juger également probable, et que l'on verra la majorité des habitants de Londres se brûler tout vifs demain, et qu'on les verra prendre leur nourriture habituelle; également probable que je serai pendu pour m'être brossé les cheveux, et que je le serai pour avoir commis un meurtre, etc.[1] On fait de cette manière, à l'infini, des suppositions qu'aucun adversaire du déterminisme n'a jamais eu lieu de faire en réalité.

Cette habitude de ne penser qu'en se portant aux plus violents extrêmes, me rappelle ce que dit M. Wells sur les objections couramment adressées au socialisme, — dans son remarquable petit livre *Nouveaux mondes pour remplacer les anciens*.

Le vice le plus commun de l'esprit humain est la disposition à voir en tout le *oui* ou le *non*, le noir ou le blanc, son inaptitude à distinguer les nuances intermédiaires. Ainsi, les critiques s'entendent sur quelque définition catégorique et absolument inacceptable du socialisme, et ils en tirent des absurdités, comme un prestidigitateur tire des lapins de son chapeau. A les en croire, le socialisme abolit la propriété, abolit la famille, et le reste. La méthode, continue M. Wells, est toujours la même :

1. *Some Dogmas of Religion*, p. 184.

elle consiste à prendre comme accordé que tout ce qui est postulé comme désirable par le socialiste, se trouve posé comme tel d'une manière illimitée. La méthode consiste à imaginer que toute proposition faite par lui doit être mise en pratique par des monomaniaques effrénés, et à faire ainsi du rêve socialiste un tableau qu'on puisse présenter à une personne candide, qui éprouve des scrupules. — « Voilà le Socialisme! — ou voilà le Pluralisme, selon le cas. — « C'est bien là le Socialisme? — **Assurément!** et c'est bien là ce dont vous ne voulez pas! »

Telle est bien la méthode employée contre le pluralisme. Moi-même, quand j'exprimais des doutes sur la nécessité logique d'admettre l'absolu ou de courir à l'extrême opposé, que de fois on m'a répondu : « Mais oui, assurément, il faut bien qu'il existe *quelque* lien entre les choses! » Comme si j'étais un monomaniaque en délire, niant follement tout rapport, quel qu'il soit! A vrai dire, toute la question tourne autour du mot *quelque*. La notion qu'exprime ce mot, l'empirisme radical et le pluralisme en soutiennent tous deux la légitimité. Pour eux, chacune des parties de l'univers est *en quelque manière* liée à toutes les autres, tandis qu'*en quelque manière* aussi, elle ne leur est point liée; et l'on peut discerner de quelle manière elle se trouve leur être liée ou de quelle manière elle ne l'est point, car bien souvent l'un et l'autre cas sont d'une parfaite évidence, ainsi que leurs différences entre eux. La philosophie de l'absolu, de son côté, semble affirmer que l'idée qu'exprime ce mot, *quelque*, est une catégorie irrémédiablement infectée d'une contradiction interne : les seules catégories qui soient intimement cohérentes, et par conséquent appropriées à la réalité, sont *tout* et *rien*.

Cette question se réduit d'elle-même à la question, encore plus générale, avec laquelle M. Bradley et de récents écrivains de l'école moniste nous ont rendus on ne peut plus familiers : il s'agit de savoir si toutes les relations possibles d'un être avec les autres sont primitivement renfermées dans sa nature intrinsèque et rentrent dans son essence ; ou si, l'égard de quelques-unes de ces relations, cet être peut exister sans avoir aucun rapport avec eux ; et, dans le cas où il y rentrerait jamais réellement, s'il le pourrait d'une manière tout adventice, et, pour ainsi dire, après coup. C'est la grande question de savoir si des relations « *externes* » sont possibles.

Elles semblent possibles, incontestablement. Mon manuscrit, par exemple, est *sur* ce pupitre. La relation consistant à être *sur* quelque chose ne paraît impliquer aucunement la signification intérieure du manuscrit ou la structure intérieure du pupitre : ces objets ne s'y trouvent engagés que par leurs côtés extérieurs, et cette relation ne paraît être qu'un accident momentané dans leur histoire respective. En outre, ce terme *sur* n'apparaît pas à nos sens comme un de ces inintelligibles intermédiaires qui doivent être raccrochés séparément aux termes qu'ils ont la prétention d'unir. Et cependant, toutes ces innocentes apparences sensibles, nous dit-on, ne sont pas acceptables aux yeux de la raison. Il y a là un tissu de contradictions dont seule peut triompher l'absorption complète du pupitre et du manuscrit dans l'unité supérieure d'une réalité plus absolue.

Le raisonnement sur lequel s'appuie cette conclusion est trop subtil et trop compliqué pour qu'on puisse s'en occuper convenablement dans une leçon publique, et vous me dispenserez de vous inviter aucunement à l'examiner.

Je me sens d'autant plus libre de passer outre maintenant, qu'il me semble avoir, bien que d'une manière rapide, suffisamment étudié l'attitude de la philosophie de l'absolu, pour mon dessein actuel. Si je juge non prouvée cette philosophie, — et c'est à quoi je m'en tiens pour le moment, — rien ne m'oblige de justifier mon verdict en discutant chaque point spécialement. Attaquer de flanc coûte moins cher et, à certains égards, donne un meilleur résultat que d'attaquer de front. Peut-être croirez-vous, après avoir entendu les leçons suivantes, que l'alternative d'un univers absolument rationnel ou absolument irrationnel est quelque chose d'outré, et qu'il existe une voie intermédiaire que, d'accord avec moi, quelques-uns d'entre vous reconnaîtront préférable. Assurément, *quelque* rationalité caractérise notre univers ; et, comparant une sorte de rationalité avec une autre, nous pouvons estimer que les diverses sortes de rationalité incomplète qui se manifestent sont, en somme, aussi acceptables que l'espèce absolue de rationalité à laquelle tiennent les monistes épris de systématisation à outrance.

Tous ceux de ces monistes qui ont écrit depuis Hegel, lui ont dû pour une grande part leur inspiration. Même quand ils n'ont eu à faire aucun usage de sa dialectique triadique particulière, ils ont puisé confiance et courage dans son allure autoritaire et conquérante. C'est à lui que va être consacrée ma prochaine leçon.

TROISIÈME LEÇON

Hegel et sa méthode.

Influence de Hegel. — Caractère impressionniste de sa vision. — Il met dans les choses elles-mêmes « l'élément dialectique ». — Le pluralisme admet comme possibles des conflits entre les choses. — Hegel explique ces conflits par une contradiction mutuelle des concepts. — Il tente de dépasser la logique ordinaire. — Critique de cette tentative. — Exemples de la constitution « dialectique » des choses. — Idéal que poursuivent les rationalistes : des propositions trouvant leur propre garantie dans une double négation. — Sublimité de cette conception. — Critique de l'explication proposée par Hegel : elle implique un intellectualisme mal compris. — Hegel est un voyant plutôt qu'un logicien. — « L'absolu » et « Dieu » sont deux notions différentes. — Utilité de l'absolu pour donner la paix mentale. — Cette utilité est contre-balancée par les paradoxes qu'une telle idée introduit dans la philosophie. — Idées de Leibniz et de Lotze sur la « chute » impliquée dans la création du monde fini. — Comment, d'après Joachim, la vérité est « tombée » dans l'erreur. — Là-dessus, comme sur l'idée d'un monde parfait, l'absolutisme soulève des problèmes au lieu d'apporter une solution. — Conclusions en faveur du pluralisme.

Directement ou indirectement, l'influence de Hegel, ce génie étrange et puissant, a contribué, plus que toutes les autres réunies, à fortifier le panthéisme idéaliste parmi les penseurs. Je dois vous parler un peu de lui, avant d'exposer mes dernières conclusions sur la force des arguments présentés en faveur de l'absolu.

Dans aucune autre philosophie n'est plus évident, plus palpable que dans celle de Hegel, le fait que la vision d'un philosophe, et la technique qu'il emploie pour la démontrer, sont deux choses différentes. La vision chez lui fut celle d'un univers dans lequel la raison maintient toutes choses à l'état de dissolution, et explique tout ce qui apparaît à la surface comme irrationnel, en se l'appropriant à titre de simple « moment ».

C'est là une vision si intense chez Hegel, et le ton d'autorité sur lequel il parlait en se plaçant au centre de cette vision, avait tant de poids, que l'impression produite ne s'est jamais effacée. La vue de ses disciples, une fois élargie pour voir les choses à la même échelle que l'œil de leur maître, ne pouvait plus se resserrer à l'échelle d'un moins vaste horizon.

La technique employée par Hegel pour démontrer sa vision était la prétendue méthode dialectique ; mais, sur ce point, il a rencontré un accueil tout opposé à celui que lui ont valu les autres. Les applications particulières qu'il a tirées de sa méthode, c'est à peine si, parmi ses nouveaux disciples, il s'en est trouvé un pour les trouver satisfaisantes. Beaucoup les ont entièrement abandonnées : ils y ont plutôt vu une sorte de bouche-trou provisoire, symbole de ce qui pourrait un jour ou l'autre devenir réalisable, mais n'ayant actuellement aucune valeur ou signification littérale. Cependant, ces mêmes disciples s'attachent à la vision elle-même comme à une révélation qui ne saurait jamais passer. Le cas est curieux et digne de notre étude. Il est encore plus curieux de voir ces mêmes disciples, tout en étant ordinairement disposés à ne défendre contre ses adversaires aucune des applications particulières de la méthode dialectique, rester inébranlablement convaincus que, sous une certaine forme, la méthode dialectique est la clef de la vérité.

Qu'est-ce donc que la méthode dialectique ? Cette méthode fait elle-même partie de la vision ou intuition hégélienne, et cela d'une manière qui trouve son écho le plus fort dans l'empirisme et le sens commun. On commet envers Hegel une grande injustice en le considérant comme s'il était avant tout un raisonneur. C'est, en réalité, un observateur *naïf*[1], mais obsédé d'une fâcheuse prédilection pour le jargon technique et logique. Il s'installe au milieu du flux empirique des choses, et se laisse impressionner par ce qui arrive. Son esprit est, en propres termes, celui d'un *impressionniste* : sa pensée, une fois qu'on y est entré en se mettant au centre qui anime tout le reste, est

---

1. En français dans le texte. [Trad.]

la chose du monde dont il est le plus facile de saisir et de suivre chaque pulsation.

Un auteur est facile à comprendre si l'on sait saisir le centre de sa vision. Du centre de la vision de Hegel viennent ces phrases sublimes et impérieuses qu'on trouve chez lui et qu'on ne peut comparer qu'à celles de Luther. Telle est la phrase où, parlant de la preuve ontologique de l'existence de Dieu, par l'idée même de Dieu en tant que *Ens perfectissimum* auquel nul attribut ne saurait manquer, il dit : « Ce serait une chose étrange si la Notion, le fonds même de la pensée, ou, en un mot, la totalité concrète que nous appelons Dieu, pouvait n'être pas assez riche pour embrasser une catégorie aussi pauvre que celle de l'Être, précisément la plus pauvre et la plus abstraite de toutes, puisque rien ne saurait être plus insignifiant que l'Être. »

Mais si la pensée centrale de Hegel est facile à saisir, ses abominables habitudes de langage rendent les applications de détail excessivement difficiles à suivre. Le sans-gêne où il se complait pour ses phrases ; sa façon d'exécuter des tours de passe-passe avec les termes ; son épouvantable vocabulaire, appelant, par exemple « négation », pour une chose, ce qui la complète ; son refus systématique de vous faire savoir s'il parle en logicien, en physicien ou en psychologue ; tout ce parti pris, qu'il a délibérément adopté, de rester dans le vague et dans l'ambiguïté: tout cela porte ses lecteurs d'aujourd'hui à s'arracher les cheveux, ou à lui arracher les siens, dans un accès de désespoir. Comme le corsaire de Byron, il a laissé « aux âges futurs un nom qui ne leur rappelle qu'une seule vertu et un millier de crimes ».

Cette vertu, chez Hegel, c'était sa vision. Elle comprenait en réalité deux parties. D'une part, il voyait la raison comme embrassant tout; et, de l'autre, il voyait les choses comme une « dialectique ». Permettez-moi de vous dire quelques mots sur cette seconde partie.

L'impression qu'éprouve un homme *naïf* qui s'installe en toute simplicité au milieu du flux des choses, c'est que les choses ne sont pas en équilibre. Quels que soient les équilibres qu'atteignent nos expériences finies, ils ne sont que provisoires. Wordsworth croyait que nous sommes en équilibre avec la nature : cet équilibre, le volcan de la Martinique le fait disparaître avec fracas. De même, les équilibres lentement construits auxquels parviennent les hommes dans leur vie de famille et dans leurs relations civiques ou professionnelles, des accidents de l'ordre moral, de l'ordre mental, ou de l'ordre physique viennent les détruire. Des énigmes intellectuelles déjouent nos systèmes scientifiques, et le cruel dernier mot de l'univers, bouleversant la pensée religieuse, lui fait perdre son attitude et ses espérances. D'aucun « système de « bien » particulier, une fois atteint, la valeur n'est reconnue comme sacrée par l'univers lui-même. Le voilà qui fait la culbute, le voilà qui s'écroule, assouvissant le vorace appétit de destruction qu'il y a dans ce système lui-même, — dans ce système historique plus vaste où il s'est tenu un instant comme pour faire escale ou comme sur un marchepied.

Cette fuite des choses que suivent de près leurs contradictoires; la destinée de chacune et sa destruction; cette perpétuelle marche en avant vers un avenir qui va supplanter le présent : telle est l'intuition hégélienne du caractère essentiellement provisoire, et, par conséquent irréel, de toutes les choses empiriques et finies.

Prenez, en effet, une chose quelconque, concrète et finie, et essayez de la fixer. Vous n'y réussirez pas, car, fixée ainsi, elle se trouve n'être plus concrète du tout. Elle n'est plus qu'un extrait ou un « abstrait » arbitraire que vous avez taillé à même le reste de la réalité empirique. D'ailleurs, toutes les autres choses l'envahissent et la submergent, vous envahissent et vous submergent au même moment, en faisant évanouir votre folle entreprise. Toute vue ne portant que sur une partie de l'univers, arrache cette partie à ses relations, laisse à l'écart quelque vérité la concernant, est fausse à son égard, la dénature. La vérité pleine et entière, sur quelque chose que ce soit, renferme plus que cette chose elle-même. En définitive, il ne faut pas moins que l'ensemble total des choses pour rendre possible un degré quelconque de vérité à l'égard de l'une d'entre elles.

Ainsi compris, et compris en gros, non seulement Hegel n'offre aucun danger, mais il est exact. Il y a bien, dans les choses, un mouvement dialectique, s'il vous plaît de l'appeler ainsi, un mouvement auquel donne naissance la structure tout entière de la vie concrète.

Toutefois, ce mouvement peut se décrire et s'expliquer en termes empruntés à la vision pluraliste des choses, d'une manière bien plus naturelle qu'au moyen des termes monistes auxquels Hegel l'a finalement réduit. L'empirisme pluraliste sait que toute chose est dans un milieu; que d'autres choses l'entourent, et que, si vous la laissez se mouvoir dans ce milieu, elle subira inévitablement un frottement et une opposition de la part de ses voisines : ses rivales et ses ennemies la détruiront, à moins qu'elle ne puisse les soudoyer en abandonnant, à titre de compromis, une partie de ses prétentions primitives.

Mais c'est sous un jour qui n'a rien d'empirique, que Hegel a vu ce caractère indéniable de l'univers que nous habitons. Que *l'idée mentale* de la chose travaille dans votre pensée toute seule, imaginait-il, et les mêmes conséquences se dérouleront exactement. Elle sera niée par les idées opposées qui la suivent de près, et ne pourra subsister qu'en passant avec elles un traité quelconque. Ce traité sera un exemple de la prétendue « synthèse supérieure » de chaque chose avec sa contradictoire ; et l'originalité de Hegel consistait à transporter cette opération de la sphère des perceptions dans celle des concepts, et à l'interpréter comme étant la méthode universelle qui rend possible la vie sous n'importe quelle forme : logique, physique ou psychologique. Ce n'est donc pas dans les faits sensibles, comme tels, que Hegel nous invite à chercher le secret de ce qui entretient le cours de l'existence : c'est plutôt dans l'élaboration conceptuelle que nous leur ferons subir. A ses yeux, les concepts n'étaient pas les choses immobiles et renfermées en elles-mêmes que les logiciens d'autrefois avaient supposées : non, ils travaillaient comme des germes et se développaient au dehors l'un dans l'autre, en vertu de ce qu'il appelait leur dialectique immanente. En voulant s'ignorer l'un l'autre comme ils le font, ils s'excluent virtuellement et se nient l'un l'autre, pensait-il ; et, par là, d'une certaine façon, l'un amène l'autre. Ainsi, la logique dialectique, selon lui, devait supplanter la « logique de l'identité » dont toute l'Europe avait été nourrie depuis Aristote.

C'est dans cette manière d'envisager les concepts que consiste la révolution accomplie par Hegel, mais partout accomplie en des termes si intentionnellement vagues et ambigus qu'on ne peut guère dire si ce sont les concepts comme tels, ou bien les expériences et éléments sensibles servant à les former, que Hegel veut effectivement mettre en œuvre.

La seule chose certaine est que, quoi que vous puissiez dire de sa méthode, il y aura quelqu'un pour vous accuser de l'avoir mal comprise. Je n'ai pas la prétention de la comprendre : je l'interprète uniquement d'après mes propres impressions.

A l'interpréter ainsi, je regrette qu'il lui ait donné le nom de logique. S'attachant, comme il l'a fait, à la vision d'un monde réellement vivant, et ne voulant pas se contenter d'un tableau intellectualiste qui le présente haché menu, il est fâcheux de lui voir précisément adopter le mot dont l'intellectualisme s'était déjà réservé l'emploi. Mais il ne s'est pas, — bien au contraire! — affranchi du traditionnel dédain des rationalistes pour le monde des données immédiates, pour le monde sensible et toutes les basses particularités qui le souillent; et il n'a jamais admis cette idée que la forme de la philosophie pût être tout empirique. Il fallait que son système à lui fût un produit de la raison éternelle : c'est pourquoi le mot « logique », avec tout ce qu'il suggère de nécessité irrésistible, était le seul qu'il pût trouver naturel.

Hegel a donc prétendu pratiquer constamment la méthode *a priori* et faire tout son travail au moyen d'un maigre attirail de vieux termes logiques : proposition, négation, réflexion, universel, particulier, individuel, et autres du même genre. Mais sur quoi opérait-il en réalité? C'est sur ses propres perceptions empiriques; et celles-ci dépassaient et débordaient ses catégories logiques, qui se trouvaient misérablement insuffisantes dans tous les cas où il les appliquait.

Le coup le plus original qu'il ait frappé, c'est celui qui se rapporte à la catégorie des négations. L'opinion orthodoxe est que vous ne pouvez avancer logiquement à travers le champ des concepts qu'en allant du même au même. Hegel a senti profondément la stérilité de cette loi de la pensée conceptuelle : il a vu que, d'une certaine façon, la négation met, elle, aussi, les choses en relation ; et il a eu l'idée originale de dépasser la logique ordinaire en s'avançant du différent au différent, comme si c'était aussi une nécessité de la pensée. « Le prétendu principe d'identité, dit-il, est supposé admis par la conscience de chacun. Mais dire : une planète est une planète, le magnétisme est le magnétisme, l'esprit est l'esprit, — comme l'impose une telle loi, — c'est là un langage qui mérite d'être taxé de niaiserie. Aucun esprit ne parle, ne pense, ne forme ses conceptions d'après cette loi, et aucune existence d'aucune sorte ne s'y conforme. Nous ne devons jamais considérer l'identité comme une identité abstraite, à l'exclusion de toute différence. C'est là la pierre de touche pour distinguer toutes les mauvaises philosophies de ce qui seul mérite d'être appelé une philosophie. Si penser n'était pas quelque chose de plus qu'enregistrer des identités abstraites, ce serait une opération absolument superflue. Les choses et les concepts ne sont identiques que dans la mesure où ils impliquent en même temps une distinction[1]. »

La distinction que Hegel a ici dans l'esprit, commence naturellement par être la distinction entre une chose ou un concept, d'une part, et les autres choses ou concepts, d'autre part. Mais, avec lui, cette distinction ne tarde pas, en se développant, à devenir une contradiction de la chose ou du concept avec les autres choses ou concepts, et, par un choc en retour, elle finit par devenir une contradiction des choses avec elles-mêmes ou des concepts avec eux-mêmes : désormais la contradiction interne et immanente de tout concept fini devient la force de propulsion logique qui met le monde en mouvement[2].

« Isolez une chose de toutes ses relations, — dit le docteur Edward Caird[3], exposant Hegel, — et essayez de l'affirmer toute seule : vous consta-

---

1. *Smaller Logic*, pp. 184-185.
2. Cf. une belle justification présentée par HEGEL pour cette fonction de la contradiction, dans *Wissenschaft der Logik*, B k, II, sec. 1, ch. II, B, a.
3. HEGEL, dans *Blackwood's Philosophical Classics*, p. 162.

8.

terez qu'elle s'est niée elle-même au moment où elle niait ses relations. La chose en soi n'est rien. »

On peut d'ailleurs citer les paroles mêmes de Hegel : « Quand nous supposons un objet A existant et aussi un *autre* objet B, B est d'abord défini comme étant *autre*. Mais A est précisément au même degré *autre* par rapport à B. Tous deux sont *autres*, de la même façon... On entend par *autre* ce qui est tel en soi-même, ce qui est donc autre à l'égard de n'importe quel autre, par conséquent autre à l'égard de soi-même aussi, la chose simplement dissemblable d'elle-même, la chose qui se nie elle-même, la chose qui se modifie elle-même, etc.[1] »

Hegel écrit ailleurs : « Le fini, en tant qu'implicitement autre que lui-même, est forcé d'abandonner son être propre, immédiat ou naturel, et de devenir brusquement son contraire... La dialectique est la puissance universelle et irrésistible devant laquelle rien ne peut tenir... *Summum jus, summa injuria.* Pousser à l'extrême un droit abstrait est commettre une injustice. L'extrême anarchie et l'extrême despotisme mènent l'un à l'autre. L'orgueil précède la chute. Trop d'esprit se dupe soi-même, la joie amène les larmes, la mélancolie un sourire sardonique[2]. » On pourrait ajouter que la plupart des institutions humaines,

---

1. *Wissenschaft der Logik*, B k, I. sec. 1, ch. II, B, a.
2. *Smaller Logic.* Traduction Wallace, p. 128.

par la manière purement technique et professionnelle dont elles arrivent à être administrées, finissent par devenir des obstacles aux vues mêmes de leurs fondateurs.

Une fois contracté le pli de penser en appliquant ainsi le principe de contradiction, vous aurez de la chance si jamais vous arrivez à vous en défaire. Vous devenez incapable de voir autre chose. Que n'importe qui énonce n'importe quoi, et votre sentiment qu'une contradiction y est impliquée devient une habitude : ce sera presque une habitude motrice chez certaines personnes qui symbolisent par une mimique stéréotypée l'affirmation, la négation et la conciliation finale impliquées dans ce que l'on dit. Si vous dites : *deux*, ou *plusieurs*, votre discours vous trahit, car le nom lui-même les réunit en un. Si vous exprimez un doute, votre expression contredit son propre contenu, car le doute lui-même n'est pas mis en doute, mais affirmé. Dites-vous : *désordre*, qu'y a-t-il là, sinon une certaine mauvaise espèce d'ordre? Dites-vous *indétermination* : vous êtes en train de déterminer le fait de cette indétermination, précisément. Dites-vous : « rien n'arrive que l'imprévu » : l'imprévu devient ce que vous prévoyez. Dites-vous : « toutes choses sont relatives » : à quoi le tout formé par ces choses est-il lui-même relatif? Si vous dites, « rien de plus », vous avez dit déjà quelque chose de plus en sous-entendant une région dans laquelle on ne trouve rien de plus. Connaître une limite comme telle, est conséquemment l'avoir déjà franchie; et ainsi de suite pour tous les exemples qu'on peut vouloir citer.

Ainsi, toute chose que vous affirmez paraîtra affirmée par un de ses côtés seulement. En outre, elle paraîtra nier son autre aspect. Celui-ci, n'ayant également qu'un seul côté, niera le premier à son tour; et, puisque cette situation est intenable, les deux termes contradictoires devront, suivant Hegel, engendrer ensemble une plus haute vérité dont tous deux apparaissent comme des parties indispensables, chacun d'eux rendant possibles certains aspects de ce concept supérieur ou de cette situation supérieure pour la pensée.

De cette manière, chaque synthèse supérieure, quelque provisoire et relative qu'elle soit, concilie les contradictions que contenaient implicitement les parties abstraitement considérées. Vous vous souvenez que le rationalisme est, d'après moi, une manière de penser ayant pour méthode de subordonner les parties aux touts : Hegel est donc ici on ne peut plus rationaliste. L'unique tout par lequel *toutes* les contradictions soient conciliées, est pour lui le tout absolu des touts, cette Raison qui enveloppe tout, à laquelle il a lui-même donné le nom d'Idée absolue, mais que je continuerai d'appeler l' « absolu », purement et simplement, comme je l'ai fait jusqu'ici.

Dans une foule de cas, l'expérience nous montre comment les unités supérieures concilient les contradictions; de sorte que, ici encore, la vision de Hegel, prise d'une façon tout impressionniste, s'accorde avec un nombre incalculable de faits. D'une manière ou d'une autre, la vie, en déployant ses ressources, trouve le moyen de donner du même coup satisfaction aux contraires. Et c'est précisément là l'aspect paradoxal que présente, sur bien des points, notre civilisation. Nous assurons la paix par des armements; la liberté, par des lois et des constitutions. La simplicité et le naturel sont le dernier résultat d'une éducation et d'un entraînement artificiels; la santé, la force et la richesse ne s'accroissent que si l'on en fait usage et que si on les dépense sans compter. Notre méfiance de la méfiance engendre notre système commercial de crédit; notre tolérance à l'égard des manifestations anarchistes et révolutionnaires est le seul moyen d'atténuer leurs dangers; notre charité doit dire non aux mendiants, afin de ne pas aller contre son propre but; le véritable épicurien doit observer une grande sobriété; le moyen pour arriver à la certitude réside dans le doute radical; la vertu ne signifie pas l'innocence, mais la connaissance du mal et sa défaite; c'est en obéissant à la nature que nous en devenons les maîtres; etc. La vie religieuse et la vie morale sont pleines de contradictions semblables dont la solution est en suspens. Haïssez-vous votre ennemi? Eh bien! pardonnez-lui, et par là vous entasserez des charbons brûlants sur sa tête. Pour vous trouver vous-même, renoncez-vous vous-même; pour sauver votre âme, perdez-la d'abord; bref, mourez pour vivre.

En partant d'exemples d'une telle évidence, on peut facilement généraliser la vision de Hegel. En gros, son tableau « dialectique » rend fidèlement compte d'une grande partie des choses de l'univers. Il a un air paradoxal; mais, une fois placés au point de vue de n'importe quelle synthèse un peu élevée, vous voyez au juste comment elle absorbe en elle-même les contraires. Considérez, par exemple, le conflit de nos appétits carnivores et de nos instincts chasseurs, d'une part, et, d'autre part, notre sympathie pour les animaux, — cette sympathie que le raffinement de notre civilisation est en train d'amener avec lui. Nous avons trouvé le moyen de concilier ces contraires on ne peut plus effectivement, en établissant des lois sur la chasse et sur les saisons où elle est fermée, comme en nourrissant des troupeaux domestiques. Les animaux conservés ainsi le sont pour être massacrés, à vrai dire; mais, s'ils n'étaient pas conservés pour cette raison, pas un seul d'entre eux ne resterait en vie. Leur volonté de vivre et notre volonté de les tuer se combinent ainsi harmonieusement dans cette synthèse supérieure, d'une espèce toute particulière, qui est la domestication et l'élevage.

A ne considérer que le compte rendu qu'il présente de certains aspects empiriques du réel, Hegel est donc grand, et il est exact. Mais ce qu'il se proposait, c'était quelque chose de bien supérieur à un compte rendu empirique. Aussi dois-je ne point passer sous silence cet aspect essentiel de sa pensée. Hegel était dominé par la notion d'une vérité qui devrait se présenter comme indiscutable, s'imposer à tous, être *la* vérité, une, indivisible, éternelle, objective et nécessaire, à laquelle la pensée particulière de nous tous doit conduire comme à son propre achèvement.

Voilà bien, en effet, l'idéal dogmatique de tous les professionnels du rationalisme en philosophie; voilà leur postulat, qu'ils ne soumettent jamais ni au doute ni à la critique. « *Je n'ai jamais douté*, disait récemment un écrivain d'Oxford, que la vérité fût universelle, unique et éternelle, ni qu'elle fût chose une, intégrale et complète par son unique élément essentiel, par sa signification unique »[1]. Pour se mouvoir dans l'univers hégélien, la pensée doit, en résumé, adopter la formule apodictique : *il faut que telle chose soit*, et non pas cette formule hypothétique et inférieure : *telle chose est*

[1]. JOACHIM. *The Nature of Truth*, Oxford, 1904, pp. 22, 178. L'argument, au cas où la croyance serait mise en doute, serait l'idée synthétique supérieure : si deux vérités étaient possibles, la dualité de cette possibilité serait elle-même la vérité unique qui les unirait.

possible, seule formule que l'empiriste puisse employer.

Ainsi, Hegel jugeait que son idée d'un mouvement immanent, qui se poursuit à travers le champ des concepts sous la forme de la négation « dialectique », faisait admirablement le compte de ces rationalistes réclamant une vérité qui fût quelque chose d'absolu et d'inébranlable. Il est facile de voir comment. Si vous affirmez n'importe quoi, — par exemple, que A existe, — et que vous en restiez là tout simplement, vous laissez les choses à la merci d'un tiers qui peut survenir et dire : « Ce n'est point A qui existe; c'est B ». S'il parle ainsi, votre affirmation ne le réfute pas : elle le contredit seulement, tout comme la sienne vous contredit. Le seul moyen de faire que votre affirmation sur A porte en elle-même sa garantie, c'est de lui donner une forme qui niera implicitement et par avance toutes les négations possibles.

Il ne suffirait pas que la négation fût simplement absente : il faut la mettre en présence de l'affirmation, mais lui arracher ses crocs. Ce que vous posez comme étant A doit avoir déjà supprimé, en la niant par avance, l'alternative opposée, ou l'avoir rendue impuissante. La double négation est la seule forme d'affirmation qui fasse bien le compte de l'idéal dogmatique. Les constatations simplement et naïvement affirmatives, voilà qui est bon pour les empiristes, mais non pour les rationalistes, car elles prêtent le flanc aux attaques du premier contradicteur venu et demeurent exposées à tous les souffles qui apportent le doute. La vérité *définitive* doit être une chose pour laquelle il n'y a plus aucune alternative imaginable : toutes celles qu'on pourrait lui opposer, cette vérité les contient en elle-même, comme des moments déjà expliqués et déjà franchis. Toute chose qui renferme ses propres alternatives comme autant d'éléments d'elle-même, est, pour me servir d'une expression souvent employée précédemment, « son propre autre », rendu tel par la *méthode de la négation absolue*. (Methode der absoluten negativität.)

Cette idée d'un organisme de vérité qui a déjà tiré de quoi vivre, pour ainsi dire, du fait même d'être soumis à la mort dans des conditions telles que, la mort étant une fois morte pour lui, il ne saurait plus mourir désormais, voilà bien l'idée où la tendance rationaliste trouve pleinement à se satisfaire. Ce seul et unique tout, avec toutes ses parties impliquées en lui, — qui se nient et se rendent mutuellement impossibles, si elles sont prises à part, mais qui s'appellent mutuellement et se maintiennent l'une l'autre à leur place, si l'on prend intégralement le tout qu'elles forment : tel est, à la lettre, l'idéal cherché; tel est le diagramme et le tableau même de cette notion de *la* vérité, qui ne laisse en dehors d'elle aucune alternative ; de cette vérité à laquelle rien ne peut être ajouté; de laquelle rien ne peut être retranché, et par rapport à laquelle serait absurde tout ce qui s'en écarterait; de cette vérité enfin qui dépasse infiniment l'imagination humaine.

Une fois saisies les lignes de ce diagramme, qui résout d'une façon si heureuse un problème vieux comme le monde, les anciens procédés par lesquels se prouvait la nécessité des jugements cessent de nous satisfaire. Aussi pensons-nous que le moyen de Hegel doit être le bon moyen. Le vrai doit être essentiellement la réalité récurrente, se réfléchissant sur elle-même et renfermée en elle-même; il doit être ce qui trouve sa propre sauvegarde dans le fait de contenir en soi sa contradictoire et de la nier; ce qui forme un système sphérique, sans aucun de ces bouts flottants, suspendus au dehors, dont s'emparerait quelque chose d'extérieur et d'étranger; ce qui, pelotonné sur soi-même, demeure à jamais clos, au lieu de se dévider en droite ligne indéfiniment, et de rester ouvert à ses extrémités, comme cet univers d'une forme simplement constituée par collection ou par addition : cet univers, que Hegel nomme le mauvais infini, et qui est le seul auquel puisse jamais atteindre l'empirisme ne posant à son point de départ que de simples parties et des éléments séparés.

Nul ne peut nier la sublimité de cette conception hégélienne. Elle a certainement grande allure, si une grande allure est bien chose que puisse comporter la philosophie. Pour nous, cependant, cette conception reste, jusqu'à présent, une forme pure, un simple diagramme ; car le contenu positif de la vérité absolue, tel que Hegel essaie matériellement de le dégager, n'a contenté qu'un petit nombre de ses disciples, et je n'entreprends pas de considérer le moindrement les parties concrètes de sa philosophie. Le principal, en ce moment, est de saisir sa vision généralisée, et de s'assurer du crédit que mérite le schéma tout abstrait d'un système trouvant sa sauvegarde en lui-même, par le fait d'impliquer une double négation.

Ceux des partisans de l'absolu qui n'emploient pas la technique particulière de Hegel, ne cessent pas, en réalité, de travailler d'après sa méthode. Vous vous rappelez les preuves de l'absolu, dont je vous ai donné des exemples dans ma dernière leçon, — ces preuves de Lotze et de Royce par la *réduction à l'absurde*, établissant que toute connexion, si faible soit-elle, inconsidérément supposée dans les choses, aboutira logiquement à leur union absolue, et toute séparation, même minime, à leur disjonction absolue : ce sont bien là des arguments construits sur le modèle hégélien. La vérité est ce que vous affirmez implicitement par votre effort même pour le nier : c'est ce dont vous ne pouvez vous écarter sans que chacun de vos écarts trouve sa propre réfutation dans le fait d'être en contradiction avec soi-même. Tel est le suprême aperçu que donne le rationalisme, et aujourd'hui les meilleures *nécessités* logiques, invoquées par l'argumentation rationaliste, ne sont qu'autant d'efforts pour le faire accepter par l'auditeur.

Ainsi, vous le voyez, ma dernière leçon et celle-ci sont elles-mêmes connexes à leur tour, en ce que nous pouvons considérer Hegel et les autres partisans de l'absolu comme soutenant le même système. Le premier point sur lequel je désire insister maintenant, est le rôle joué dans la structure de ce merveilleux système par ce que j'ai appelé l'intellectualisme vicieux.

En général, le rationalisme pense atteindre la plénitude du vrai en abandonnant la sensation pour le concept, parce que celui-ci fournit évidemment le tableau le plus universel et le plus stable de la réalité. L'intellectualisme, au sens vicieux du mot, je l'ai défini plus haut l'habitude de supposer qu'un concept *exclut* de toute réalité conçue par son moyen tout ce qui n'est pas *inclus* dans la définition de ce concept. Cet intellectualisme, je l'ai qualifié d'illégitime, tel que je l'ai vu pratiqué dans les arguments invoqués par Lotze, Royce et Bradley en faveur de l'absolu, — arguments que, par suite, je n'ai pas considérés comme prouvant l'absolu; et j'ai conclu en affirmant ma propre croyance qu'un univers pluraliste, un univers incomplètement systématisé, qu'on ne saurait décrire qu'à la condition d'employer librement le mot « *plusieurs* », est une hypothèse légitime.

Or Hegel lui-même, en construisant sa méthode de double négation, offre l'exemple le plus marquant de ce vice de l'intellectualisme. Toute idée d'un objet défini est naturellement le concept de cet objet, et non le concept de n'importe quel autre. Mais, sur ce fait de n'être pas le concept d'un autre objet quelconque, Hegel raisonne comme si c'était là un fait *équivalent au concept de quelque autre chose qui n'existe pas*, ou en autres termes, comme si c'était la négation de toute autre chose. Puis, comme les autres choses, ainsi implicitement contredites par la chose conçue d'abord, *la* contredisent également d'après la même loi, on commence à sentir battre le pouls de la dialectique, et les fameuses triades de Hegel se mettent à ronger et à dévorer le Cosmos.

Si quelqu'un trouve lumineuse la méthode employée, il faut le laisser jouir en paix de cette illumination et l'abandonner à son hégélianisme. D'autres que lui sentiront les insupportables défauts, — ambiguïté, prolixité, audace par trop peu scrupuleuse, — qui se voient dans la manière dont le Maître déduit les choses; notre hégélien n'y verra sans doute, — les oracles divins étant notoirement difficiles à interpréter,

—' que cette « difficulté » dont la profondeur des pensées donne presque toujours le sentiment !

Pour ma part, il me semble qu'il y a quelque chose de grotesque et de *saugrenu*[1] dans ce fait qu'un style si contraire aux règles élémentaires qui président à l'échange des idées entre les esprits, ait la prétention d'être la véritable langue maternelle de la raison, et de se trouver en harmonie, plus rigoureusement que tout autre style, avec les modes de pensée appartenant à l'absolu. C'est pourquoi je ne prends pas du tout au sérieux l'appareil technique de Hegel. Je le regarde plutôt, Hegel, comme un de ces nombreux voyants, d'ailleurs pleins d'originalité, qui ne peuvent jamais apprendre à s'exprimer. Sa prétendue logique impérieuse, irrésistible, ne compte pour rien à mes yeux. Ce fait ne porte, du reste, aucune atteinte à l'importance philosophique de sa conception de l'absolu, pourvu qu'on la prenne simplement pour une hypothèse, pour l'un des grands types de la vision cosmique.

C'est en la considérant ainsi, que je vais la discuter brièvement. Mais, auparavant, je dois appeler votre attention sur une étrange particularité de la vision hégélienne. Cette particularité, nous la rencontrerons de nouveau pour la juger

---

1. En français dans le texte (Trad.).

définitivement dans ma septième leçon : aussi ne ferai-je, cette fois, que la noter en passant.

Hegel, vous vous en souvenez, considère que les données finies de notre expérience immédiate ne sont pas « vraies », parce qu'elles ne sont pas leurs propres contraires. Elles sont niées par ce qui leur est extérieur. L'absolu est vrai, parce, que lui, et lui seulement, n'a pas de milieu extérieur, et qu'il est parvenu à être son propre contraire.

Une fois accordée cette prémisse que, pour être vraie, une chose doit, d'une manière ou d'une autre, être son propre contraire, tout demeure suspendu à la question de savoir si Hegel est en droit de prétendre que les diverses parties de l'expérience finie ne peuvent elles-mêmes aucunement passer pour être *leurs* propres contraires. Lorsqu'on en parle au point de vue conceptuel ou intellectualiste, elles ne le peuvent naturellement pas. Tout concept abstrait exclut comme tel ce qu'il n'inclut pas, et si les concepts de cette nature sont des substituts adéquats pour les pulsations ou unités concrètes de la réalité, ces dernières doivent cadrer avec la logique intellectualiste, sans qu'aucune d'elles puisse, en aucun cas, prétendre à être son propre contraire.

Si cependant cette manière toute conceptuelle de raisonner sur le flux de la réalité devait, en vertu de quelque bonne raison, se trouver inadéquate, et avoir une valeur pratique plutôt qu'une valeur théorique ou spéculative, alors un regard tout empirique librement jeté sur la constitution des pulsations de la réalité, sur la nature de ses éléments intimes, pourrait peut-être montrer que quelques-uns de ces éléments sont effectivement eux-mêmes et autre chose qu'eux-mêmes ; ils sont bien cela exactement de la manière dont Hegel l'affirme pour l'absolu. C'est précisément ce que je soutiendrai quand nous arriverons, dans ma sixième leçon, au professeur Bergson : son autorité donnera plus de force à ma propre thèse.

Abordons, en ce moment, la grande question de fait. *L'absolu existe-t-il ou non?* Pour cette question, toute notre discussion précédente n'a fait que préparer le terrain. Qu'il y ait un absolu ou qu'il n'y en ait pas, puis-je dire pour me résumer, personne ne tombe dans l'absurdité ou ne se met en contradiction avec soi-même par un doute ou une négation là-dessus. Relever ici une contradiction, un tel reproche, quand il ne repose pas sur un raisonnement purement verbal, repose sur un intellectualisme vicieux. Je ne vais pas récapituler mes objections. Je vous demanderai simplement d'ajourner le procès et de discuter maintenant l'absolu comme s'il n'était qu'une simple hypothèse. Est-ce là une hypothèse plus probable, ou plus improbable qu'une autre?

Avant tout, je dois ouvrir une parenthèse et vous demander de distinguer soigneusement la notion de l'absolu de celle d'un autre objet dans lequel on risque de l'enchevêtrer imprudemment. Cet autre objet est le *Dieu* de la religion populaire et le Dieu créateur de la théologie chrétienne orthodoxe. Seuls, les monistes ou les panthéistes conséquents avec eux-mêmes croient à l'absolu.

Le Dieu de notre christianisme populaire n'est que l'un des membres d'un système pluraliste. Nous sommes, lui et nous, en dehors l'un de l'autre, exactement comme le diable, les saints et les anges sont en dehors de Dieu et de nous. Je puis à peine concevoir quelque chose de plus différent de l'absolu que le Dieu, par exemple, de David et d'Isaïe. Ce Dieu est un être essentiellement fini *dans* le Cosmos : le Cosmos n'est pas en lui, au lieu que lui-même y occupe une demeure toute locale et que ses attaches y sont tout entières tournées d'un seul côté, toutes locales aussi, et toutes personnelles. S'il devenait probable que l'absolu n'existe pas, il ne s'ensuivrait aucunement qu'un Dieu comme celui de David, d'Isaïe ou de Jésus ne peut pas exister, ou bien ne peut pas être l'existence la plus importante qu'il faille reconnaître dans l'univers. Je vous prie donc de ne pas confondre ces deux idées en m'écoutant vous présenter mes objections. Je crois au Dieu fini pour des raisons auxquelles j'arriverai dans la septième de ces leçons: pourtant, je crois non seulement que son rival et concurrent, — je me sens presque tenté de l'appeler son ennemi, — je veux dire l'absolu, ne nous est pas imposé par la logique, mais encore que c'est là une hypothèse improbable.

La grande raison invoquée en faveur de l'absolu, c'est qu'en l'admettant, on fait apparaître le monde comme rationnel. Toute hypothèse donnant ce résultat passera toujours pour avoir plus de chance d'être vraie qu'une hypothèse faisant apparaître le monde comme irrationnel. Les hommes sont ainsi faits, une fois pour toutes, qu'ils préfèrent un monde rationnel auquel on puisse croire, et qui soit habitable. Mais l'intelligible offre au moins quatre côtés : le côté intellectuel, le côté esthétique, le côté moral et le côté pratique; et ce n'est pas chose aisée de trouver un univers qui soit rationnel au suprême degré *sous tous ces aspects simultanément*.

L'univers du matérialisme mécaniste est intellectuellement le plus rationnel, car tous ses phénomènes se laissent soumettre au calcul mathématique. Mais le mécanisme est laid, comme l'arithmétique est laide, et il n'a rien de moral.

Pour la morale, l'univers du théisme est suffisamment rationnel, mais il laisse intellectuellement à désirer sur bien des points.

Le monde pratique des affaires, à son tour, est éminemment rationnel pour le politicien, pour le militaire, ou encore pour l'homme chez qui le sens des affaires triomphe de tout; et aucun d'eux n'accepterait jamais de donner sa voix pour le voir modifier d'après un autre type; mais il est irrationnel pour un homme porté par sa nature à se soucier d'art et de moralité.

Ainsi, sur quelque point que le besoin de rationalité se trouve satisfait par une hypothèse philosophique, nous risquons de voir cette même hypothèse ne pas lui donner satisfaction sur quelque autre point. De cette manière, si l'intelligibilité nous rapporte une pièce de monnaie, elle nous en coûte une autre; et, par suite, le problème semble, à première vue, se résoudre en celui-ci : obtenir une conception donnant comme *balance* le plus gros chiffre possible d'intelligibilité, plutôt qu'une conception donnant l'intelligibilité parfaite sur tous les points.

En général, peut-on dire, un homme regardera comme rationnelle la conception du monde, dans la mesure où cette conception laisse libre pour lui une action, n'importe laquelle, qui lui soit facile, une faculté, n'importe laquelle, qu'il aime à exercer: faculté de se battre; faculté de faire des calculs ou de dresser des tables schématiques; faculté de conclure un marché avantageux, de savoir attendre patiemment et de ne pas manquer d'endurance; de prêcher, de débiter des plaisanteries, et tout ce que vous voudrez. On a beau définir l'absolu comme étant nécessairement une incarnation de l'intelligibilité objectivement parfaite : on a ordinairement vu ceux qui adoptaient de la manière la plus concrète et la plus sérieuse cette hypothèse reconnaître le caractère irrationnel que certains de ses éléments présentent pour leur propre pensée; et, ce fait, on en trouve l'aveu loyal chez les philosophes anglais acceptant cette définition de l'absolu.

En quoi la notion de l'absolu contribue-t-elle le plus efficacement à créer en nous le sentiment du caractère rationnel de l'univers? C'est sans doute en nous donnant l'assurance que, si tourmentée qu'en soit la surface, au fond tout est pour le mieux dans le Cosmos, — la paix étant installée à demeure au centre même de l'agitation sans fin. Une telle conception apparaît comme rationnelle de bien des manières : elle est belle, d'une beauté esthétique; belle, d'une beauté intellectuelle, — pourvu que nous puissions la suivre jusque dans les détails; — belle d'une beauté morale, si l'on peut qualifier de moral l'agrément de la sécurité.

Pratiquement, elle est moins belle; car, comme nous l'avons vu dans notre dernière leçon, cette conception, en représentant la plus profonde réalité de l'univers comme immobile et sans histoire, laisse d'autant moins de prise au monde sur nos sympathies, parce qu'elle fait que l'âme en est pour nous une étrangère. Néanmoins, elle nous donne bien *la paix*; et cette espèce de rationalité est si éminemment celle qu'avant tout veut l'homme, que, jusqu'à la fin des temps, il y aura des partisans de l'absolu, des hommes préférant croire à une éternité immobile, plutôt que d'admettre comme éternel lui-même ce monde fini d'êtres qui changent et qui luttent, — un Dieu s'y trouvât-il pour lutter comme eux.

Pour de tels esprits, ces paroles du professeur Royce seront toujours les plus vraies de toutes : « La présence même du mal dans l'ordre temporel est la condition de la perfection pour l'ordre éternel... Nous ne soupirons pour l'absolu qu'autant que l'absolu aussi soupire en nous, cherchant, au milieu de toutes nos luttes temporelles, la paix qui n'est nulle part dans le temps, qui n'est que dans l'éternité, mais qui est là, d'une manière absolue. Faute de toute aspiration dans le temps, il n'y aurait aucune paix dans l'éternité... Dieu (c'est-à-dire l'absolu) qui, ici, en moi, vise à ce que, maintenant et dans le temps, je n'atteins pas, non seulement est en possession, dans le monde éternel, de la chose en vue de laquelle je lutte; mais se trouve même la posséder au moyen et à cause de ma souffrance. C'est donc au moyen de ces tribulations par moi endurées que le triomphe de l'absolu se réalise. Je m'achève dans l'absolu. Toutefois mon achèvement même exige ces souffrances, et, par conséquent, il peut les dépasser [1] ».

D'après Royce, cette expérience absolue, décrite par lui, est analogue à certains éléments de l'expérience finie, et, dans ce qu'il dit de ces éléments, il montre une adresse particulièrement heureuse. Mais il est difficile de dépeindre l'absolu, si peu que ce soit, sans s'élever dans son langage à ce qu'on pourrait appeler le style « inspiré ». J'emploie ce mot sans ironie, dans son sens prosaïque et pour exprimer ce que j'ai à dire, — pour désigner la seule forme verbale dont s'accommode le genre d'émotion qu'éveille l'absolu. Quand il s'agit d'en raisonner, on peut suivre son chemin avec assez de sang-froid [2]; mais dans le tableau même que l'on en trace, il est impossible de ne pas mettre un éclat éblouissant. Cette admirable faculté de dépasser toutes les contradictions, sans les faire disparaître intérieurement, est la forme d'existence rationnelle qui caractérise l'absolu. Nous ne sommes que des syllabes dans la bouche du Seigneur : si toute la phrase est divine, chaque syllabe est absolument ce qu'elle doit être, en dépit de toutes les apparences. Lorsqu'on établit la

1. *The World and the Individual*, vol. II, pp. 385, 386, 409.
2. Le meilleur argument *non* inspiré (soit dit, cette fois encore, sans ironie !) que je connaisse, est celui de Miss M. W. CALKIN dans son excellent livre, *The persistent Problems of Philosophy*, Macmillan, 1902.

balance à la charge ou en faveur de l'absolu, cette valeur émotionnelle pèse d'un grand poids au crédit du compte.

L'ennui, c'est qu'on n'en peut guère approfondir les détails, et qu'une fois admis que l'absolu n'est pas irrésistiblement prouvé par les arguments intellectualistes, il ne subsiste plus qu'à titre de pure hypothèse.

Voyons maintenant le débit de notre compte. Sérieusement envisagé, au lieu de n'être qu'un nom donné à notre droit de nous accorder une détente et de prendre d'honnêtes vacances à l'occasion, l'absolu introduit dans l'univers toutes ces choses terriblement irrationnelles auxquelles échappe un théisme pluraliste, tandis qu'elles ont fourni des objections pour lapider toutes les formes du panthéisme ou du théisme moniste.

Entre autres choses inintelligibles, l'absolu fait notamment surgir un « problème du mal », d'ordre spéculatif. Il nous laisse dans l'embarras quand nous nous demandons comment la perfection de l'absolu peut exiger des formes particulières précisément aussi affreuses que celles qui, pour nos imaginations humaines, assombrissent la lumière du jour. Qu'elles lui fussent imposées par quelque chose d'étranger à lui et que, pour « en triompher », l'absolu dût cependant les saisir sans lâcher prise, nous pourrions alors comprendre chez lui un sentiment de triomphe. Encore ne pourrions-nous, dans la mesure où nous nous trouverions nous-mêmes parmi les éléments dont il triompherait, qu'accepter avec une morne résignation la situation qui résulterait de là, et jamais nous n'aurions précisément choisi cette situation comme la plus rationnelle qui se laissât concevoir! Mais on représente l'absolu comme un être en dehors de tout milieu, auquel rien d'étranger ne saurait s'imposer, et qui a spontanément présent en lui-même, par un choix antérieur, de quoi se donner le spectacle de tout ce mal plutôt que celui d'un moindre mal [1]. Sa perfection est représentée comme la source des choses : et cette perfection a pour premier effet l'épouvantable imperfection de toute expérience finie!

En quelque sens qu'on prenne le mot « rationalité », on soutiendra vainement que l'impression faite sur notre esprit fini par une telle manière de représenter l'univers est tout à fait rationnelle. Ce qu'elle a d'irrationnel, les théologiens l'ont vivement senti, et la « chute », la prédestination et la grâce, toutes choses qu'implique une telle situation, leur ont donné plus de peine que tout le reste, lorsqu'ils ont entrepris de faire du Christianisme un panthéisme. Tout cela reste une énigme intellectuelle et morale tout à la fois.

1. Cf. l'excellent article du Dr FULLER : *Ethical monism and the problem of evil.* (Harvard, Journal of theology.) Vol. I, n° 2, April 1908.

Admettez que, aux yeux de l'absolu, il n'y ait rien que de parfait dans ce spectacle ou ce roman de l'univers qu'il s'offre à lui-même. Pourquoi le monde ne serait-il pas plus parfait, si l'affaire pour lui en restait là exactement ; si des spectateurs d'une nature finie ne s'y introduisaient pas, et n'ajoutaient pas à ce qu'il avait déjà de parfait leurs innombrables manières imparfaites de voir le même spectacle? Supposez que l'univers tout entier soit l'unique et magnifique exemplaire d'un livre fait pour le lecteur idéal. Cet univers est-il amélioré, n'est-il point gâté, au contraire, par le fait de contenir, en vertu également d'une création, des myriades de feuilles détachées, de chapitres sans lien, dont les lacunes et les fautes typographiques donnent sur ce livre des impressions fausses à quiconque les regarde? Le moins qu'on puisse dire de ces additions et mutilations, c'est que le compte du rationnel ne se balance pas manifestement en leur faveur.

Voici donc maintenant une question qui se pose d'urgence : la vision totale des choses étant si rationnelle pour l'absolu lui-même, pourquoi a-t-il fallu la réduire à toute cette poussière de visions inférieures et fragmentaires coexistantes?

Dans sa théodicée, Leibniz représente Dieu comme limité par une raison antécédente qui existe dans les choses, et qui rend logiquement incompatibles entre elles certaines combinaisons,

10.

impossibles certaines choses bonnes. Sa pensée embrasse d'avance tous les univers qu'il pourrait créer; et, par un acte que Leibniz appelle sa volonté antécédente, il choisit le monde qui est effectivement le nôtre, comme celui où le mal, nécessaire d'une façon ou d'une autre malheureusement, est à son moindre degré. C'est donc le meilleur de tous les mondes possibles; mais nullement le monde le plus désirable abstraitement. Ayant fait mentalement ce choix, Dieu passe ensuite à ce que Leibniz appelle son acte de volonté conséquente ou décisive. Il dit : « *Fiat!* », et le monde élu jaillit dans l'existence objective avec toutes les créatures finies, qui doivent y souffrir de ses imperfections, sans prendre part à la vision où celles-ci se trouvent compensées par son Créateur.

Lotze a fait quelques remarques pénétrantes sur cette conception de Leibniz, et ces remarques s'accordent exactement avec ce que j'ai dit de la conception des partisans de l'absolu. Le monde projeté hors de l'Esprit créateur par le *fiat*, et qui existe détaché de son auteur, est une sphère d'existence où les parties ne se réalisent qu'en dehors les unes des autres. Si leur valeur divine n'est évidente que lorsqu'on les regarde de manière à les voir dans leur ensemble, alors, remarque Lotze avec raison, le monde s'appauvrit, au lieu de s'enrichir par le *fiat* que Dieu prononce.

Dieu aurait bien mieux fait de s'en tenir au simple choix antécédent de *l'idée* du monde, sans l'actualiser en la faisant suivre d'un décret créateur. Cette idée *comme telle* était admirable ; elle ne pouvait que perdre à se traduire en une réalité[1]. Pourquoi, demanderai-je également, l'absolu aurait-il jamais accepté de déchoir en abandonnant la perfection inhérente à son expérience intégrale des choses, pour venir se réfracter dans toutes nos expériences finies ?

Pour rendre justice aux nouveaux partisans anglais de l'absolu, il faut reconnaître qu'un grand nombre d'entre eux ont avoué le caractère imparfaitement rationnel de l'absolu considéré à ce point de vue. M. Mac Taggart, par exemple, écrit : « Est-ce que notre impuissance même à percevoir la perfection de l'univers détruit cette perfection ?... Dans la mesure où nous ne la voyons pas, nous ne sommes pas parfaits nous-mêmes. Et comme nous sommes des parties de l'univers, celui-ci ne peut pas être parfait pour nous[2]. »

M. Joachim à son tour rencontre exactement la même difficulté. Dans l'hypothèse de l'absolu, il voit d'abord une « théorie du vrai, fondée sur l'idée de cohérence ». Il aborde ensuite le problème consistant à expliquer comment, toutes choses étant unies dans l'absolu, leur parfaite

---

1. *Metaphysics.*, sec. 79.
2. *Studies in the Hegelian Dialectic*, secs 150, 153.

cohérence doit impliquer, comme un moment nécessaire de l'opération par laquelle il se pose et s'affirme lui-même, l'affirmation des intelligences finies se posant elles-mêmes également, alors que cette dernière affirmation, sous sa forme extrême, est une erreur. Eh bien ! M. Joachim qualifie ce problème d'énigme insoluble. Si la vérité est bien *la source et l'origine* de tout, comment l'erreur peut-elle se glisser dans le monde ? « On peut dire, conclut-il, que la théorie de la vérité cohérente fait naufrage à son entrée même dans le port[1]. » Malgré cette forme plutôt vicieuse de l'irrationnel, M. Joachim affirme avec force sa « certitude immédiate »[2] à l'égard de la théorie même qui a fait naufrage, car il n'a « jamais douté » de sa justesse, dit-il.

Cet aveu loyal d'une attitude immuable dans sa foi à l'absolu, croyance que même ses propres critiques et ses propres embarras ne réussissent pas à troubler, me paraît à moi très significatif. Non seulement les empiristes, mais aussi les partisans de l'absolu, confesseraient tous, s'ils avaient la même franchise que cet auteur, que la toute première chose dans leur philosophie, c'est leur vision d'une vérité possible, et qu'ils emploient ensuite leurs raisonnements à la convertir de leur mieux en une certitude ou en une probabilité.

1. *The Nature of Truth*, 1906, pp. 170-171.
2. *Ibid.*, p. 179.

Je puis imaginer un partisan de l'absolu ripostant ici que l'absolu, en tout cas, n'a pas affaire, *lui*, à de simples probabilités; mais que la nature des choses exige logiquement ces innombrables exemplaires fautifs, et que, par suite, l'univers n'est pas simplement le livre à l'usage de l'absolu. Car, demandera-t-il, l'absolu ne se définit-il pas comme la conscience totale de tout ce qui est? Est-ce que le champ de sa vision ne doit pas comprendre des parties? Et que peuvent être les parties d'une conscience totale, sinon des consciences fragmentaires? Donc, nos esprits finis *doivent* coexister avec l'esprit absolu. Nous sommes ses éléments constitutifs et il ne saurait vivre sans nous.

Si quelques-uns d'entre vous éprouvent l'envie de m'opposer cet argument, permettez-moi de vous rappeler que vous êtes tout bonnement en train d'employer des armes pluralistes, et que, par là, vous abandonnez la cause de l'absolu. Dire que l'absolu est composé d'éléments dont son être dépend, c'est parler comme l'empiriste le plus outré. L'absolu comme tel a des *objets*, non des parties composantes; et si ces objets développent leur essence chacun pour son propre compte, toutes ces essences doivent s'inscrire comme autant de faits s'ajoutant à la conscience absolue, et non comme autant d'éléments impliqués dans sa définition. L'absolu est une conception rationaliste. Le rationalisme va de chaque tout à ses parties, et prend toujours comme accordé que chaque tout se suffit à lui-même[1].

Ma conclusion, pour le moment, est donc la suivante : l'hypothèse de l'absolu a beau, en donnant une certaine sorte de paix religieuse, remplir une fonction extrêmement importante pour rendre les choses rationnelles, elle demeure nettement irrationnelle, néanmoins, au point de vue intellectuel. Le tout *idéalement* parfait est certainement ce tout *dont les parties aussi sont parfaites*. Si l'on peut se fier à la logique en quoi que ce soit, on peut s'y fier pour cette définition. Or, l'absolu se définit comme le tout idéalement parfait ; et pourtant, la plupart de ses parties, sinon toutes, on admet qu'elles sont imparfaites. Évidemment, cette conception manque de cohérence interne : elle suscite un problème plutôt qu'elle ne fournit une solution. Elle crée une énigme spéculative : ce prétendu mystère du mal et de l'erreur, dont une métaphysique pluraliste est entièrement libérée.

Dans n'importe quelle métaphysique pluraliste, les problèmes soulevés par l'existence du mal se posent pour l'ordre pratique, et non pour l'ordre

---

[1]. L'analogie psychologique fournie par le fait que certains états de conscience se composent de parties isolables s'ajoutant les unes aux autres, ne peut pas être invoquée par les partisans de l'absolu pour prouver qu'il en est de même pour n'importe quelle conscience. D'autres champs limités de conscience paraissent, en fait, ne pouvoir se résoudre de la même façon en parties séparées.

spéculatif. La seule question que nous ayons alors à considérer n'est pas celle de l'existence du mal, à quelque degré que ce soit; mais celle de savoir comment on en peut diminuer le degré réel. Le mot *Dieu*, dans la vie religieuse des hommes ordinaires, désigne non pas le tout des choses, — à Dieu ne plaise ! — mais seulement la tendance idéale qui existe dans les choses, à laquelle ils croient comme en une personne surhumaine nous invitant à coopérer à ses desseins, et favorisant les nôtres, s'ils en sont dignes. Il accomplit son œuvre dans un milieu extérieur ; il a ses limites; il a ses ennemis.

Quand John Mill disait qu'il faut abandonner la notion de la toute-puissance divine, s'il faut conserver Dieu à titre d'objet pour la religion, il avait certainement et pleinement raison. Cependant, on voit prévaloir à tel point le monisme paresseux, dont la paresse même se complaît dans la région occupée par le nom de Dieu, qu'une parole si simple et si vraie fut généralement traitée comme un paradoxe. Dieu, disait-on, ne *pouvait* pas être fini. Je crois, pour mon compte, que le seul Dieu digne de ce nom *doit* être fini, et je reviendrai plus tard sur ce point. Si l'absolu peut exister en plus du reste, — et cette hypothèse doit, en dépit de son aspect irrationnel, toujours rester ouverte, — alors, l'absolu n'est que le tout cosmique plus vaste dont notre Dieu ne sera que la partie la plus idéale. Cette conception de l'absolu ne mérite guère d'être aucunement qualifiée d'hypothèse religieuse, dans le sens le plus ordinaire de ce dernier terme : *émotion cosmique*, tel est le meilleur nom qu'on puisse donner à la réaction que l'absolu est susceptible d'éveiller en nous.

Remarquez que toutes les idées irrationnelles et embarrassantes auxquelles donne lieu l'absolu et dont l'hypothèse d'un Dieu fini est exempte, sont dues à ce fait que l'absolu ne laisse rien, absolument rien, en dehors de lui. Le Dieu fini que j'oppose à l'absolu, on peut le concevoir comme ne laissant *presque* rien en dehors de lui. Il peut avoir déjà triomphé, en les absorbant, de toutes les fractions de l'univers, à l'exception de la plus minime; mais cette fraction, quelque petite qu'elle soit, le réduit à la condition d'un être relatif; et alors est en principe épargné à l'univers tout ce qui s'attache d'irrationnel à la conception de l'absolu. Le seul élément irrationnel qui subsisterait serait celui qu'on reproche au pluralisme comme tel; et, là-dessus, j'espère pouvoir ultérieurement vous dire quelque chose qui vous satisfasse.

Je vous ai fatigués d'un si grand nombre de subtilités dans cette leçon, que je n'ajouterai que deux autres chefs d'accusation à mon réquisitoire.

Permettez-moi de vous rappeler d'abord que *l'absolu est inutile pour les besoins de la déduction.* Il nous donne, si vous le voulez, une sécurité absolue; mais il comporte toutes sortes de dangers relatifs. Munis de cette notion, vous ne pouvez pas pénétrer dans le monde phénoménal, et, grâce à elle, nommer d'avance n'importe lequel des détails que vous allez vraisemblablement y rencontrer. Quelles que puissent être les particularités de l'expérience, l'absolu ne les adoptera qu'*après coup*. C'est une hypothèse qui ne fonctionne que par des vues rétrospectives, et non pas par des prévisions. *Ce monde-là*, quel qu'il puisse être, aura été, en fait, se dira-t-on, précisément le monde dont il aura plu à l'absolu de s'offrir le spectacle.

D'autre part, l'absolu est toujours représenté d'une façon idéale comme possédant l'omniscience. Suivre logiquement jusqu'au bout cette théorie, c'est aboutir à se faire de l'intelligence absolue une idée presque ridicule, étant donnée la masse énorme de connaissances inutilisables que cette intelligence semblerait alors obligée de porter.

Voici, par exemple, l'une des nombreuses *réductions à l'absurde* par lesquelles, en réfutant le pluralisme, l'idéalisme croit prouver l'Être unique et absolu : qu'il y ait plusieurs faits, soit; mais, d'après les principes idéalistes, les faits n'existent qu'en tant que connus : cette pluralité signifiera donc une pluralité d'êtres qui les connaissent. Mais, d'autre part, s'il y a tant d'êtres pour les connaître, cela même est un fait réclamant à son tour un être qui le connaisse aussi; et ainsi l'on est éventuellement obligé de faire apparaître l'unique intelligence absolue. *Tous* les faits y conduisent. Si c'est bien un fait que cette table n'est pas une chaise, ni un rhinocéros, ni un logarithme, qu'elle n'est pas à un mille de distance de la porte, qu'elle ne vaut pas cinq cents livres sterling, qu'elle n'a pas mille ans d'existence, l'absolu doit expressément, et, en ce moment même, n'ignorer aucune de ces négations. Ce que n'est pas chacune des choses existantes, il doit en avoir conscience aussi bien que de ce qu'elle est. Chaque chose est entourée d'une atmosphère infinie faite d'une possibilité explicite de négations; et, remarquez-le bien, il faut qu'elle soit explicite.

Eh bien! cette atmosphère nous semble une gêne si peu justifiée, qu'elle rend l'absolu encore plus étranger à notre sympathie. En outre, si c'est bien un fait qu'il y a des idées niaises, il faut que l'absolu les ait déjà pensées pour les ranger dans la catégorie de la niaiserie! La quantité de fatras qu'il y aurait dans sa pensée, paraîtrait ainsi l'emporter facilement sur celle des matériaux précieux. On s'attendrait, positivement, à ce qu'une telle obésité, une telle pléthore et une telle superfétation de connaissances inutiles le fît éclater[1]!

---

1. En raisonnant ici d'après l'analogie fournie par les rapports que notre conscience centrale paraît entretenir avec celle de la moelle épinière, celle des ganglions inférieurs, etc., il semblerait naturel de supposer que, si la combinaison et la coordination de certaines données ou connaissances est

Je vous fais grâce des autres objections. Ce qui résulte de tout cela, c'est que l'absolu ne s'impose pas à notre croyance par la force de la logique; qu'il implique certains traits d'un caractère irrationnel qui lui est propre à lui-même; et qu'un penseur auquel il ne se présente pas comme une « certitude immédiate », pour parler comme M. Joachim, n'est en aucune manière tenu de le considérer comme autre chose qu'une hypothèse capable d'évoquer des émotions passablement sublimes. Comme tel, il se pourrait que, avec tous ses défauts, grâce au pouvoir qu'il possède d'assurer notre paix, grâce à sa grandeur idéale, il fût plus rationnel que toute autre chose dans le champ de la pensée.

Toujours est-il que le monde qui se dévide, inachevé, dans le temps, reste son rival: IL SE PEUT *que la réalité existe sous un aspect distributif, sous l'aspect, non pas d'un tout, mais d'une série de formes ayant chacune son individualité; et c'est justement sous ce dernier aspect qu'elle nous apparaît.* Telle est l'hypothèse anti-absolutiste. *A première vue,* il y a en faveur des *formes* individuelles, ce fait qu'elles sont en tout cas assez réelles pour s'être rendues au moins capables

un trait caractéristique chez l'homme, le fait de ne pas utiliser, au contraire, ou d'éliminer, certains éléments dont nous prenons conscience en restant au niveau qui est notre niveau humain, sera un trait tout aussi caractéristique à l'égard de n'importe quelle synthèse mentale d'un ordre surhumain.

d'apparaître à tous les hommes : l'absolu, au contraire, ne s'est encore directement révélé qu'à un petit nombre de mystiques, et ne leur est apparu à eux-mêmes que d'une façon très ambiguë. Les défenseurs de l'absolu nous assurent que toute forme distributive de l'être est viciée et minée par une contradiction interne. Si nous sommes incapables de comprendre leurs arguments, — et nous en avons été incapables, — le seul parti à prendre pour nous, me semble-t-il, c'est de laisser l'absolu enterrer l'absolu, et de chercher la réalité dans des directions plus engageantes, fût-ce parmi les particularités du fini et de l'immédiatement donné.

QUATRIÈME LEÇON

Fechner.

L'existence de consciences supérieures à la conscience humaine n'implique pas nécessairement un esprit absolu. — *Maigreur* de l'absolutisme contemporain. — Le ton du panthéisme empirique de Fechner contraste avec celui du panthéisme rationaliste. — Vie de Fechner. — Sa vision est ce qu'il appelle « la vision lumineuse du monde ». — Sa manière de raisonner par analogie. — Pour lui l'univers entier est animé. — Sa formule moniste n'est pas nécessairement liée à son système. — L'âme de la Terre. — En quoi elle diffère de nos âmes. — La Terre est un ange. — L'âme des plantes. — La logique de Fechner. — Sa théorie de l'immortalité. — Caractère « substantiel » de son imagination. — Infériorité du panthéisme transcendantal ordinaire, par rapport à la vision de Fechner.

Le prestige de l'absolu s'est plutôt émietté entre nos mains. Ses preuves logiques font long feu ; les portraits que nous en donnent ses meilleurs peintres de cour sont frustes et nuageux à l'extrême. Si ce n'est la froide consolation de nous assurer que pour *lui* tout est bien, et qu'en nous élevant à son point de vue éternel, nous ne manquerons pas de voir que tout est bien pour nous aussi, — il ne nous fournit aucune aide d'aucune sorte. Il fait, au contraire, pénétrer dans la philosophie et dans la théologie le poison de certaines difficultés dont nous n'aurions jamais entendu parler sans son intrusion.

Mais, si nous laissons l'absolu disparaître de l'univers, devons-nous alors conclure que le monde ne renferme rien de supérieur, en fait de conscience, à notre propre conscience? Faut-il ne compter pour rien toute notre instinctive croyance à des réalités supérieures présentes pour nous, notre persistante et intime attitude orientée vers une divine présence avec qui entrer en société? N'y a-t-il là qu'une attendrissante illusion, propre à des êtres ayant une pensée incurablement sociale, et qui sont toute imagination?

Une conclusion si radicalement négative serait, je le crois, follement téméraire, et ressemblerait à l'acte de jeter un enfant hors d'une baignoire avec l'eau de son bain. On peut logiquement croire à des êtres surhumains sans les identifier aucunement avec l'absolu; et le traité d'alliance offensive et défensive qu'ont récemment conclu certains groupements du clergé chrétien avec nos philosophes transcendantalistes, me paraît reposer sur une erreur, inspirée par une bonne intention, mais funeste. Ni le Jéhovah de l'Ancien Testament, ni le Père Céleste du Nouveau, n'ont la moindre chose en commun avec l'absolu, sauf qu'ils sont tous trois plus grands que l'homme.

Peut-être me dira-t-on que la notion de l'absolu est le terme où l'on aboutit par l'idée de Dieu; que celle-ci, se développant d'abord de manière à passer du Dieu d'Abraham au Dieu de David, puis au Dieu de Jésus, était inévitablement destinée à se développer encore pour devenir l'absolu dans des esprits plus modernes et plus portés à la réflexion. — Je répondrai que, s'il a pu en être ainsi dans certains esprits vraiment philosophiques, le développement a suivi une tout autre voie dans les esprits qui doivent être plus proprement qualifiés de religieux. Toute l'histoire du Christianisme évangélique est là pour le prouver.

C'est en faveur de cette autre voie que je me propose de parler ici. Il faut placer dans son vrai cadre la doctrine de l'absolu; il faut l'empêcher de remplir tout le bleu du ciel, et d'exclure toutes les alternatives possibles d'une pensée supérieure, — comme elle semble le faire pour de nombreux esprits qui ne l'abordent qu'après avoir insuffisamment fait connaissance avec la philosophie. Aussi vais-je l'opposer à un système qui, abstraitement considéré, paraît tout d'abord avoir beaucoup de points communs avec la doctrine de l'absolu, mais qui, lorsqu'on l'envisage concrètement et sans le séparer du tempérament de l'auteur, apparaît comme occupant le pôle opposé:

je veux parler de la philosophie de Gustave-Théodore Fechner, écrivain encore très peu connu des lecteurs anglais, mais qui est destiné, j'en suis convaincu, à exercer dans l'avenir une influence toujours grandissante.

C'est parce que Fechner est concret au plus haut point, c'est à cause de sa fertilité dans les détails, qu'il me remplit d'une admiration que j'aimerais à vous faire partager.

Parmi les esprits biscornus en même temps que férus de philosophie, dont j'ai autrefois fait la connaissance, se trouvait une dame du système de laquelle je ne me rappelle rien, sauf un seul et unique principe. Si elle était née dans l'Archipel Ionien il y a trois mille ans, cette doctrine aurait probablement suffi à lui assurer un nom dans tous les programmes universitaires et dans toutes les dissertations d'examens. Le monde, disait-elle, n'est composé que de deux éléments, savoir : l'*Épais* et le *Mince*.

Personne ne peut nier l'exactitude de cette analyse, pourvu qu'on lui laisse sa véritable portée, et quoique, à la lumière de notre connaissance actuelle de la nature, elle ait elle-même une apparence plutôt *mince*. En tout cas, nulle part cette remarque n'est plus vraie que dans cette région de l'univers appelée la philosophie. Plus d'un parmi vous, par exemple, écoutant le pauvre exposé que j'ai pu vous présenter de l'idéalisme transcendantal, aura eu, j'en suis sûr, cette impression que les arguments en étaient étrangement minces, et que les termes en présence desquels il vous laisse sont, pour un monde épais et replet comme celui-ci, des enveloppes d'un mince à faire frissonner ! Naturellement, c'est mon exposé lui-même que quelques-uns d'entre vous accuseront d'être mince ; mais, si mince qu'il ait pu être, les doctrines en question l'étaient encore davantage, me semble-t-il.

De Green à Haldane, l'absolu, qui nous est proposé pour éclaircir les aspects confus offerts par le maquis de l'expérience où s'écoule notre vie, demeure une pure abstraction que personne ou à peu près ne s'efforce de rendre tant soit peu concrète. Si nous ouvrons Green, nous n'y trouvons pas autre chose que le Moi transcendantal de l'aperception, — dirai-je en reprenant le mot par lequel Kant désigne ce fait que, pour figurer dans l'expérience, une chose doit être perçue par un certain sujet. Ce Moi, avec Green, se gonfle en une interminable bulle de savon, assez volumineuse pour réfléchir tout l'univers. La nature, Green y insiste longuement, se compose seulement de relations ; — et celles-ci impliquent l'action d'un esprit éternel, d'une conscience se distinguant elle-même, et qui échappe aux relations lui servant à déterminer les autres choses. Présente à tout ce qui est succession, elle n'est pas succession elle-même.

Si nous consultons les deux Caird[1], ils ne nous disent pas grand'chose de plus sur le principe de l'univers : ce principe est toujours pour eux un retour à l'identité du Moi se dégageant comme différent des objets qu'il connaît. Il se sépare d'eux et arrive ainsi à se les représenter comme séparés les uns des autres, en même temps qu'il les rattache entre eux à titre d'éléments compris dans une conscience unique et supérieure : la conscience qu'il a de lui-même.

Voilà qui semble être la quintessence même de la « maigreur »; et la matière traitée ne s'épaissit guère quand nous voyons, après une énorme quantité de lectures, que ce grand Moi qui enveloppe tout cela est la raison absolue : celle-ci se caractérise comme telle par l'habitude d'employer certaines *catégories* on ne peut plus maigres pour établir des relations, et accomplir ainsi son œuvre suprême. Tout ce qu'il y a de matière en mouvement dans les faits naturels est passé au crible, et il ne reste plus qu'un formalisme intellectualiste absolument vide.

Hegel a voulu, comme nous l'avons vu, rendre ce système plus concret, en donnant aux relations entre les choses une nature « dialectique ». Mais, si l'on s'adresse à ceux qui se servent de son nom avec le respect le plus religieux, nous les voyons

---

[1] Voir plus haut, page 51. (Trad.)

abandonner tous les résultats particuliers de sa tentative et se contenter de louer ses intentions, — à peu près comme nous les avons louées nous-mêmes à notre manière.

M. Haldane, par exemple, dans ses merveilleuses conférences de la fondation Gifford, porte Hegel jusqu'aux nues ; mais ce qu'il dit de lui se réduit, ou peu s'en faut, à ceci : « Les catégories où l'esprit dispose ses expériences et les interprète, les universaux où les idées particulières sont saisies dans l'individu, forment une chaîne logique dont le premier terme présuppose le dernier, tandis que celui-ci présuppose le premier terme et le rend vrai. » C'est à peine si M. Haldane essaie de donner un peu de corps à cette idée logique si mince. Il dit bien que la pensée absolue en elle-même, et la pensée absolue posée comme autre, avec la distinction qu'elle établit pour elle-même à l'égard d'elle-même, ont pour *antécédent* réel la pensée absolue synthétiquement posée ; et, telle étant la vraie nature de la pensée absolue, toujours d'après M. Haldane, son caractère dialectique doit se montrer sous des formes aussi concrètes que la poésie de Gœthe ou de Wordsworth, ainsi que sous des formes religieuses. « La nature de Dieu, la nature de la pensée absolue, est de manifester le triple mouvement de la dialectique ; et ainsi, la nature de Dieu, tel qu'il est représenté dans la religion, doit être une triplicité.

une trinité. » Mais, après avoir ainsi nommé Gœthe et Wordsworth, puis établi la trinité, c'est à peine si l'hégélianisme de M. Haldane nous fait pénétrer d'un pouce dans le détail concret de l'univers qu'effectivement nous habitons!

Également mince est M. Taylor, tout à la fois dans ses principes et dans les résultats qu'il leur attribue. A l'exemple de M. Bradley, il commence par nous assurer que la réalité ne saurait être en contradiction avec elle-même; mais que cette contradiction existerait pour une chose en relation avec une autre qui lui serait réellement extérieure; et qu'ainsi la réalité dernière doit être un seul tout, une synthèse unique et totale. Cependant, tout ce qu'il peut dire de ce tout à la fin de son livre, si parfaitement écrit d'ailleurs, c'est qu'il n'y a pas là une notion « qui puisse rien ajouter à nos connaissances, ni fournir par elle-même aucun mobile pour nos efforts pratiques ».

M. Mac Taggart nous régale d'un menu presque aussi maigre. « Le principal intérêt pratique de la philosophie de Hegel, dit-il, réside dans la certitude abstraite, donnée par notre logique, que toute réalité est rationnelle et absolument bonne, même quand nous ne pouvons aucunement voir comment elle est telle... Ce n'est pas que la logique nous montre en quoi sont bonnes les choses qui nous entourent, ni comment nous pouvons les rendre meilleures; mais elle prouve que, comme n'importe quelles autres réalités, elles sont parfaitement bonnes *sub specie æternitatis*, et destinées à devenir parfaitement bonnes, *sub specie temporis.* »

Ici, encore, pas le moindre détail : rien que la certitude abstraite que le détail, quel qu'il puisse être, sera bon. Déjà, le vulgaire, étranger à toute dialectique, possède cette certitude, généreux résultat de l'enthousiasme vital qu'il éprouve, dès la naissance, à l'égard de l'univers. Or, la philosophie transcendantale se distingue par son mépris souverain pour ce qui, comme l'enthousiasme, n'est qu'une fonction de la vie, et par sa prétention de donner à ce qui est chez nous un simple acte de foi, une croyance immédiate, la forme d'une certitude logiquement élaborée qu'il serait absurde de mettre en question. Mais toute la base sur laquelle repose si solidement la certitude particulière de M. Mac Taggart en vient, par un effet de tassement, à tenir, comme dans une coquille de noix, dans l'unique formule où il fait rentrer l'évangile de Hegel, lorsqu'il déclare que, dans toute parcelle de l'expérience et de la pensée, si bornée qu'elle soit, la réalité tout entière, l'Idée absolue, comme l'a nommée Hegel, est « implicitement présente ».

Telle est bien la *vision* de Hegel, et Hegel pensait que les détails de sa dialectique en démontreraient la vérité. Mais les disciples qui ne sont pas satisfaits des détails de l'argumentation, et qui s'obstinent pourtant à conserver la même vision, ne sont nullement supérieurs, malgré leur prétention de posséder une conscience plus rationnelle, au vulgaire, avec ses enthousiasmes ou ses croyances adoptées délibérément. Nous avons vu nous-mêmes, sur quelques points, la faiblesse de l'argumentation moniste. M. Mac Taggart jette, pour son propre compte, de nombreuses pierres dans le jardin, c'est-à-dire dans la logique, de Hegel, et finit par conclure que « toute véritable philosophie doit être mystique, non pas, certes, dans sa méthode, mais dans ses conclusions finales ». Qu'est-ce à dire, sinon que les méthodes rationalistes nous laissent dans l'embarras, malgré toute leur supériorité, et, qu'en fin de compte, la vision et la foi doivent les prolonger? Mais qu'ici la vision est mince et abstraite, pour ne rien dire de la croyance! La réalité tout entière, explicitement absente de nos expériences finies, doit néanmoins être implicitement présente en elles toutes, quoique aucun d'entre nous ne puisse jamais voir comment le simple mot *implicite* soutient ici sur sa frêle pointe toute la pyramide du système moniste!

Avec M. Joachim, la théorie moniste de la vérité repose sur une pointe encore plus frêle. — « *Je n'ai jamais douté*, dit-il, que cette vérité universelle et éternelle soit un contenu ou une signification unique, qu'elle soit une, totale et complète »; et il avoue franchement l'échec des tentatives rationalistes faites pour élever cette « certitude immédiate » au niveau de la connaissance réfléchie. En résumé, il n'y a pour lui, dans ce que nous offre la vie, aucun intermédiaire entre la Vérité, avec une majuscule, d'une part, et toutes les petites vérités, d'une basse condition, — erreurs comprises, — que présente la vie. Il n'a jamais « douté » : voilà un fait psychologique, et ce fait suffit !

Toute cette pyramide moniste, reposant sur des pointes aussi frêles que celles-ci, me paraît, à moi, être un *acte d'autorité* (Machtspruch), un produit de la volonté bien plus que de la raison. L'unité est bonne ; donc *il faut* que toutes choses soient cohérentes ; *il faut* qu'elles ne fassent qu'un ; *il faut* qu'il y ait des catégories qui en forment un tout unique, quelque séparées que les choses puissent apparaître empiriquement. Dans les écrits de Hegel lui-même, l'esprit *décisionnaire* est partout et commande de haut : que le langage et la logique lui opposent une résistance, il leur passe sur le corps. L'erreur de Hegel, comme le professeur Royce le dit si bien, « ne consistait pas à faire pénétrer la logique dans la passion », ainsi qu'on l'en accuse quelquefois, « mais à concevoir la logique de la passion comme la seule logique... Par là, il est suggestif, dit Royce ; mais il ne donne jamais rien de définitif. Son système en tant que système s'est émietté ; tandis que sa conception vitale de notre vie subsiste à jamais[1]. »

Cette conception vitale, nous l'avons déjà vue. Elle consiste en ce que les choses réelles, en un sens, ne sont pas simplement elles-mêmes, tout sec; mais comportent d'être d'une façon moins rigoureuse considérées comme étant aussi leurs propres contradictoires. La logique ordinaire n'admettant pas cela, il faut la dépasser. La logique ordinaire n'admet pas cela, parce qu'elle substitue des concepts aux choses réelles et que les concepts sont bien *eux-mêmes* tout sec et sans plus. Ce que Royce appelle le système de Hegel consiste dans l'effort fait par Hegel pour nous convaincre que tout son travail s'exécutait par des concepts, et, qu'à les moudre jusqu'à épuisement de leur contenu, il en tirait une logique supérieure ; — alors qu'en réalité, son expérience sensible, ses hypothèses et ses sentiments passionnés lui fournissaient tous les résultats qu'il obtenait.

Ce que je puis moi-même entendre par les choses qui sont leurs propres contradictoires, nous le verrons dans une prochaine leçon. Le moment est venu de considérer Fechner. Ce qu'il a d'*épais*, de substantiel, offre un contraste reposant avec cet aspect décharné, abstrait, indigent, famélique et comme râpé, avec cette allure sco-

---

1. *The Spirit of Modern Philosophy*, p. 227.

laire, que présentent le plus souvent dans leurs spéculations nos philosophes de l'absolu.

En vérité, il y a quelque chose de fantastique et d'inquiétant dans le contraste qui apparaît entre les prétentions abstraites du rationalisme et les résultats concrets dont les méthodes rationalistes sont susceptibles! S'il se pouvait que l'à priori logique de notre esprit fût bien, dans toute notre pensée finie, « la présence implicite de la catégorie totale et concrète », l'essence totale de la raison, de la réalité, de l'âme, de l'idée absolue, ou de ce qu'on désignera n'importe comment; et si cette raison travaillait, par exemple, en appliquant la méthode dialectique, ne semble-t-il pas étrange que cette méthode n'ait jamais été essayée dans le cas où s'offre le meilleur échantillon jusqu'ici connu, d'un travail fait en vue de tout rationaliser, c'est-à-dire dans la « science »? Eh bien! la science ne m'en présente pas un échantillon, même isolé! C'est à des hypothèses, puis à des déductions qui en sont tirées pour être contrôlées au moyen de l'observation sensible et d'analogies avec ce qu'on connaît par ailleurs, que sont dus tous les résultats de la science.

Ces dernières méthodes sont les seules qu'ait employées Fechner pour établir ses conclusions métaphysiques sur la réalité. Mais laissez-moi d'abord vous rappeler un petit nombre de faits sur sa vie.

Né en 1801, d'un pauvre pasteur de campagne, dans la Saxe, il vécut jusqu'en 1887. Il avait donc quatre-vingt-six ans quand il mourut à Leipzig. C'était le type du *savant* tel que le connaissait l'Allemagne d'autrefois. Ses ressources furent toujours maigres : il ne pouvait donc faire de folies que dans le domaine de la pensée ; mais là elles se sont donné carrière ! Il passa ses examens de médecine à l'Université de Leipzig à l'âge de vingt et un ans ; mais, au lieu de pratiquer son art, il résolut de se consacrer aux sciences physiques. Ce ne fut qu'au bout de dix ans qu'on le nomma professeur de physique, bien qu'il eût été de bonne heure autorisé à faire des conférences.

Dans l'intervalle, il lui fallait joindre les deux bouts, et il y arriva au moyen d'une volumineuse production littéraire. Il traduisit, par exemple, le *Traité de Physique* de Biot en quatre volumes, et les œuvres de Thénard en six volumes sur la chimie. Plus tard il s'occupa d'en publier les éditions augmentées. Il dirigea aussi la publication de répertoires de chimie et de physique, un journal de pharmacie et une encyclopédie en huit volumes, dont il écrivit environ le tiers. Il publia encore pour son compte des traités de physique et des recherches expérimentales, spécialement sur l'électricité. La mesure des phénomènes, comme vous le savez, est la base de cette dernière science, et les mesures de Fechner pour le galvanisme, obtenues avec des appareils on ne peut plus simples de sa fabrication, sont restées classiques. Pendant ce temps, il publia également, sous le nom de « Dr Mises, » un certain nombre d'écrits en partie philosophiques, en partie humoristiques, qui obtinrent plusieurs éditions, ainsi que des poèmes, des essais sur des questions d'art et de littérature, et autres articles de circonstance.

Mais le travail excessif, la pauvreté et une maladie des yeux, causée par ses observations sur la production des images rétiniennes, — autre exemple classique de ses investigations, — produisirent chez Fechner, alors âgé d'environ trente-huit ans, une terrible attaque de prostration nerveuse, avec une douloureuse hyperesthésie de toutes les fonctions : il en souffrit pendant trois ans et il dut se retirer entièrement de la vie active. La médecine d'à présent aurait assez vite fait de considérer en partie la maladie du pauvre Fechner comme une névrose chronique ; mais la gravité en fut telle, que, à son époque, elle fut considérée comme un coup surnaturel, incompréhensible dans sa malignité ; et, quand il commença tout d'un coup à se remettre, Fechner, aussi bien que les autres, considéra cette guérison comme une espèce de miracle.

Cette maladie, en mettant Fechner aux prises avec le désespoir intérieur, produisit une grande crise dans sa vie. « Si je ne m'étais pas alors attaché à cette *croyance*, dit-il, que mon attachement même à ma *croyance* porterait, d'une manière ou d'une autre sa récompense, je n'aurais pas supporté cette épreuve. (*So hatte ich jene zeit nicht ausgehalten*) ». Ses croyances religieuses et ses croyances cosmologiques le sauvèrent; et son grand but désormais fut de les élaborer, pour les communiquer au monde. Il le fit sur une très grande échelle; mais ne mourut pas sans avoir fait bien d'autres choses encore.

Parmi ses autres travaux, il faut citer un livre, également classique, sur la théorie des poids atomiques, puis quatre volumes, très travaillés, de recherches mathématiques et expérimentales sur ce qu'il appelait la psychophysique: c'est par le premier de ces quatre volumes que Fechner, d'après de nombreuses personnes, a véritablement fondé la psychologie scientifique. Il faut citer encore un ouvrage sur l'évolution organique, et deux autres sur l'esthétique expérimentale, dans lesquels il est de même considéré par quelques bons juges comme ayant posé les fondements d'une science nouvelle. J'étudierai tout à l'heure plus en détail ses ouvrages plus proprement religieux et philosophiques.

Tout Leipzig le pleura quand il mourut, car il était le modèle du savant allemand idéal, aussi audacieusement original dans sa pensée, qu'il était simple dans sa vie. Modeste, cordial, laborieux, esclave des exigences de la vérité et du savoir, il possédait, d'autre part, un style admirable et plein de saveur. La génération matérialiste qui, vers 1850 et 1860, traitait d'imaginaires ses spéculations, a été remplacée par une génération manifestant une plus grande liberté d'imagination, et un Preyer, un Wundt, un Paulsen et un Lasswitz pourraient maintenant parler de Fechner comme de leur maître.

Son esprit a bien été un de ces carrefours établis pour de nombreuses routes, un de ces carrefours qui ne sont occupés qu'à de rares intervalles par les enfants des hommes, et d'où rien n'est trop près ni trop loin pour être vu avec la perspective voulue. L'observation la plus patiente, l'esprit mathématique le plus exact, le discernement le plus délié, les sentiments les plus humains, s'épanouissaient en lui au plus haut degré, sans qu'aucune de ces qualités parût faire tort aux autres : c'était, en fait, un philosophe dans le « grand » sens du mot, bien qu'il eût beaucoup moins de goût que la plupart des philosophes pour les abstractions de l'ordre « mince ». Pour lui, l'abstrait vivait dans le concret ; et le motif caché de tout ce qu'il a fait, fut d'amener ce qu'il appelait la « vision lumineuse du monde » à une évidence toujours plus grande.

Cette vision lumineuse, c'était que tout l'univers, dans toutes ses portions d'espace et longueurs d'ondes mesurables, dans tous ses mouvements pour rejeter quoi que ce soit ou l'absorber en lui, est partout vivant et conscient. Son ouvrage principal, le *Zend-avesta*, a mis cinquante ans à parvenir à sa seconde édition (1901). « Une hirondelle, écrit-il joyeusement, ne fait pas le printemps. Mais la première hirondelle ne viendrait pas si le printemps n'était pas en train de venir, et, pour moi, ce printemps représente ma vision lumineuse qui, un jour ou l'autre, triomphera! »

Le péché originel, selon Fechner, — celui de la pensée populaire, comme celui de la pensée scientifique, — est notre habitude invétérée de regarder le spirituel non comme la règle, mais comme l'exception, dans la nature. Au lieu de croire que notre vie se nourrit aux mamelles d'une vie plus large que la nôtre; au lieu de croire que notre individualité est comme alimentée par une individualité plus vaste, qui doit nécessairement avoir plus de conscience et plus d'indépendance que tout ce qu'elle produit, nous ne considérons habituellement tout ce qui est en dehors de notre vie que comme autant de scories et de cendres; ou, si nous croyons à un *esprit divin*, nous l'imaginons d'un côté comme incorporel, et nous mettons d'un autre côté la nature sans âme. Quelle consolation, ou quelle paix, demande Fechner, peut sortir d'une telle doctrine? A son souffle les fleurs se dessèchent, les étoiles se changent en pierre, notre propre corps devient indigne de notre esprit, et déchoit au point de n'être qu'une demeure pour les sens charnels. Le livre de la nature devient un volume sur la mécanique, dans lequel tout ce qui a vie est regardé comme une sorte d'anomalie : une séparation, un énorme gouffre, se creuse entre nous et tout ce qui est plus haut que nous; et Dieu devient un frêle nid de maigres abstractions.

Le grand instrument de Fechner pour vivifier cette vision lumineuse est l'analogie : on ne rencontre par un seul argument rationaliste dans les nombreuses pages qu'il a écrites, mais seulement des raisonnements semblables à ceux que les hommes emploient continuellement dans la vie pratique. En voici un exemple. Ma maison a été bâtie par quelqu'un : le monde, lui aussi, a été construit par quelqu'un. Le monde est plus grand que ma maison : il faut qu'un plus grand que moi ait construit le monde. Mon corps se meut sous l'influence de ma sensibilité et de ma volonté : le soleil, la lune, la mer et le vent, eux, étant plus puissants, se meuvent sous l'influence d'une sensibilité et d'une volonté plus puissantes. Je vis maintenant, et je change d'un jour à l'autre : je vivrai plus tard, et je changerai encore davantage, etc.

Bain définit le génie comme la faculté d'apercevoir les analogies. Fechner était capable d'en apercevoir une quantité prodigieuse; mais il insistait également sur les différences. Négliger d'en tenir compte, disait-il, est l'erreur communément commise dans le raisonnement par analogie. Ainsi, la plupart d'entre nous font ce raisonnement juste que tous les esprits de nous connus étant unis à des corps, il s'ensuit que l'esprit divin doit aussi être uni à un corps; puis ils en viennent à supposer que ce corps, pour Dieu aussi, doit être exactement le corps d'un animal, et ils se mettent à faire de Dieu une description toute humaine. Mais qu'est-ce que comporte l'analogie en question? *Un corps*, et rien de plus. Les traits particuliers de *notre* corps sont des adaptations à un habitat si différent de celui de Dieu, que, si Dieu a bien un corps physique, ce corps doit être d'une structure entièrement différente de celle du nôtre.

Ainsi, dans tous ses ouvrages, Fechner fait aller de front les différences et les analogies, et, grâce à sa faculté extraordinaire d'apercevoir les unes aussi bien que les autres, il trouve, dans ce qui passerait d'ordinaire pour un argument contre lui, de quoi donner, au contraire, plus de force à ses conclusions.

Les esprits de l'ordre le plus vaste vont avec les corps de l'ordre le plus vaste. La terre sur laquelle nous vivons doit avoir tout entière, selon notre philosophe, sa conscience collective. Ainsi en doit-il être pour chaque soleil, pour chaque lune, pour chaque planète. De même, le système solaire tout entier doit avoir sa propre conscience plus vaste, dans laquelle la conscience de notre terre joue un certain rôle déterminé. Pareillement, le système entier des corps célestes possède sa conscience à lui. Suppose-t-on qu'il peut n'être pas la somme de toutes les choses *existantes*, matériellement considérées? Alors, qu'on ajoute à ce système, pris dans son ensemble, toutes les autres choses susceptibles d'exister; et l'on aura le corps où réside cette conscience du monde, cette conscience devenue ainsi absolument universelle et que les hommes appellent Dieu.

Spéculativement, donc, dans sa théodicée, Fechner est moniste ; mais il y a place dans son univers pour tous les degrés d'êtres spirituels entre l'homme et le Dieu suprême qui renferme tout. Toutefois, en nous suggérant ce que peut être le contenu positif de tout ce monde surhumain, c'est à peine si l'auteur laisse son imagination s'envoler au delà des simples esprits de l'ordre planétaire. Il croit passionnément à l'âme de la terre : il regarde la terre comme notre ange gardien, comme un ange tout spécialement attaché à l'homme; et il pense que nous pouvons prier la terre comme les hommes prient leurs saints. Mais il me semble que dans son système, comme dans tant de théologies historiques et positives, le Dieu suprême ne fait que symboliser une sorte de limite ou de démarcation à l'égard des mondes qui s'étendent au-dessus de l'homme. Ce Dieu demeure *mince* et abstrait dans sa majesté, les hommes préférant, pour continuer leurs affaires personnelles, s'adresser aux nombreux messagers et médiateurs, beaucoup moins éloignés et beaucoup moins abstraits, que fournit l'ordre divin.

Je chercherai plus tard si le tour abstraitement moniste qu'ont pris les spéculations de Fechner lui était imposé par la logique. Je ne le crois pas. Pour le moment, permettez-moi de vous faire pénétrer un peu plus dans le détail de sa pensée. N'en présenter qu'un sommaire et un abrégé, c'est forcément ne lui rendre justice que d'une bien piètre façon. En effet, bien que le genre de raisonnement qu'il emploie soit d'une simplicité presque enfantine, et que ses conclusions, réduites à leur plus simple expression, puissent tenir en une seule page, la puissance de cet homme tient entièrement à la profusion de son imagination concrète, à la multitude des points qu'il envisage successivement, à l'effet produit tout à la fois par son érudition, sa profondeur et son ingéniosité dans les détails, à l'admirable naturel de son style, à la sincérité qui éclate dans toutes ses pages, et, enfin, à l'impression qu'il donne d'un homme qui ne vit pas d'une vie d'emprunt, mais qui *voit*, qui vraiment parle en homme ayant qualité pour parler, et non comme s'il appartenait au troupeau des scribes professionnels de la philosophie !

Formulée abstraitement, sa conclusion la plus importante pour l'objet de nos leçons, c'est que la constitution de l'univers est identique dans toute son étendue.

Chez nous, la conscience visuelle va avec nos yeux, la conscience tactile avec notre épiderme; mais, quoique l'épiderme ignore les sensations de l'œil, et celui-ci les sensations de l'épiderme, elles se réunissent toutes pour figurer, combinées suivant une certaine relation, dans la conscience plus compréhensive que chacun de nous appelle son *Moi*. Il faut donc supposer, dit Fechner, que, de la même manière absolument, ma conscience de moi-même et votre conscience de vous-mêmes, quoique demeurant séparées dans leur réalité immédiate, et ne sachant rien l'une de l'autre, sont cependant connues et utilisées ensemble dans une conscience supérieure, — dans celle de la race humaine, par exemple, — où elles entrent comme parties composantes.

De même encore, tout le règne humain et tout le règne animal sont donnés l'un avec l'autre comme conditions inséparables d'une conscience dont le champ est encore plus vaste. Cette dernière conscience se combine dans l'âme de la terre avec la conscience du règne végétal qui, à son tour, apporte sa part d'expérience à celle du système solaire tout entier ; et ainsi de suite, de synthèse en synthèse, et d'un étage à un autre, jusqu'au moment où l'on atteint une conscience absolument universelle.

Telle est cette immense série d'analogies ayant pour base des faits directement observables en nous-mêmes.

L'hypothèse d'une conscience appartenant à la terre rencontre un puissant préjugé instinctif dont Fechner s'applique ingénieusement à triompher. L'esprit humain est, croyons-nous, la conscience la plus élevée qu'il y ait sur la terre, celle-ci étant, par elle-même et à tous égards, inférieure à l'homme. Comment donc sa conscience, à supposer qu'elle en ait une, pourrait-elle être supérieure à la conscience humaine ?

Quels sont les signes de supériorité que nous sommes tentés d'invoquer ici en notre faveur ? En les étudiant de plus près, Fechner montre que la terre les possède tous, au complet, et plus parfaitement que nous. Il considère en détail les points où elle diffère de nous, et il fait voir que tous ces points militent en faveur du rang supérieur de la terre. Je ne vais en effleurer que quelques-uns.

L'un de ces points, naturellement, est l'indépendance à l'égard des autres êtres extérieurs. En dehors de la terre, il n'y a que les autres corps célestes. Toutes les choses dont notre vie dépend extérieurement : — l'air, l'eau, la nourriture végétale et animale, nos semblables, etc, — se trouvent comprises en elle à titre d'éléments constitutifs. Elle se suffit à elle-même sur des milliers de points où il n'en est pas ainsi pour nous. Nous dépendons d'elle pour la plupart des choses : elle ne dépend de nous que pour une faible partie de son histoire. Elle nous entraîne dans son orbite de l'hiver à l'été, puis de l'été à l'hiver, et sa révolution sur elle-même nous fait passer du jour à la nuit, de la nuit au jour.

La complexité dans l'unité est un autre signe de supériorité. Or, dans son ensemble, la terre offre une complexité qui dépasse de beaucoup celle de n'importe quel organisme, car, en même temps qu'elle renferme tous nos organismes, elle renferme aussi un nombre infini de choses que nos organismes ne sauraient renfermer. Cependant combien sont simples et tout d'une pièce les phases de la vie qui est proprement la sienne! De même que l'attitude totale de n'importe quel animal est calme et tranquille, comparée à l'agitation de ses globules sanguins; de même la terre est un être calme et tranquille, lorsqu'on la compare aux animaux qu'elle fait vivre.

Se développer du dedans au lieu d'être façonné du dehors, voilà un autre caractère qui compte aux yeux des hommes comme quelque chose de supérieur. Un œuf est une forme d'existence supé-

13.

rieure à celle d'une masse d'argile qu'un modeleur façonne, du dehors, à l'image d'un oiseau. Eh bien ! l'histoire de la terre se développe du dedans : elle ressemble à celle d'un œuf merveilleux qui, sous l'action de la chaleur du soleil opérant comme celle de la mère poule, a su accomplir les différents cycles de son évolution.

L'individualité du type chez un être et le fait de différer des autres êtres du même type, c'est encore là un point qui marque son rang. Or, la terre se distingue de toutes les autres planètes ; et, en tant que classe, les êtres planétaires, à leur tour, sont remarquablement distincts des autres êtres.

Anciennement, on appelait la terre un animal ; mais une planète appartient à une classe d'êtres supérieure à celle de l'homme ou de l'animal : non seulement elle est plus grande au point de vue quantitatif, étant quelque chose comme un cétacé ou un éléphant plus énorme et plus disgracieux ; mais elle est un être dont les vastes dimensions exigent un plan de vie tout différent. Notre organisation animale tient à notre infériorité. Notre besoin d'aller et de venir, d'étendre nos membres et de courber notre corps, ne montre que notre imperfection. Que sont nos jambes, sinon des béquilles, au moyen desquelles, par des efforts incessants, nous nous mettons en chasse après les choses que nous ne possédons pas à l'intérieur même de notre être? Or, la terre ne connaît pas une telle difformité, puisqu'elle possède déjà dans son sein les choses que nous poursuivons si péniblement. Pourquoi aurait-elle des membres analogues aux nôtres? S'en ira-t-elle contrefaire un être qui n'est qu'une faible partie d'elle-même? A quoi bon des bras, pour elle qui n'a besoin de rien atteindre? A quoi bon un cou, sans une tête à porter? A quoi bon des yeux ou un nez, alors que, sans leur aide, elle trouve son chemin à travers l'espace, et qu'elle a les milliers d'yeux de tous ses animaux pour la guider dans les mouvements qu'elle exécute à sa surface, et tous leurs nez pour sentir les fleurs qui s'y épanouissent? Oui, de même, que nous faisons partie de la terre, de même nos organes sont ses organes à elle. Elle est, pour ainsi dire, tout yeux et tout oreilles dans toute son étendue : tout ce que nous voyons et entendons séparément, elle le voit et l'entend d'une manière simultanée. Elle fait naître à sa surface d'innombrables espèces d'êtres, et l'incalculable multitude de leurs relations conscientes sont absorbées par elle dans sa vie consciente plus haute et plus générale.

La plupart d'entre nous, considérant cette théorie d'après laquelle l'ensemble total de la masse terrestre est animé comme l'est notre corps, commettent l'erreur d'interpréter trop à la lettre cette analogie, et de ne tenir aucun compte des différences. Si la terre est bien un organisme sentant, disons-nous, où est son cerveau? où sont ses nerfs? Qu'est-ce qui représente en elle le cœur et les poumons? En d'autres termes, nous nous attendons à ce que des fonctions qu'elle accomplit déjà grâce à nous, soient en outre accomplies par elle hors de nous, et précisément de la même manière. Mais il est bien évident que la terre accomplit certaines de ces fonctions d'une façon qui ne ressemble pas à la nôtre. Parlez-vous de la circulation : à quoi bon un cœur pour la terre, alors que le soleil fait qu'en elle jamais ne s'arrêtent les averses qui tombent sur elle, ni aucune des sources, aucun des ruisseaux et des fleuves qui l'arrosent? Quel besoin a-t-elle de poumons intérieurs, quand toute sa surface sensible entretient un vivant commerce avec l'atmosphère qui ne perd jamais contact avec elle?

L'organe qui nous embarrasse le plus est le cerveau. Toute conscience dont nous avons la connaissance immédiate semble liée à des centres nerveux. Peut-il y avoir conscience, demandons-nous, là où il n'y a pas de cerveau? Mais notre cerveau qui, primitivement, sert à mettre nos réactions musculaires en corrélation avec les objets extérieurs dont nous dépendons, accomplit une fonction que la terre accomplit d'une tout autre manière. Pour son compte, elle n'a pas de muscles ou de membres véritables, et les seuls objets qui lui soient extérieurs sont les autres astres. A leur égard, sa masse entière réagit par les modifications les plus délicates de son allure totale, et par des réponses qui, dans sa substance même, se produisent sous la forme de vibrations encore plus délicates. Son océan réfléchit les lumières du ciel comme dans un puissant miroir; son atmosphère les réfracte comme une énorme lentille; ses nuages et ses champs de neige, en les combinant, font avec elles de la blancheur; ses forêts et ses fleurs, en les dispersant, font avec elles des couleurs. La polarisation, les interférences, l'absorption, suscitent dans la matière des impressions sensibles qu'ignorent entièrement nos sens trop grossiers.

Ces relations cosmiques qui existent pour la terre, n'exigent donc pas plus un cerveau spécial qu'elles n'exigent des yeux ou des oreilles. Certes, notre système nerveux unifie et coordonne nos innombrables fonctions. Nos yeux ne savent rien des sons, et nos oreilles ne savent rien de la lumière; mais, grâce à notre système nerveux, nous pouvons avoir conscience du son et de la lumière simultanément et les comparer l'un à l'autre. Cela, nous l'expliquons par les fibres nerveuses qui, dans le cerveau, relient les centres optiques au centre acoustique. Maintenant, de quelle manière exactement ces fibres relient-elles, non seulement les sensations, mais les centres eux-mêmes ? voilà ce que l'on ne voit pas. Et si les fibres nerveuses sont vraiment tout ce qui est requis pour que le tour soit joué, est-ce que la terre n'a pas ses moyens de communication par lesquels, vous et moi, nous nous continuons physiquement l'un dans l'autre ; communication plus que suffisante pour faire à l'égard de nos deux esprits ce que les fibres cérébrales font pour l'ouïe et la vue dans un même esprit ? Faut-il que tout moyen supérieur d'unifier les choses soit, à la lettre, une fibre cérébrale et ne s'appelle pas autrement ? L'esprit de la terre ne peut-il pas connaître d'une autre façon le contenu de nos pensées prises toutes ensemble ?

L'imagination de Fechner, insistant sur les différences aussi bien que sur les ressemblances, s'applique ainsi à rendre plus concrète la manière de nous représenter la terre dans son ensemble. C'est une fête pour lui, que l'idée des perfections qu'elle possède. Pour porter sa précieuse charge, à toute heure, en toute saison, quelle forme pourrait être plus excellente que la sienne, puisqu'elle est à la fois le cheval, les roues et le char ? Songez à sa beauté ! Songez à ce globe lumineux dont une moitié, ayant la couleur bleue du ciel, est éclairée par le soleil, tandis que l'autre baigne dans une nuit étoilée. Songez à toutes ses eaux, à toutes ses myriades de lumières et d'ombres, par lesquelles les cieux se réfléchissent dans les plis de ses montagnes et les replis de ses vallées ! Ce globe lumineux ne serait-il pas un spectacle glorieux comme celui de l'arc-en-ciel, si seulement on pouvait le voir de loin, comme l'on en voit des parties du haut de ses propres montagnes ? Toutes les qualités possibles qu'un paysage peut avoir, et pour lesquelles un nom existe, seraient alors d'un seul regard visibles en elle : — tout ce qui est délicat ou gracieux ; tout ce qui est calme ou sauvage ; tout ce qui est pittoresque ; tout ce qui est désolation ou joie, richesse luxuriante ou fraîcheur. Ce paysage, c'est son visage à elle : paysage peuplé, avec cela, car les yeux des hommes y apparaîtraient comme des diamants au milieu des gouttes de rosée. Le vert serait la couleur dominante ; mais, dans son atmosphère bleue et dans ses nuages, elle s'envelopperait, comme une mariée s'enveloppe dans son voile ; — et ce voile, la terre, aidée par les vents qui la servent, ne se lasse jamais d'en étendre et d'en draper sans cesse autour d'elle les plis vaporeux et transparents !

Tous les éléments possèdent chacun en propre certains êtres vivants qui en sont comme les citoyens particuliers. L'océan céleste peut-il ne pas avoir les siens, — cet océan formé par l'éther, aux vagues faites de lumière, où flotte la terre elle-même ? Peut-il ne pas avoir ses habitants, d'autant plus élevés qu'ils font partie d'un élément plus élevé ; êtres qui n'ont pas besoin de nageoires pour nager, ni d'ailes pour voler; qui se meuvent, par l'effet d'une force à demi spirituelle, dans cette mer à demi spirituelle qu'ils occupent, se plaisant à échanger entre eux l'action de la lumière, obéissant à la moindre impulsion produite par leur attraction réciproque, et recélant chacun d'inépuisables richesses intimes?

Les hommes ont toujours inventé des fables sur les anges qui ont pour séjour la lumière, se passant de toute nourriture et de tout breuvage comme la terre en donne, et qui servent de messagers entre Dieu et nous. Or, voici des êtres réellement existants, ayant pour séjour la lumière, et qui se meuvent à travers le ciel, se passant de toute nourriture, de tout breuvage, et qui, servant d'intermédiaires entre Dieu et nous, obéissent à ses commandements. Si donc les cieux sont bien la demeure des anges, il faut que les corps célestes soient précisément ces anges eux-mêmes, car d'autres créatures *dans les cieux*, il n'en existe absolument pas. Oui, la terre est notre immense ange gardien à tous, l'ange qui veille sur tous nos intérêts étroitement solidaires.

Dans une page remarquable, Fechner raconte un des moments où il eut la vision directe de cette vérité.

« Par une matinée de printemps, je sortis pour me promener. La campagne était verdoyante, les oiseaux chantaient, la rosée scintillait, la fumée s'élevait dans l'air; çà et là, un homme se montrait; une lumière de transfiguration, pour ainsi dire, était sur toutes choses. Ce n'était qu'une faible parcelle de la terre; ce n'était qu'un moment de son existence; et cependant, à mesure que mon regard l'embrassait davantage, m'apparaissait, non pas seulement cette idée si admirablement belle, mais ce fait si vrai, si manifeste, qu'elle est un ange, et un ange si somptueusement réel, si resplendissant, si semblable à une fleur! un ange qui pourtant suit son chemin circulaire dans les cieux avec une allure si ferme, si constamment pareille à elle-même, et la face, — cette face pleine de vie, — tournée toute dans la direction du Ciel, vers lequel il m'emporte pour m'y faire pénétrer avec lui! Oui, fait bien vrai, bien manifest... à tel point que je me demande comment les hommes ont jamais pu, en dévidant leurs conceptions, s'éloigner de la vie jusqu'à ne plus voir dans la terre qu'une motte desséchée, jusqu'à ne chercher des anges qu'au-dessus d'elle ou alentour, jusqu'à ne les chercher que pour ne les trouver nulle part!... Mais une expérience telle que celle-ci passe pour imaginaire. La terre est un corps sphérique, et, ce qu'elle peut bien être en outre, on pourra le trouver dans les collections de minéralogie!... »[1]

[1]. FECHNER. *Über die Seelenfrage*, 1861, p. 170.

Là où il n'y a pas une vision, il n'y a plus personne. Parmi ceux qui enseignent la philosophie, bien peu ont une vision quelconque. Fechner avait une vision : c'est pourquoi on peut le lire et le relire, et chaque fois en rapporter une impression toute neuve de la réalité.

Le premier de tous ses ouvrages présente une vision de la vie intime possible pour les plantes. Il lui a donné pour titre : *Nanna*. Le système nerveux, voilà le fait central dans le développement des animaux. Chez les plantes, le développement est centrifuge : elles étendent leurs organes au dehors. C'est la raison qui fait supposer que la conscience n'est pas possible pour elles, parce qu'il leur manque cette unité qu'assurent les centres nerveux. Mais la conscience de la plante peut être d'un autre type, en tant que liée à une autre structure. Les pianos et les violons produisent des sons parce qu'ils ont des cordes : s'ensuit-il que, seules, les cordes peuvent produire un son ? Alors, que direz-vous des flûtes et des tuyaux d'orgues ? Naturellement, les sons de ces instruments sont de qualités différentes ; et de même, il se peut que la conscience des plantes soit d'une qualité exclusivement en rapport avec le type d'organisation qui est le leur. Elles se nourrissent, respirent, se reproduisent, sans avoir besoin de nerfs.

Chez nous, ces fonctions ne deviennent conscientes que dans certains états exceptionnels :

normalement la conscience en est éclipsée par celle qui accompagne les mouvements du cerveau. Dans les plantes, aucune éclipse de ce genre. Aussi, la conscience inférieure peut-elle y être d'autant plus active. N'ayant rien à faire que de boire la lumière et l'air avec leurs feuilles, que de laisser leurs cellules croître et multiplier, de sentir leurs radicelles aspirer la sève, — comment concevoir qu'elles puissent ne pas avoir conscience de souffrir, si l'eau, la lumière et l'air leur sont brusquement retirés? Comment concevoir qu'au moment où se produisent la floraison et la fécondation qui sont le point culminant de leur vie, les plantes puissent ne pas avoir d'une manière plus intense le sentiment de leur existence, et ne pas éprouver une jouissance quelque peu semblable à ce que pour nous-mêmes nous appelons un plaisir? Est-ce que le nénuphar, bercé dans son triple bain d'eau, d'air et de lumière, ne se complaît aucunement dans sa propre beauté? Lorsque, dans notre appartement, la plante se tourne vers la lumière, lorsqu'elle referme ses fleurs dans l'obscurité, lorsqu'en échange du soin que nous prenons de l'arroser, elle augmente de volume ou modifie sa forme et ses fleurs, de quel droit dira-t-on qu'elle ne sent rien, ou qu'elle joue un rôle purement passif?

Il est vrai que les plantes ne savent rien prévoir, ni la faux du moissonneur, ni la main qui s'approche pour en ravir les fleurs. Elles ne savent ni s'enfuir ni crier. Mais cela prouve seulement combien la manière dont elles se sentent vivre doit être différente de celle des animaux qui, pour vivre, se servent d'yeux, d'oreilles et d'organes de locomotion : cela ne prouve pas qu'elles ne possèdent absolument aucun moyen de se sentir vivre.

Combien la sensibilité serait pauvre, et comme elle se montrerait dispersée sur notre globe, — si l'on en faisait disparaître la vie affective des plantes! Quelle solitude pour la conscience qui traverserait les forêts sous la forme d'un daim ou d'un autre quadrupède, pour celle qui voltigerait autour des fleuves sous la forme de quelque insecte! Mais comment supposer réellement que cette Nature qu'emplit le souffle de Dieu, puisse être un lieu si solitaire et d'une telle stérilité?

J'en ai sans doute assez dit maintenant pour faire connaître les œuvres métaphysiques de Fechner dans leurs traits les plus généraux, à ceux d'entre vous qui ne les ont pas lues; et j'aime à croire que, pour quelques-uns, peut-être, leur impression est en ce moment celle qu'ils auraient à les lire eux-mêmes. L'idée particulière qui, chez Fechner, m'intéresse expressément ici, est cette croyance que les formes les plus compréhensives de la conscience sont en partie *constituées* par les formes les plus limitées.

Ce n'est pas qu'elles soient simplement la somme de ces dernières. Notre esprit n'est pas simplement la somme de nos sensations visuelles, *plus* nos sensations auditives, *plus* nos souffrances : non ; en additionnant ces termes, il découvre entre eux des relations grâce auxquelles il compose une trame découpée en schémas, en formes et en objets dont aucun sens, à l'état isolé, ne connaît rien. Pareillement, l'âme de la terre établit entre le contenu de mon esprit et le contenu du vôtre des rapports dont aucun de nos esprits séparément n'a conscience. Cette âme possède des schémas, des formes et des objets en proportion avec son champ de conscience plus vaste, et que ne saurait embrasser le champ beaucoup trop étroit de notre pensée. A nous prendre chacun en nous-mêmes, vous et moi, nous sommes tout simplement étrangers à toute relation l'un avec l'autre : pour elle, au contraire, nous sommes tous deux *ici*, et *différents* l'un de l'autre, et c'est là une relation positive. Ce que nous sommes sans le savoir, elle sait que nous le sommes. Notre porte ne donne pas sur son univers, dont la porte, au contraire, donne sur nous. Les choses se passent comme si le monde tout entier de la vie intérieure avait une sorte de fil, une sorte de Pente ; comme si sa structure était celle d'un système de valvules ne permettant à la connaissance que de couler dans une direction unique, de telle manière que la vie la plus étroite fût toujours observable pour la plus vaste, mais jamais la plus vaste pour la plus étroite.

La grande analogie mise en valeur ici par Fechner repose sur le rapport qui existe entre nos sens et notre esprit individuel. Quand nos yeux sont ouverts, leurs sensations entrent dans le mouvement général de notre vie mentale, qui s'accroît nécessairement des nouveaux apports de leurs perceptions. Fermez les yeux cependant; et ces apports s'arrêtent : il ne reste plus que les pensées et les souvenirs dus aux perceptions visuelles antérieures, — pensées et souvenirs qui se combinent, bien entendu, avec l'énorme réserve des autres pensées et des autres souvenirs, ainsi qu'avec les données continuant à pénétrer par les sens non encore fermés. Par elles-mêmes, nos sensations visuelles ignorent entièrement cette vie énorme où elles viennent tomber. Fechner pense, comme le ferait n'importe quel homme du commun, qu'elles y sont accueillies dès leur arrivée, et qu'elles en font aussitôt partie telles quelles. Elles ne restent pas en dehors pour n'être que représentées à l'intérieur par leurs copies. Seuls, sont des copies les souvenirs des sensations ainsi que les concepts qui en sont tirés. Quant aux perceptions sensibles elles-mêmes, elles sont pour leur propre compte et comme en personne tantôt accueillies, tantôt laissées à la porte, selon que les yeux sont ouverts ou fermés.

Fechner assimile nos individualités terrestres à autant d'organes sensoriels qui seraient ceux de l'âme de la terre. Nous enrichissons sa vie cognitive tant que dure notre propre vie. Elle absorbe nos perceptions, au moment même où elles se produisent, dans la sphère plus vaste de ses connaissances, et les combine avec les autres données s'y trouvant déjà. Que l'un de nous meure, et c'est comme si un œil de l'univers se fermait, parce qu'alors prennent fin toutes les perceptions que fournissait cette région particulière du monde. Mais les souvenirs et les relations conceptuelles dont la trame s'est tissée autour des perceptions de cette personne, demeurent aussi distincts que jamais dans la vie plus vaste de la terre, y forment de nouvelles relations, y croissent et s'y développent à chacun des moments qui se succèdent ensuite, de la même manière que les divers objets distincts de notre pensée, une fois dans la mémoire, y forment de nouvelles relations et s'y développent à travers toute notre vie finie. Telle est la théorie de l'immortalité, que Fechner publia pour la première fois dans son « *Büchlein des lebens nach dem Tode* » (Petit livre de lectures sur la mort) en 1836, et qu'il exposa de nouveau sous une forme considérablement perfectionnée dans le dernier volume de son *Zend-avesta*.

Nous nous élevons sur la terre comme les petites vagues s'élèvent à la surface de l'océan.

Nous sortons du sol comme les feuilles sortent de l'arbre. Les petites vagues saisissent séparément les rayons du soleil ; les feuilles s'agitent quand les branches sont immobiles. Elles vivent leur propre histoire exactement de la même manière que, dans notre conscience, lorsqu'un fait y devient prédominant, il obscurcit l'arrière-plan et le soustrait à l'observation. Néanmoins ce fait agit en dessous, sur l'arrière-plan, comme la petite vague d'en dessus agit sur les vagues inférieures, ou comme les mouvements de la feuille agissent sur la sève à l'intérieur de la branche. L'océan tout entier et l'arbre tout entier enregistrent l'action de la petite vague et de la feuille, et deviennent autres qu'ils n'étaient pour avoir subi l'action de cette petite vague et de cette feuille. Une petite branche greffée peut modifier jusqu'aux racines le scion où elle est insérée. Pareillement, nos propres perceptions nous survivent, demeurent imprimées dans l'âme universelle de la terre : elles y vivent de l'immortelle vie des idées et deviennent des parties du grand système. Absolument distinctes l'une de l'autre, tout comme nous l'étions pendant notre vie, elles ne se posent cependant plus isolément : c'est côte à côte, les unes avec les autres, comme autant de systèmes particuliers, qu'elles entrent ainsi dans de nouvelles combinaisons, se trouvent modifiées par les perceptions des autres hommes alors vivants, et modifient celles-ci à leur tour, bien que les vivants leur attribuent si rarement une telle existence et une telle action.

Vous imaginez-vous que le fait d'entrer de cette manière, après la mort du corps, dans une vie collective et d'un type supérieur, signifie une perte et une destruction de notre personnalité distincte? Fechner vous pose alors cette question : est-ce qu'une de nos propres sensations visuelles existe, de quelque façon que ce soit, *moins par elle-même ou moins distinctement*, lorsqu'elle entre dans cette région de notre conscience où des relations s'établissent, dans cette conscience supérieure où elle est discernée et définie?

Je dois arrêter ici mon exposé, et vous renvoyer aux ouvrages de Fechner.

En résumé, vous voyez comment l'univers est pour lui un être vivant. Vous admettrez, je crois, qu'en lui accordant la vie, il lui donne plus d' « épaisseur », lui donne plus de corps et de substance, que ne lui en donnent les autres philosophes qui, adoptant exclusivement la méthode rationaliste, atteignent les mêmes résultats, mais leur donnent des contours on ne peut plus *minces*.

Fechner, — aussi bien que le professeur Royce, par exemple, — admet, en fin de compte, un esprit unique et qui enveloppe tout. Ils croient l'un et l'autre que nous tous, ici présents tels que nous voici, nous faisons partie intégrante de cet esprit. Son *contenu*, c'est uniquement nous, avec toutes les autres créatures qui nous ressemblent ou non, et les relations qu'il découvre entre nous. Nos « formes » individuelles, réunies en une seule, sont substantiellement identiques à la forme *tout* qui est sa forme propre, quoique le tout soit parfait, tandis qu'aucune forme individuelle n'est parfaite. Nous devons, par suite, admettre que de nouvelles qualités, aussi bien que des relations non perçues ailleurs, résultent de la « forme » collective. Par là, elle est supérieure à la « forme » individuelle.

Une fois arrivé là, Royce nous abandonne presque entièrement à nos propres ressources, quoique d'ailleurs sa manière d'envisager le sujet au point de vue moral soit, me semble-t-il, infiniment plus féconde et plus « épaisse » ou plus riche que celle de n'importe quel autre philosophe idéaliste contemporain.

Fechner s'applique, au contraire, à relever en détail, autant que possible, les privilèges appartenant à la « forme » collective supérieure. Il note les diverses étapes et les diverses haltes intermédiaires par lesquelles passe cette synthèse : ce que nous sommes pour chacun de nos sens séparément, la terre l'est pour chacun de nous, le système solaire l'est pour la terre, etc. Si, afin de nous épargner une interminable énumération, il pose un Dieu et lui laisse des traits à peu près aussi peu déterminés que le font les idéalistes pour leur absolu, il ne nous en fournit pas moins nettement, sous les espèces d'une âme de la terre, une porte grâce à laquelle nous pouvons nous rapprocher de son Dieu. C'est par cette âme qu'il nous faut, dans la nature, nous mettre d'abord en relation avec tous les règnes qui, au-dessus du règne humain, ont une extension plus vaste; et c'est avec elle que nous devons entretenir un commerce religieux plus immédiat.

L'idéalisme moniste ordinaire rejette tout intermédiaire. Il n'admet que les extrêmes, comme si pour succéder à l'aspect grossier du monde phénoménal avec tout ce qu'il a d'incomplet, on ne pouvait rencontrer rien autre chose que l'Être suprême dans toute sa perfection. D'abord, vous et moi, dans cette salle; puis, dès que nous descendons au-dessous de ce niveau, l'absolu ineffable, l'absolu lui-même! N'est-ce pas là le signe d'une imagination singulièrement indigente? Notre bel univers n'est-il pas d'un modèle plus riche que celui-là, et n'offre-t-il point toute la place voulue pour une hiérarchie d'êtres formant une longue théorie? La science matérialiste le fait infiniment plus riche en termes ou en éléments, avec ses molécules, son éther, ses électrons, que sais-je encore? L'idéalisme absolu, ne pensant la réalité qu'au moyen de formes intellectuelles, ne sait quoi faire des *corps* de tout grade, et ne sait utiliser aucune des analogies ou corrélations psychophysiques. La *ténuité*, le manque de substance, qui en résulte, est stupéfiante, quand on la compare à cette consistance, à cette charpente articulée de l'univers, tel que le décrit Fechner.

Chez qui se contente de cet absolu des rationalistes, de cet alpha et de cet oméga; chez qui le prend, tout abstrait qu'il est, comme fournissant à la conscience religieuse un objet adéquat, n'est-il pas permis de voir une certaine pauvreté originelle des besoins de l'esprit? Les premiers à qui les choses se révèlent, ce sont ceux qui les désirent le plus passionnément, car le sentiment de la nécessité aiguise notre intelligence. Pour un esprit qui se contente de peu, la richesse de l'univers peut toujours demeurer cachée.

Je reconnais en toute franchise que l'une de mes raisons pour vous parler si longuement de Fechner a été de vous rendre plus évident, par un effet de contraste, ce qu'il y a de *ténu* dans notre transcendantalisme courant. La scholastique ne manquait pas de corps; Hegel lui-même n'en manquait pas; mais le transcendantalisme anglais et le transcendantalisme américain sont bien *maigres*. Si la grande chose en philosophie, ce n'est pas la logique, mais la vision passionnée, — et je crois qu'il en est ainsi, la logique ne venant qu'après coup justifier la vision, — est-ce qu'une telle *maigreur* ne doit pas venir ici, ou de ce que la vision est pauvre chez les disciples, ou de ce que, chez eux, la ferveur est, par rapport à celle de Fechner ou même de Hegel, ce que le clair de lune est à la lumière du soleil, ou ce que l'eau est au vin[1]?

Mais j'ai une autre raison plus profonde pour faire de Fechner l'objet d'une partie de mon exposé. Il admet que *nos expériences psychologiques se combinent librement et se dissocient de même*. C'est aussi la théorie par laquelle la philosophie de l'absolu explique la relation de nos esprits avec l'esprit éternel; et c'est également celle par laquelle l'empirisme explique la composition de l'esprit humain au moyen des éléments psychologiques subordonnés les uns aux autres. Cette théorie, nous ne saurions la laisser passer sans l'examiner attentivement. Je l'étudierai en détail dans ma prochaine leçon.

[1] M. Bradley n'est pas visé (ou ne l'est que partiellement) dans ces dernières pages. Voir *Appearance and Reality*, pp. 269, 272.

CINQUIÈME LEÇON

La composition des consciences.

Hypothèse relative à la possibilité pour les états de conscience de se combiner librement. — Cette hypothèse est commune à la psychologie naturaliste, à l'idéalisme transcendantal, et à Fechner. — Critique de cette hypothèse par l'auteur de ce livre, dans un ouvrage antérieur. — On ne peut pas invoquer ici l'analogie des combinaisons dites physiques. — Néanmoins l'idée d'une combinaison entre les parties de l'univers est un postulat nécessaire. — Objections que la logique adresse à ce postulat. — La méthode rationaliste, en cette matière, aboutit à une impasse. — Nécessité de rompre radicalement avec le rationalisme. — Transition pour passer à la philosophie de Bergson. — Du mauvais usage des concepts.

Dans ma dernière leçon, je vous ai présenté une esquisse lamentablement pauvre des conceptions d'un philosophe remarquable pour la richesse, presque sans exemple, des détails qu'il sait imaginer. Je dois faire des excuses à l'ombre de Fechner, pour avoir exposé sa philosophie d'une manière qui rend si peu justice à la qualité la plus essentielle de son génie; mais je dispose d'un temps trop limité pour vous parler davantage des particularités de son œuvre. J'arrive donc au programme que je vous ai indiqué à la fin de notre dernier entretien. Je veux discuter la théorie d'après laquelle nos états de conscience peuvent librement se séparer, se combiner, et garder intacte leur identité, tout en faisant partie de plusieurs champs d'expérience plus vastes et simultanés.

Permettez-moi d'abord d'expliquer ce que j'entends exactement par là.

Tandis que vous écoutez ma voix, par exemple, vous ne faites peut-être pas attention à quelque sensation interne due à votre habillement ou à votre attitude. Il semblerait pourtant que cette sensation fût présente; car, dans un instant, votre attention se déplaçant, elle pourra se trouver, pour vous, avec ma voix, dans un seul et même champ de conscience. Elle semble avoir d'abord existé à l'état isolé, et ensuite, sans avoir subi aucun changement, s'être combinée avec vos autres sensations coexistantes.

C'est en raisonnant par analogie sur ce fait, que les partisans de l'idéalisme panthéiste pensent que nous existons dans l'absolu. L'absolu, pensent-ils, crée le monde par la connaissance totale qu'il en a, dans un acte unique, indivis, éternel[1]. « Être », être véritablement, consiste à être tels qu'il nous pense et nous connaît, c'est-à-dire à exister en ne

1. Royce. *The Spirit of Modern Phylosophy*. p. 379.

faisant qu'un avec toutes les autres choses, et revêtus de tout ce qu'implique, dans sa plénitude, l'idée de notre Moi. En même temps, d'ailleurs, qu'une *existence réelle*, identique à la connaissance qu'il a de nous, nous avons aussi une *existence apparente*, car chacun de nous s'apparaît à lui-même séparément, sans que lui apparaissent la plupart des autres choses, et s'apparaît de manière à rester incapable d'exprimer complètement, à beaucoup près, l'idée de son Moi propre. Or, la doctrine classique de l'idéalisme panthéiste, depuis les Upanishads jusqu'à Josiah Royce, est que les intelligences finies, malgré leur ignorance apparente, ne font qu'un avec Celui qui connaît tout le réel. Chacun des moments les plus limités de notre expérience particulière renferme implicitement l'idée de l'absolu, nous dit le Dr Mac Taggart. Les moments, dit Royce, n'existent que relativement à elle. Ils ne sont vrais ou erronés que par sa présence qui projette son ombre sur eux. Du Moi plus vaste qui, seul, est éternellement, ils sont les parties organiques. Ils ne *sont* qu'autant qu'ils se trouvent impliqués dans son être.

Ainsi, pas d'autre Moi réel que celui-là, que ce Moi dans la conscience duquel tiennent tous les Moi moins étendus : ce Moi qui est le *logos*, qui résout tous les problèmes et qui sait tout. Ingénieusement, Royce compare l'ignorance qui, de notre fait à nous, éclate au milieu de sa connaissance parfaite, cette ignorance qui m'isole de vous et nous isole de lui tous deux, à l'inattention où nos esprits finis risquent de tomber à l'égard de détails implicitement présents, tels que ces sensations auxquelles je faisais allusion tout à l'heure. Ces sensations sont, par rapport à chacun de nos esprits individuels, par rapport à ce qu'il est dans son ensemble, ce que nos esprits individuels sont par rapport à l'esprit absolu. Individualité signifie ignorance, — je continue à citer Royce, — et ignorance signifie inattention. Nous sommes des esprits finis, parce que nos volontés, comme telles, ne sont que des fragments de la volonté absolue; parce que volonté signifie intérêt pris à quelque chose; parce que volonté incomplète signifie intérêt incomplet; et parce que intérêt incomplet signifie inattention à beaucoup de choses qu'un intérêt plus complet nous amènerait à percevoir[1].

Cette explication de Royce est la tentative de beaucoup la plus rigoureuse qu'on ait faite depuis Hegel pour interpréter certaines données empiriquement saisissables, de manière à en tirer la notion du rapport qui nous unit à l'absolu.

Au moment où je vous propose d'examiner cette hypothèse, je dois avouer que je tremble de peur. C'est là un sujet subtil et abstrus. Néanmoins,

---

1. *The World and the Individual*, vol. II. pp. 58. 62.

ce n'est pas le moment de reculer devant ma tâche : j'estime, en effet, que ce point spécial forme peut-être le nœud vital de la situation où la philosophie se trouve aujourd'hui, et je pense que les temps sont mûrs, ou presque mûrs, pour entreprendre sérieusement de la dénouer.

Afin d'avoir plus de chance d'atténuer quelque peu la difficulté du sujet, je vais donner à la première partie de mon exposé la forme directe d'une confession personnelle.

En 1890, j'ai publié sur la psychologie[1] un ouvrage où je me suis senti tenu de discuter la valeur d'une certaine explication de nos états psychologiques supérieurs, qui était en faveur parmi les psychologues les plus épris de la biologie.

Suggérée en partie par l'association des idées, en partie par des analogies tirées des composés chimiques, cette conception considérait les états complexes de la vie mentale comme résultant de la combinaison automatique des états plus simples. Les deux Mill avaient parlé d'une chimie mentale; Wundt, d'une « synthèse psychique » susceptible de donner naissance à des propriétés qui n'étaient pas dans les éléments; et des auteurs tels que Spencer, Taine, Fiske, Barratt et Clifford, avaient présenté une grande théorie évolutionniste dans

1. W. James, *The Principles of Psychology*. 2 vol. New-York, Henry Holt.

laquelle, en l'absence d'une âme, d'un Moi, ou d'un autre principe d'unité, des unités primitives de substance mentale, ou de poussière mentale, étaient conçues comme s'additionnant et formant des agrégats, en des étapes successives de composition et de recomposition, et comme produisant ainsi nos états de conscience les plus élevés et les plus complexes.

Soient, par exemple, l'impression élémentaire de A et l'impression élémentaire de B : survenues dans certaines conditions, elles se combinent, d'après cette doctrine, en une impression qui est celle de A plus B ; et celle-ci, à son tour, se combine avec une impression engendrée de la même manière, qui est celle de C plus D, jusqu'à ce qu'enfin, l'alphabet tout entier apparaisse simultanément dans un seul champ de conscience, sans qu'on ait aucunement à supposer, en dehors de l'impression même de chacune des différentes lettres, l'existence d'un principe ou de principes qui en prennent conscience. Ce que chaque impression fait connaître séparément, ils sont tous, dans leur ensemble, supposés le faire connaître conjointement. Mais ces connaissances réparties entre eux *ne donnent pas naissance*, par un acte quelconque, à la connaissance qu'ils forment collectivement : la seconde *est* déjà dans les premières. La forme supérieure de la conscience, ce *sont* les formes inférieures, « prises toutes ensemble ». Qu'on la prenne elle-même

« à part », elle ne consiste que dans ces formes inférieures et n'*est* rien autre chose. C'est là du moins la manière la plus évidente de comprendre la doctrine en question, et je l'ai comprise ainsi dans ma Psychologie.

Envisagée superficiellement, la chose paraît ressembler exactement à la combinaison de H_2 et de O pour donner l'eau ; mais si l'on y regarde de plus près, l'analogie boite fortement. Quand un chimiste nous dit que deux atomes d'hydrogène se combinent d'eux-mêmes pour former un nouveau corps composé, « l'eau », il sait, s'il admet la conception mécaniste de la nature, qu'il n'y a là qu'une formule elliptique substituée à un fait plus complexe. Ce fait est que, quand H_2 et O, au lieu de rester très loin l'un de l'autre, viennent à se rapprocher, se trouvent par exemple dans la position H-O-H, *ils agissent différemment sur certains corps environnants :* maintenant, ils mouillent notre épiderme, dissolvent le sucre, éteignent le feu, etc., ce qu'ils ne faisaient pas dans leurs positions antérieures. « L'eau » n'est que le nom donné par nous à ce qui agit de cette façon particulière. Mais si l'épiderme, le sucre et le feu n'étaient pas là, il n'y aurait aucun « témoin » pour parler aucunement de l'eau. Il y en aurait un pour parler encore de H et de O séparément, et pour remarquer, sans plus, qu'ils agissent maintenant dans la nouvelle position H-O-H.

Dans les anciens traités de psychologie, l'âme ou le Moi prenait la place du sucre, du feu ou de l'épiderme. Les impressions de l'ordre le moins élevé produisaient des *effets sur l'âme*, et leurs composés apparents n'étaient que ses réactions. Chatouillez avec une plume le visage d'un homme, il se met à rire : de même chatouillez son principe intellectuel, par exemple, au moyen d'une impression rétinienne et d'une impression musculaire simultanément, et ce principe, au lieu d'y répondre par un rire, répondra par sa catégorie de « l'espace »; mais l'on aurait tort de considérer l'espace comme simplement formé de ces impressions élémentaires. C'est plutôt une création psychologique nouvelle et unique, que leur action combinée sur l'esprit est susceptible d'évoquer.

En discutant cette théorie de la *poussière mentale*, je me suis vu obligé d'insister sur cette dernière conception. Les prétendus composés de la vie mentale sont de simples relations psychiques d'un type supérieur. Leur forme même, vous ai-je dit, est quelque chose de nouveau. Impossible de dire que le fait de se représenter l'alphabet comme tel se réduit à vingt-six représentations, portant chacune sur l'une des vingt-six lettres séparément; car, dans ce dernier cas, il y a vingt-six représentations distinctes de lettres dont chacune est connue *à part* des autres, tandis que leur prétendue somme est une représentation unique, la représentation totale de chacune des lettres *avec* ses compagnes. De cette manière, il y a bien quelque chose de nouveau dans la conscience collective. Elle connaît les mêmes lettres, il est vrai, mais elle les connaît de cette manière qui est nouvelle.

Il est plus plausible, me disais-je donc, en me faisant scrupule d'admettre un Moi, ou une âme, ou un autre principe actif de combinaison; il est plus plausible, me disais-je alors, de voir dans la représentation consciente de l'alphabet un vingt-septième fait qui serait le substitut, et non la somme, des vingt-six autres représentations élémentaires, et de dire que si, dans certaines conditions physiologiques, ces dernières se produisent seules, d'autres conditions physiologiques plus complexes ont, au contraire, pour résultat la production de la première. Qu'on ne vienne donc pas, continuais-je, me parler d'états de conscience supérieurs *composés* des plus simples, ou qui *sont* la même chose que ceux-ci : qu'on m'en parle plutôt comme d'états *qui connaissent les mêmes choses*. Ce sont des faits de conscience différents; mais ils saisissent, chacun à sa manière propre et spéciale, les mêmes éléments objectifs A, B, C et D.

La théorie des combinaisons psychiques, concluais-je forcément, est donc insoutenable, tout à la fois comme logiquement contradictoire, et comme inutile en fait. Quoi que vous disiez, douze pensées, dont chacune est celle d'un mot isolé, ne sont pas identiquement le même fait mental que la pensée unique de la phrase entière. Les pensées supérieures, insistais-je encore, sont des unités psychologiques, et non des composés; mais cela ne les empêche pas de pouvoir, toutes ensemble, connaître, à titre de multiplicité formant une collection, exactement les mêmes objets qui, dans des conditions différentes, sont connus séparément par autant de pensées élémentaires.

Pendant bien des années, je m'en suis tenu rigoureusement à cette manière de voir[1], et cela pour des raisons qui me semblaient, pendant tout ce temps-là, s'appliquer également à l'opinion que l'esprit absolu est par rapport à nos esprits ce qu'est un tout par rapport à ses parties. Si cette opinion est insoutenable dans la psychologie des esprits finis, elle doit l'être également en métaphysique.

Une phrase grammaticale, voilà, comme je vous

---

1. Je la tiens encore pour la meilleure description d'un nombre considérable de nos états de conscience supérieurs. Comme on peut le démontrer, ces états ne *contiennent* pas les états inférieurs qui connaissent les mêmes objets. Cependant, cela n'est pas vrai de certains autres états psychologiques. C'est pourquoi dans la *Psychological Review* de 1895, vol. II, p. 105 (voyez spécialement pp. 119-120), je renonçai franchement, en principe, à mon objection d'autrefois qui consistait à invoquer certains champs de conscience composés d'*éléments* plus simples, et je laissai aux faits le soin de trancher la question pour chaque cas spécial.

le rappelais dernièrement, quelle a toujours été la grande métaphore du transcendantalisme. Matériellement, cette phrase, bien entendu, se compose de propositions ; celles-ci, de mots ; les mots, de syllabes ; et les syllabes, de lettres. Nous pouvons en comprendre chaque mot, et cependant ne pas comprendre la phrase elle-même ; mais si tout à coup le sens de la phrase entière jaillit dans notre esprit, le sens de chacun des mots rentre dans cette signification totale, et se trouve saisi avec elle. De même, comme l'enseignent nos transcendantalistes, l'esprit absolu pense la phrase tout entière, tandis que nous, selon le rang que nous occupons parmi les êtres pensants, nous pensons une proposition, un mot, une syllabe ou une lettre. La plupart d'entre nous sont, vous ai-je dit, de simples syllabes dans la bouche d'Allah. Et de même qu'Allah vient le premier dans l'ordre de l'être, de même vient d'abord la phrase entière, le *logos*, qui forme la pensée éternelle et absolue.

Certains philosophes nous disent que la parole a commencé avec les efforts que fit l'homme pour énoncer des *affirmations*. Les émissions vocales rudimentaires et synthétiques, d'abord employées à cet effet, devinrent peu à peu des formes stéréotypées ; beaucoup plus tard, elles se décomposèrent en parties grammaticales. Ce n'est pas comme si les hommes avaient d'abord inventé des lettres dont ils auraient ensuite fait des syllabes, puis des mots, puis des phrases : en réalité, ils ont suivi l'ordre inverse. C'est pourquoi, prétendent les transcendantalistes, la pensée parfaite, absolue, est la condition première de nos pensées ; et nous, créatures finies, nous ne *sommes* qu'autant qu'il reconnaît en nous des fragments de sa propre parole.

Cette métaphore est si admirablement belle, et d'ailleurs, parmi les plus humbles synthèses de l'expérience, il en est une telle multitude auxquelles on la voit s'appliquer si expressément, que, rien qu'à l'entendre énoncer, la plupart d'entre nous sont convaincus que l'application en doit être universelle.

Nous croyons que la plus petite goutte de pluie ne saurait prendre naissance sans qu'il y ait une ondée, ni une seule plume, sans qu'un oiseau tout entier, tête et cou, bec et queue, vienne à exister au même instant : aussi, sans hésiter, nous posons la loi que nulle partie de quoi que ce soit ne saurait exister qu'autant que le tout existe aussi. Et alors, puisque n'importe quelle chose est une partie de tout l'univers, et puisque, si nous sommes idéalistes, rien, soit la partie, soit le tout, n'existe que pour un « témoin », nous arrivons à cette conclusion que l'absolu, posé sans aucune restriction, est, comme « témoin » du tout, la seule et unique raison d'être de chacun des faits particuliers, y compris celui de notre propre existence.

Nous nous concevons nous-mêmes comme n'étant pour ainsi dire que quelques-unes des plumes qui concourent à constituer cet oiseau tout entier, cet absolu. L'analogie constatée entre certains touts, dont l'expérience nous est familière, étendons-la au tout des touts, et nous adoptons facilement l'idéalisme absolu.

Au lieu de céder aux séductions de notre métaphore, qu'il s'agisse d'une phrase, d'une ondée ou d'un oiseau, analysons, au contraire, plus soigneusement, l'idée suggérée par cette idée que nous sommes des parties composantes de l'éternel champ de conscience de l'absolu : nous voyons alors surgir de graves difficultés.

C'est d'abord celle que j'ai rencontrée avec la théorie de la *poussière mentale*. Si l'absolu nous crée en nous connaissant, comment pouvons-nous exister autrement que de la manière dont il nous connaît ? Or il connaît chacun de nous avec chacune des autres choses, indivisément. Cependant, si *exister* signifie simplement *être connu*, comme l'affirme l'idéalisme, il est certain que nous existons autrement, car nous nous connaissons *nous-mêmes*, et nous connaissons notre isolement, notre ignorance. Et ce n'est pas seulement par défaut, mais par excès, que nous différons de l'absolu. Nos ignorances, par exemple, font naître des curiosités et des doutes dont il ne saurait être agité, car il possède de toute éternité la solution de tous les problèmes. Nous sommes condamnés par notre impuissance à subir des souffrances, et, par notre imperfection, à commettre des péchés, que sa perfection éloigne de lui. Ce que je disais du système tout entier de l'alphabet et des lettres, vaut pour l'expérience que possède l'absolu et pour nos propres perceptions. Leur rapport, quel qu'il puisse être, ne semble pas être un rapport d'identité.

Il est encore impossible, pour une autre raison, de mettre les particularités de notre expérience d'accord avec cette idée que nous n'existerions qu'à titre d'objets pensés par l'absolu. Un Dieu, en tant que distinct de l'absolu, crée les choses en les projetant hors de lui comme autant de substances, chacune douée de *perséité*, comme disent les scholastiques. Mais des objets de pensée ne sont pas des *choses en soi*. Ils ne sont réels que *pour* l'esprit qui les pense, et seulement *comme* il les pense. Comment peuvent-ils donc en venir à vivre séparément, à se penser tout autrement qu'il ne les pense? C'est comme si les personnages d'un roman se mettaient à se lever d'entre les pages ainsi qu'on se lève de son lit, et s'en allaient vaquer à leurs affaires pour leur compte personnel, en dehors du récit de l'auteur!

Voici une troisième difficulté : la métaphore de l'oiseau est tirée du monde physique; mais, à la réflexion, nous nous apercevons que, dans ce monde-là, il n'y a jamais une véritable « composition ». Là, les « touts » ne sont pas des réalités : seules, les parties sont réelles. « Oiseau » n'est que le nom qui désigne pour nous un certain groupement d'organes, exactement comme « la Grande Ourse » est le nom par nous donné à un certain groupe d'étoiles. Le « tout », qu'il soit un oiseau ou une constellation, n'est pas autre chose que notre vision, pas autre chose qu'un effet produit sur notre sensorium quand une multitude de choses agissent sur lui simultanément. Il n'est réalisé ni par un organe ou par un astre, ni senti en dehors de la conscience d'un spectateur[1]. Dans l'univers physique pris en lui-même, il n'y a donc rien qui soit « la forme tout », il n'y a que « la forme chaque » ; il y a seulement des individus : tel est du moins le point de vue « scientifique ».

Dans le monde mental, au contraire, c'est un fait que des touts se réalisent positivement *par eux-mêmes*. L'intelligence de la phrase entière est une perception tout aussi réelle que l'impression de chacun des mots qui la composent ; et l'expérience que possède l'absolu existe pour lui-même, autant que la vôtre existe pour vous, ou la mienne pour moi. Ainsi l'analogie fondée sur le rapport entre la

---

1. Je fais abstraction de la conscience possédée par le tout lui-même, à supposer qu'une telle conscience puisse exister.

plume et l'oiseau ne vous donnera rien du tout, à moins que vous ne fassiez de l'absolu un principe mental d'une espèce à part, et possédant, comme produite en lui *par* nos diverses intelligences, une vision analogue à cette vision d'un « oiseau » produite *dans* ces dernières par les plumes, le bec, etc. Le « tout » qui, chez l'absolu, est sa perception à lui, serait alors la manière dont il réagit, en les unifiant, sur nos perceptions à nous, et ne consisterait pas dans ces perceptions elles-mêmes, spontanément continuées. Une telle conception s'accorderait avec le théisme, car le Dieu du théisme est un être en dehors des autres êtres ; mais elle ne s'accorderait pas avec l'idéalisme panthéiste, puisqu'il a pour caractère essentiel d'insister sur ce que nous faisons littéralement *partie* de Dieu, et sur ce que Dieu n'est pas autre chose que nous-mêmes pris tous ensemble ; — le mot « nous-mêmes » désignant ici, naturellement, tous les phénomènes de l'univers.

En ce moment, je vous entraîne, j'en ai peur, à des profondeurs peu faites pour une rapide leçon. Ce sont là de ces difficultés qu'il faut taquiner, en quelque sorte, avec la pointe d'une aiguille pour les démêler, alors qu'il me faut ici me contenter d'une vue à vol d'oiseau.

Quoi qu'il en soit, et pour conclure là-dessus en ce qui me concerne, le fait à retenir est que, si je m'étais mis à présenter au public mes idées sur l'absolu, il y a seulement quelques années, je ne me serais pas fait scrupule d'insister sur ces difficultés, de m'y étendre encore plus longuement; et j'aurais montré, non seulement que l'hypothèse de l'absolu n'avait aucun caractère de nécessité logique, mais que, au surplus, elle est contradictoire en elle-même, car elle repose sur cette idée, que les parties et le tout ne sont que deux noms désignant une même chose. Or, c'est là une idée qui ne supporte pas l'examen. Si vous vous attachez à des termes purement physiques, comme par exemple, les étoiles, il n'existe là aucun tout. Si votre tout est d'ordre mental, alors ce prétendu tout, au lieu d'être une chose ne faisant qu'un avec les parties, se présente plutôt comme une réaction intégrale opérée sur ces parties par un sujet d'une intelligence supérieure, tel que les théistes supposent leur Dieu.

Tant que durait pour moi cet état d'esprit, pouvais-je accepter l'idée de la combinaison spontanée des états de conscience dans les sphères supérieures de notre expérience? Cela ne m'était pas plus facile qu'il ne m'avait été possible de l'accepter, pour les sphères inférieures, dans mon chapitre d'autrefois sur la poussière mentale[1].

A cette époque, je me voyais donc contraint de considérer l'absolu comme impossible; et,

---

1. W. JAMES. *The Principles of Psychology*, vol. 1. Ch. VI.

devant la liberté sans scrupules avec laquelle les idéalistes panthéistes ou monistes sautaient par-dessus les barrières logiques établies longtemps avant moi par Lotze et par d'autres penseurs dont je n'avais guère fait que citer les arguments, — devant une telle liberté, je n'étais pas médiocrement surpris : elle me faisait envie, je dois l'avouer, autant qu'elle m'indignait.

Cette liberté me faisait envie, parce qu'au fond de mon cœur, pour des raisons que je développerai plus tard, j'en éprouvais moi-même le besoin ; et elle m'indignait, parce que mes amis, les partisans de l'absolu, me semblaient s'arroger, par un véritable larcin, le privilège de souffler le chaud et le froid. Pour établir leur absolu, ils adoptaient une logique intellectualiste dont ils faisaient fi lorsqu'on l'invoquait contre lui. Il me semblait qu'ils auraient au moins dû mentionner les objections qui m'avaient si complètement arrêté. Je m'étais incliné devant ces objections par un pur scrupule de logique, malgré ma volonté de croire. Eux, ils les avaient tout bonnement passées sous silence, alors qu'ils faisaient profession de n'avoir que mépris pour la volonté de croire, et de suivre une logique exclusivement rationnelle. Procédé commode, mais qu'on ne peut guère qualifier de loyal ! Fechner, lui, ne manquait certes pas de loyauté, car il n'avait jamais songé à ces objections ; mais les écrivains postérieurs, comme

Royce qui, vraisemblablement, devaient en avoir entendu parler, n'en avaient pas dit un mot. Mon impression fut que, chez ces philosophes, la volonté de croire au monisme en prenait vraiment trop à son aise. Ma conscience, à moi, ne m'avait pas permis de prendre d'aussi grandes libertés.

J'en ai fini avec la confession personnelle par laquelle j'ai cru devoir aborder le sujet. Considérons-le maintenant d'une façon plus objective.

La difficulté fondamentale que j'y ai rencontrée est le grand nombre de contradictions qui semblent ne pas préoccuper les partisans du monisme idéaliste. En premier lieu, ils attribuent à toute existence le caractère d'une opération mentale ou d'une perception. Voilà qui me paraît incompatible avec la croyance, qu'ils ont en même temps, que, dans l'univers, le supérieur et l'inférieur sont d'essence identique. Il y a là une incompatibilité résultant d'une doctrine généralement admise. Qu'on soit, ou non, d'accord avec Berkeley pour dire qu'à l'égard d'une existence matérielle *esse* est *sentiri*, n'est-on pas généralement d'accord, en effet, pour dire, sans hésitation, qu'à l'égard d'une existence mentale *esse* est *sentiri* ou *experiri*, — qu'une chose n'*existe* pour la pensée, dans la pensée, qu'autant que cette chose est *sentie* ou *perçue* ? Si j'éprouve de la douleur, c'est bien de la douleur que j'éprouve, quelle que soit la manière dont s'est produit en moi ce sentiment. Nul ne prétend que la douleur, considérée comme phénomène ou apparence, soit quelque chose de différent de la douleur en soi; car *être*, dans le cas d'une expérience mentale, *est* le fait même d'apparaître à une conscience, consiste dans ce fait, et rien de plus.

Il y a deux alternatives entre lesquelles devraient choisir les idéalistes en question : or, ils ne choisissent ni l'une ni l'autre. Ou bien ils devraient réfuter cette idée qu'un fait mental apparaît tel qu'il est; ou bien, ne répudiant pas cette idée, ils devraient admettre un agent distinct d'unification pour faire l'office de l'esprit qui connaît toutes choses, absolument comme nos âmes individuelles, dans la philosophie populaire, fonctionnent chacune à titre de pensée distincte. Autrement, l'univers ressemblerait à une compagnie par actions où il n'y aurait que des actionnaires, sans trésorier ni directeur. Si nos esprits finis formaient un billion de faits, alors l'omniscient, avec ce billion connu de lui, ferait un univers composé d'un billion de faits plus un. Mais l'idéalisme transcendantal est aussi peu favorable que la psychologie physiologique aux principes actifs qu'on nomme des âmes, Kant, d'après cette doctrine, les ayant fait disparaître sans retour.

Quelques-uns des disciples de Kant ont beau invoquer le Moi transcendantal de l'aperception, qu'ils célèbrent comme l'héritage le plus précieux que Kant ait laissé à la postérité; ils ont beau en parler comme d'un principe de combinaison : la tendance qui fait autorité parmi les monistes est certainement de le considérer comme un simple spectateur auquel rien n'échappe; et nous, « témoins » finis, nous sommes alors les parties constitutives du champ de sa vision, plutôt que nous n'en sommes la cause. Il est l'alphabet dont nous sommes les lettres; il est le visage dont nous sommes les traits. Et il faut entendre par là que cet alphabet ou ce visage est, non pas quelque chose s'ajoutant aux lettres ou aux traits, mais plutôt et seulement un autre nom donné aux lettres elles-mêmes ou aux traits eux-mêmes. La forme *tout* diffère assurément de la forme *chaque*; mais la *matière* est la même pour toutes deux, et la forme qui semble être celle de *chaque* lettre ou de *chaque* trait, n'est qu'une apparence inexplicable.

Eh bien! cette conception, comme vous le voyez, contredit l'autre principe idéaliste qui veut qu'un fait mental soit exactement ce qu'il paraît être. Si leurs manières d'apparaître sont si différentes, le tout et les parties ne peuvent pas être identiques.

Comment sortir de là? A moins de consentir à rejeter complètement la logique de l'identité, le seul moyen semblerait être de poser franchement la forme *tout* et les formes individuelles comme des « témoins », ou des consciences, appartenant à deux ordres distincts : pour chacun des « témoins » inférieurs, pas d'autre connaissance que celle de son propre *contenu*, tandis que le « témoin » supérieur connaîtrait les « témoins » inférieurs, — connaîtrait le contenu de chacun d'eux comme ne formant qu'une seule masse par leurs apports mis en commun, — connaîtrait leurs relations réciproques, — et saurait exactement jusqu'où va l'ignorance de chacun.

Il est de toute évidence que ces deux types de « témoignage », ou de connaissance, ne sont pas identiques. Ils nous donnent un pluralisme et non pas un monisme. Dans mes *Principes de Psychologie*, c'est à ce pluralisme que j'avais nettement abouti ; et, considérant le champ total de chaque conscience comme une entité distincte, j'avais soutenu que les zones supérieures, lorsqu'elles fonctionnent à la place des zones inférieures, ne font que donner une connaissance plus complète sur les mêmes objets déjà connus par celles-ci.

Les monistes eux-mêmes se tordent comme des vers au bout de l'hameçon pour ne point parler la langue du pluralisme ou du moins ne pas parler la langue des dualistes ; mais ils ne réussissent pas à l'éviter. Ils parlent du « point de vue » éternel et du « point de vue » temporel ; de l'univers considéré sous son « aspect » infini ou dans sa « capacité » finie ; ils disent que pour lui le fait d'être « en tant qu'absolu » est une chose, et que le fait d'être « en tant que relatif » en est une autre ; ils opposent sa « vérité » à ses « apparences » ; ils distinguent la manière globale et la manière partielle de le « saisir », etc. Mais ils oublient que, d'après les principes de l'idéalisme, admettre de telles distinctions équivaut à admettre des êtres différents, ou qu'en tout cas, ces points de vue et ces aspects divers, ces apparences diverses et ces diverses manières de saisir quelque chose, ou autres expressions semblables, sont des mots dépourvus de sens, à moins de supposer, en dehors du contenu permanent de la réalité, une pluralité de « témoins », de consciences, qui perçoivent ou saisissent cette réalité diversement, l'esprit absolu étant précisément le « témoin », la conscience, qui la saisit le plus complètement.

En effet, arrêtez-vous encore un instant sur cette question, si vous le pouvez. Demandez-vous ce qu'implique la notion d'une chose qui apparait différemment à différents points de vue. Qu'il n'y ait rien pour la connaitre du dehors, cette chose ne pourra que s'apparaitre à elle-même : les « formes *chaque* », c'est-à-dire les parties, s'apparaitront chacune à elle-même dans le temps, et le tout ou l'ensemble s'apparaitra à lui-même éternellement. Des *Moi* différents surgissent ainsi à l'intérieur de ce que le partisan de l'absolu s'obstine à regarder comme un fait essentiellement unique. Mais comment est-il possible que ce qui est *réellement* unique, soit *effectivement* tant de choses ? Mettez toutes ces consciences où vous voudrez, à l'extérieur ou à l'intérieur de ce qui est perçu : il faudra bien, en dernière analyse, et d'après les principes de l'idéalisme, qu'elles soient distinctes les unes des autres, puisque chacune perçoit une réalité différente.

Je m'exprime, j'en ai peur, d'une façon terriblement obscure. — Il en est parmi vous, je le sais, que font gémir les arguties de la logique. Soyez pluraliste, ou soyez moniste, dites-vous, peu nous importe; mais, pour l'amour de Dieu! faites-nous grâce de votre argumentation. Elle nous rappelle ce mot de Chesterton disant qu'il n'y a que la logique pour rendre jamais fou un être humain!

Pourtant, que je sois, ou non, sain d'esprit, vous ne pouvez manquer, fussiez-vous des transcendantalistes vous-mêmes, de reconnaître par mon embarras les difficultés qui assiègent l'idéalisme moniste. A quoi bon dire que les parties et le tout forment une seule et même synthèse empirique, à l'instant même où il vous faut déclarer que, par le tout « comme tel », vous entendez une certaine sorte d'expérience; et par chaque partie « comme telle », une expérience d'une autre sorte?

Jusqu'à présent, donc, rien que des difficultés; aucune solution stable; car je n'ai encore abordé que la critique. Vous allez, sans doute, éprouver un soulagement, en apprenant que, ayant doublé ce cap, je vais commencer à considérer quelles chances on peut avoir de ne pas en rester là.

17

Pour déblayer la voie, je vous prie d'abord de noter un point. Ce qui a tant inquiété ma conscience logique, c'est moins l'absolu en lui-même, que toutes ces hypothèses de la même catégorie dont il est le type suprême; et par là j'entends toutes ces expériences collectives, soi-disant identiques à leurs parties constituantes, quoique la connaissance des choses ne soit pas du tout la même dans celles-ci que dans celles-là. Qu'une expérience collective *quelconque* soit possible, alors, naturellement, tant que la question ne sort pas de la logique pure, il ne sera pas impossible non plus que l'absolu existe.

Dans une leçon précédente, j'ai parlé contre l'absolu en me plaçant à d'autres points de vue. Aujourd'hui, je n'ai pas voulu y voir autre chose que l'exemple le plus en faveur à Oxford de ce qui m'a mis aux prises avec de si grandes difficultés. Je ne vois pas, logiquement, comment une expérience collective de n'importe quel degré peut être considérée comme logiquement identique à un tas d'expériences partielles. Ce sont là deux concepts différents. Il se trouve que l'absolu est la seule expérience collective pour laquelle les idéalistes d'Oxford aient affirmé cette identité : voilà pourquoi j'en ai fait mon «exemple privilégié». Mais l'âme de la terre, dont Fechner nous parlait, ou n'importe quel degré de l'être au-dessus ou au-dessous de celui-là, aurait tout aussi bien fait mon affaire : à ces expériences collectives, comme à celles de l'absolu, s'applique la même objection d'ordre logique.

J'en ai dit assez pour qu'il n'y ait pas de confusion dans votre esprit sur l'objet de mon offensive. Le véritable point sur lequel devrait porter la défensive chez mes adversaires, est l'identité du *collectif* et du *partiel*, quels qu'ils soient, et non l'absolu pris comme cas particulier de l'identité en question.

Il faut donc, maintenant, aborder plus directement le problème. Allons-nous dire que tout fait mental complexe, considéré isolément, est une entité psychologique distincte de toute autre, qui apparaît à la suite d'un tas d'autres entités psychologiques à tort appelées ses parties, et qui fonctionne à leur place, mais qui n'en est pas précisément composé? Tel est le parti que j'avais adopté dans ma Psychologie[1] : l'adopter en théologie, ce serait forcément rejeter l'absolu tel qu'on le conçoit ordinairement, et le remplacer par le « Dieu » du théisme. En l'adoptant, il faudrait aussi rejeter « l'âme de la terre » de Fechner, et toutes les autres expériences collectives ayant, à n'importe quel degré, un caractère surhumain, — en tant, du moins, qu'on regarde nos âmes plus simples comme en faisant partie, de la manière dont Fechner le

---

1. W. JAMES. *The Principles of Psychology*. I, vi, p. 161.

croyait. Il faudrait rejeter tout cela au nom de l'inflexible logique de l'identité qui nous enseigne que, dire qu'une chose et son contraire sont identiques, c'est commettre le crime de se mettre en contradiction avec soi-même.

Mais si l'on se représente dans son ensemble la situation philosophique à laquelle on est ainsi amené, on s'aperçoit qu'elle est à peu près intenable. Fidèle à la logique de l'identité, on pèche contre toute autre logique. On rend l'univers discontinu. Ces champs de perception qui se remplacent si ponctuellement l'un l'autre, — chacun d'eux connaissant les mêmes choses, mais de manière que le contexte va toujours en s'élargissant, depuis l'impression la plus simple jusqu'au savoir absolu, — est-il *possible* qu'aucune *manière d'être* ne leur soit commune, alors qu'il y a dans leur fonction cognitive quelque chose qui leur est si manifestement commun? Leur succession régulière est, dans de telles conditions, un miracle inintelligible. Si vous répliquez que leur objet commun est par lui-même suffisant pour rendre continue la série des sujets ou des consciences multiples, la même logique implacable vous presse : comment un seul et même objet *peut-il* apparaître si diversement? Ses apparences diverses brisent son unité, font de lui une pluralité; et notre monde objectif tombe alors en morceaux, devient tout aussi discontinu que le monde subjectif. L'irrationalité qui en résulte est réellement inacceptable.

Je disais, il y a un instant, que je portais envie à Fechner et aux autres panthéistes : il me fallait, à moi aussi, la liberté dont je les voyais jouir sans scrupules, la liberté de vouloir que les états de conscience se composent entre eux, et d'obtenir ainsi un univers plus continu ; mais, vous disais-je également, ma propre conscience me retenait prisonnier. Au fond cependant, tout au fond, je n'ignorais pas que je prenais là une position absurde, et qu'elle ne pouvait être que provisoire. Ce mystère d'une vie continue que l'univers sait par cœur et qu'il réalise à chaque instant, ne saurait être foncièrement contradictoire. Si la logique vient affirmer le contraire, tant pis pour la logique. La réalité est supérieure à la logique ; celle-ci n'est qu'abstraction immobile et connaissance incomplète : c'est donc la logique qui doit s'incliner devant la réalité, et non la réalité devant la logique. Notre intelligence ne saurait s'y emmurer toute vive, comme une larve dans sa chrysalide. Il faut qu'à aucun prix elle ne cesse de converser avec l'univers dont elle est la fille. Le meilleur chemin à suivre, me semble être celui de Fechner, Royce et Hegel. Fechner n'a jamais entendu le *veto* de la logique ; Royce entend sa voix, mais refuse délibérément de savoir ce qu'elle dit ; Hegel n'entend ce qu'elle dit que pour en faire fi ; — et tous passent joyeusement leur chemin. Serons-nous les seuls à subir son veto?

En y mettant toute la sincérité, toute la patience dont j'étais capable, je suis resté pendant des années aux prises avec ce problème, couvrant des centaines de feuilles de papier, multipliant les notes et les points de repère, sans cesse discutant avec moi-même pour résoudre la difficulté. Comment plusieurs consciences peuvent-elles être en même temps une conscience unique? Comment un seul et même fait, toujours identique, peut-il être pour lui-même l'objet d'une expérience si diverse? J'avais beau m'escrimer, je me trouvais acculé à une *impasse*[1]. Je me voyais contraint de choisir entre deux alternatives. La première, c'était d'abjurer cette « psychologie sans âme » où m'avait engagé toute mon éducation kantienne, toute mon éducation psychologique, car il me fallait en revenir à des agents spirituels distincts, capables de connaître les phénomènes de la vie mentale, tantôt isolément et tantôt synthétiquement : en un mot, il me fallait alors en revenir à la scholastique et au sens commun. La seconde alternative, c'était de reconnaître carrément l'impossibilité de résoudre le problème. Dans ce dernier cas, de deux choses l'une, encore : ou bien, abandonner ma logique intellectualiste, celle de l'identité,

---

1. En français dans le texte.

pour adopter quelque autre type supérieur (ou inférieur) de conception rationnelle ; ou finir par ouvrir les yeux à ce fait que la vie est logiquement irrationnelle.

En toute sincérité, voilà pour moi le vrai dilemme, ou plutôt le *trilemme*, qui se dresse devant chacun de nous. Ceux d'entre vous qui ont la mentalité des scholastiques, ou simplement la mentalité du sens commun, vont sourire des gémissements de ma montagne en travail qui n'accouche que de cette souris. Pour l'amour de Dieu ! acceptez les agents spirituels, me direz-vous, et laissez là votre ridicule pédantisme. Consentez seulement à ce que notre âme combine ses sensations au moyen de ses facultés intellectuelles ; consentez seulement à remplacer par « Dieu » l'âme du monde des panthéistes, et, ne mettant plus de bâtons dans vos roues, vous n'aurez plus alors à vous plaindre ni de la vie, ni de la logique !

Cette solution va toute seule, et je sais que beaucoup d'entre vous l'adopteront. Elle est commode, et toutes nos habitudes de langage la confirment. Toutefois, ce ne sont pas des raisons paresseuses ou imaginaires que celles qui ont amené des jours si pénibles pour l'idée de l'âme substantielle, si allègrement invoquée par les hommes du commun, par les philosophies les plus populaires, et lui ont fait perdre tout prestige aux yeux des penseurs doués d'esprit critique. Elle ne fait que partager le sort des substances et des principes qui, comme elle, sont choses impossibles à se représenter. Ils sont, tous ces principes sans exception, d'une telle stérilité, qu'un chercheur loyal ne peut guère y voir autre chose qu'une mascarade de noms. « Quand les idées manquent, les mots abondent ». — (*Wo die begriffe fehlen da stellt ein wort zur rechten zeit sich ein*). Prenons cent sensations qui se composent entre elles ou qui sont connues ensemble : est-ce approfondir la nature de ce fait, que de concevoir qu'une « âme » effectue ici la synthèse ? Pas plus que vous n'approfondissez le fait pour un homme d'avoir quatre-vingts ans, si vous le qualifiez d'octogénaire, ou le fait pour vous d'avoir cinq doigts, si vous vous qualifiez de pentadactyles !

A force d'avoir servi, l'âme est hors d'usage, et sa vogue est passée : voilà tout bonnement la vérité. Il faut que la philosophie trouve des principes moins vides pour unifier les formes multiples de l'expérience. De même que le mot « cause », le mot « âme » n'est qu'un bouche-trou théorique : il marque une place, et réserve cette place à une explication qui devra venir l'occuper plus tard.

Tel étant notre état d'esprit depuis Hume et depuis Kant, je vous demande la permission de laisser complètement l'âme en dehors de la discussion présente, et de ne considérer que le dilemme qui subsiste alors. Il est bien possible qu'un jour vienne où l'on verra en philosophie les âmes rentrer en scène. Je suis tout disposé à le croire, car c'est là une de ces catégories de la pensée qui sont trop naturelles à l'esprit humain pour disparaître sans faire une résistance prolongée. Mais, s'il faut que la croyance à l'existence de l'âme ressuscite jamais, après les nombreuses oraisons funèbres prononcées sur elle par la critique de Hume et de Kant, ce ne sera, j'en suis sûr, qu'après qu'un philosophe aura découvert dans le mot « âme » lui-même une signification pragmatique qui a jusqu'ici échappé à l'observation. Quand ce champion parlera, chose fort possible, il sera temps de prendre plus sérieusement les âmes en considération.

Laissons l'âme de côté, par conséquent, et attaquons-nous à ce que j'ai appelé le dilemme subsistant. Pouvons-nous, d'une part, abandonner la logique de l'identité? Pouvons-nous, d'autre part, croire que l'expérience humaine est radicalement irrationnelle? Ni l'un ni l'autre de ces deux partis n'est facile à prendre : cependant, il semble que l'un ou l'autre s'impose.

Peu de philosophes ont eu la franchise d'admettre nettement la nécessité de choisir entre les « cornes » du dilemme. La réalité ne peut pas ne pas être rationnelle, ont-ils dit ; et, puisque la logique intellectualiste ordinaire est le seul critérium qui ait cours à l'égard du rationnel, il faut que la réalité et la logique s'accordent « d'une manière ou d'une autre ».

Hegel fut le premier des écrivains non mystiques à regarder le dilemme bien en face, le premier à rejeter la logique ordinaire, en inventant la logique supérieure du « processus dialectique », pour conserver à l'univers un caractère pseudo-rationnel.

Bradley reste attaché à la logique intellectualiste, et c'est elle qu'il invoque pour démontrer que, pensé par l'homme, l'univers est, pour ainsi dire, l'absurdité en personne.

Mais, si une chose se trouve être nécessaire et possible, elle *est*, dit-il. S'affranchir de *cette absurdité-là*, voilà qui est nécessaire et qui est possible : l'absolu ne peut donc pas ne pas avoir déjà su s'en affranchir par des voies secrètes qui lui sont propres et que nous ne sommes capables ni de deviner ni même d'entreprendre de deviner. *Nous*, bien entendu, nous n'en sommes pas du tout affranchis ; et ainsi la doctrine de Bradley n'est pas très réjouissante !

Royce et Taylor acceptent des solutions du même genre : ils se bornent à ne pas insister autant que Bradley sur l'absurdité de notre univers fini ; et Royce en particulier, exceptionnellement « concret » pour un idéaliste, essaie de faire pénétrer dans notre imagination, en les lui rendant plus séduisantes, les formes mystérieuses sous lesquelles se réalise cet affranchissement de l'absolu.

Eh bien! que faire dans cette situation tragique? Pour ma part, je me suis vu finalement contraint *d'abandonner cette logique*, nettement, carrément et sans retour. Dans la vie humaine elle est d'un usage imprescriptible; mais, dans l'usage qu'on en fait, on ne vise pas à connaître théoriquement la nature essentielle de la réalité. Ce qu'elle est exactement, peut-être pourrai-je vous en donner quelque idée un peu plus tard.

La réalité, la vie, l'expérience, le concret, la donnée immédiate, employez le terme que vous voudrez : c'est toujours chose qui dépasse notre logique, la submerge et l'enveloppe de toutes parts. Si vous aimez, comme la plupart des hommes, à prendre les mots dans un sens admiratif, et ainsi à encourager la confusion, il vous est loisible de dire que la réalité obéit à une logique supérieure, ou qu'elle a pour privilège une intelligibilité supérieure. Mais je crois qu'il faut se servir des termes admiratifs eux-mêmes pour en distinguer les acceptions plutôt que pour les confondre. Je préfère donc ne pas prendre de détours pour qualifier la réalité sinon d'irrationnelle, du moins de *non rationnelle* dans sa constitution; — et ici, par la réalité, j'entends une réalité où des choses *arrivent* ; j'entends tout ce qui est une réalité temporelle, indistinctement.

Pour moi, je ne vois rien qui m'autorise à concevoir, si vaguement que ce soit, l'existence de n'importe quelle réalité comportant d'être désignée en termes plus nobles que cette réalité morcelée, faite de vagues qui se suivent à la file indienne et dans lesquelles nagent des êtres finis. Voilà ce qui nous est donné, en fait de réalité. Or entre cette réalité-là et la logique, il n'existe aucune commune mesure. Qu'il y ait une espèce quelconque de réalité supérieure à celle-là, — « l'absolu » par exemple : — une telle réalité, de l'aveu même de ceux qui croient en elle, relève encore moins de la logique ordinaire ; elle dépasse notre logique, de sorte qu'elle est encore moins rationnelle, au sens intellectualiste du mot, et ne saurait alors nous aider à conserver cette logique pour définir et délimiter adéquatement l'existence.

De tels propos doivent produire sur vos oreilles l'effet d'un bruit étrange et mystérieux : en l'absence de toute explication, de tout développement, ils doivent même vous paraître insensés ou puérils. Mais j'ai la certitude de pouvoir bientôt vous les expliquer, de manière à les rendre intelligibles pour chacun de vous, sinon de manière à vous convaincre tous, sans quoi je me ferais scrupule de vous les présenter sous cette forme sommaire qui n'est qu'une espèce de programme. Veuillez donc y voir une thèse en faveur de laquelle des arguments vous seront présentés plus tard.

Je vous ai dit que je m'étais longuement, loyalement, débattu devant le dilemme en question. Je dois maintenant vous faire un aveu qui va sans doute réveiller votre intérêt : à l'heure qu'il est, je ne serais pas encore libéré, je ne subordonnerais pas si allègrement la logique à autre chose, ou ne la rejetterais pas hors des régions les plus profondes de la philosophie, pour lui faire reprendre sa place légitime et honorable dans le monde de la simple pratique humaine, si je n'avais pas subi l'influence d'un écrivain français très original et relativement jeune, le professeur Henri Bergson. C'est la lecture de ses ouvrages qui m'a enhardi. Si je n'avais pas lu Bergson, j'en serais encore, probablement, à noircir des pages et des pages pour moi tout seul, dans l'espoir de faire se rejoindre des extrêmes qui n'ont jamais été faits pour se rencontrer; j'en serais encore à tenter de découvrir, sur la manière dont se comporte la réalité, une conception telle que cette réalité puisse cesser d'être aucunement réfractaire aux lois qu'on accepte comme imposées par la logique de l'identité. En tout cas, sans la confiance que me donne la possibilité de m'appuyer sur l'autorité de Bergson, il est bien certain que je n'eusse jamais osé présenter avec quelque insistance ces idées particulières et toutes personnelles à un auditoire possédant à un si haut degré le sens critique.

Afin de vous les rendre plus intelligibles, je dois donc vous exposer d'abord la philosophie bergsonienne. Mais ici, comme pour Fechner, je devrai me borner aux indications essentielles que comporte en ce moment mon dessein, et ne pas vous embarrasser de détails accessoires, quelque intéressants qu'ils soient d'ailleurs.

Pour ce qui nous occupe, la contribution essentielle de Bergson à la philosophie est sa critique de l'intellectualisme. Selon moi, il a tué l'intellectualisme, définitivement et sans retour. Je ne vois pas comment cette doctrine pourrait jamais revivre pour jouer le rôle qu'elle a autrefois joué avec les platoniciens, c'est-à-dire pour prétendre fournir, sur la nature du réel, la définition la plus digne de faire autorité, la plus approfondie et la plus adéquate. D'autres philosophes, Kant, par exemple, ont débouté l'intellectualisme de ses prétentions lorsqu'il se faisait fort de définir la réalité *en soi (an sich)* ou dans sa virtualité absolue ; mais Kant le laisse encore imposer des lois, — et des lois qui sont sans appel, — à toute notre expérience humaine. Ce qu'au contraire rejette Bergson, c'est l'opinion que les méthodes de l'intellectualisme fournissent une explication adéquate de notre expérience, précisément considérée en tant qu'expérience finie.

De quelle manière Bergson conduit toute cette discussion, c'est ce qu'il me faudra essayer de vous dire à ma façon, qui sera très imparfaite, dans ma prochaine leçon; mais ayant déjà et tant de fois employé les mots : *logique, logique de l'identité, logique intellectualiste, intellectualisme*, et les ayant parfois employés comme s'ils n'avaient besoin d'aucune explication, il est bon qu'arrivé où j'en suis, je m'étende davantage sur le sens où je prends ces termes, pour affirmer que Bergson a réfuté leur prétention d'offrir de quoi décider ce que peut être, ou ne peut pas être, la réalité. Vous donner une idée plus complète de la manière dont je comprends l'intellectualisme, voilà donc ce que je vais entreprendre à présent.

Au cours de controverses récentes, certains philosophes, engagés dans ces débats, se sont plaints avec humeur de se voir rangés parmi les intellectualistes. J'entends bien parler de l'intellectualisme dans le sens fâcheux du mot, mais je serais désolé de blesser qui que ce fût. L'intellectualisme a sa source dans la faculté qui fait notre principale supériorité sur les animaux, c'est-à-dire dans le pouvoir que nous avons de transformer le chaos informe de notre expérience sensible en une hiérarchie de concepts. Une expérience immédiate non encore associée à un nom, ni classée, est un simple « quelque chose » que nous subissons et qui soulève cette question : « *Quelle chose* suis-je? » Lorsqu'enfin nous la désignons par un mot et que nous la classons, nous disons pour la première fois ce qu'elle est, et toutes ces désignations sont des noms abstraits, des concepts.

Chaque concept représente une *catégorie* particulière d'objets; et comme les choses semblent avoir été une fois pour toutes créées par catégories, une élaboration beaucoup plus effective commence pour telle portion de notre expérience dès que nous en avons classé les diverses parties. A une chose une fois classée, on peut appliquer la loi de sa classe. A cette possibilité sont attachés d'immenses avantages. Théoriquement et pratiquement tout à la fois, cette faculté de former des concepts abstraits est une des plus sublimes de nos prérogatives. De ce voyage au pays des abstractions, nous rentrons dans le concret avec une vision et une puissance singulièrement accrues. Il ne faut donc pas s'étonner si certains des penseurs d'autrefois, oubliant que les concepts ne sont que des extraits puisés par l'homme au flux du temps, ont fini par les considérer comme des types supérieurs de la réalité, types resplendissants, immuables, vrais, divins, et profondément opposés par leur nature au monde inférieur toujours en mouvement, toujours agité. Dans ce dernier, ils ne virent plus alors, par rapport à de tels types, qu'une altération et une contrefaçon.

L'intellectualisme, dans le mauvais sens du mot, a commencé quand Socrate et Platon ont enseigné que la *définition* d'une chose nous révèle ce qu'*est* réellement cette chose. Depuis Socrate, on n'a pas cessé de nous enseigner que la réalité se compose d'essences, et non d'apparences, et que nous connaissons les essences des choses quand nous connaissons leurs définitions. Aussi commençons-nous par identifier la chose avec un concept ; puis nous identifions ce concept avec une définition ; et c'est alors seulement, c'est à raison de ce que la chose *est* ce qu'exprime la définition, — quoi qu'exprime cette dernière, — que nous sommes sûrs de saisir son essence réelle, ou de saisir cette chose dans toute sa vérité.

Rien de fâcheux jusqu'ici. L'abus commence avec l'habitude d'employer les concepts dans un sens négatif aussi bien que dans un sens positif, c'est-à-dire non seulement pour attribuer des propriétés aux choses, mais pour nier les propriétés mêmes avec lesquelles les choses se présentent à nos sens. De n'importe quelle définition, la logique peut tirer toutes les conséquences qu'elle comporte ; et, dès lors qu'il est inflexiblement (*unerbittlich*) conséquent avec lui-même, le logicien est souvent tenté, quand il ne peut pas extraire d'une définition une certaine propriété, de refuser absolument cette propriété à l'objet concret auquel s'applique la définition, puisque celle-ci exclut, ou nie nécessairement, ce qu'elle ne se trouve pas contenir. Telle est précisément la

18.

manière dont Hegel procède pour établir son système.

Rien de plus, ici, que la vieille histoire, bien connue, d'une pratique utile devenant d'abord une méthode, puis une habitude, et enfin une tyrannie qui va contre la fin pour laquelle on en avait primitivement fait usage. Les concepts servent d'abord à rendre les choses intelligibles; et l'on s'obstine ensuite à les employer, même quand ils les rendent inintelligibles. Voilà comment il se fait qu'une fois que vous avez conçu les choses comme *indépendantes*, vous en venez forcément à nier la possibilité d'un rapport quelconque entre elles, l'idée de rapport n'étant pas contenue dans la définition de l'indépendance. C'est une raison du même genre qui vous force de nier comme impossible l'unité, sous n'importe quelles formes ou à l'égard de n'importe quels modes, pour des choses que vous avez commencé par définir comme une *pluralité*. Nous avons vu à quoi Hegel et Bradley aboutissent avec cette sorte de raisonnement, et vous vous rappelez l'épigramme de Sigwart remarquant qu'il en résulterait qu'un cavalier est incapable de jamais aller à pied, ou un photographe de jamais faire autre chose que de la photographie!

La conséquence extrême qu'entraîne pour la doctrine classique cette tendance, c'est la négation de la possibilité du changement, et la flétrissure que certains philosophes ne manquent pas, par suite, d'infliger au monde du changement par eux qualifié d'irréel. La définition de A est immuable; de même la définition de B. L'une ne peut pas se transformer en l'autre; et, de cette manière, l'idée qu'une chose concrète A se changerait en une autre chose concrète B, est démontrée contraire à la raison. Quand M. Bradley trouve difficile de comprendre comment le sucre peut avoir une saveur douce, l'intellectualisme dépasse ses propres limites et devient manifestement une sorte de verbalisme. Le sucre est exactement le sucre, et le doux est exactement le doux; ni le sucre n'est le doux, ni le doux n'est le sucre; aucun des deux n'est l'autre; et le mot *est* ne saurait jamais s'interposer comme joignant rationnellement un sujet quelconque à son attribut. Il ne se trouve *entre* les choses aucun intermédiaire capable de les unir, car le mot *entre* désigne justement cette troisième chose qui serait l'*intermédiaire*, et celle-ci aurait elle-même besoin d'être unie à la première et à la deuxième par deux *intermédiaires* encore plus impalpables, et ainsi de suite à l'infini.

Dans l'intellectualisme, la difficulté particulière qui a si longtemps tenu ma propre pensée dans un étau, c'était, comme nous l'avons vu à satiété, l'impossibilité de comprendre comment *votre* expérience et la *mienne* qui, *en tant que telles*, se définissent comme non conscientes l'une de l'autre, peuvent néanmoins faire en même temps partie d'une expérience ayant pour objet le monde, — alors que cette dernière se définit comme composée de parties qui sont toutes collectivement conscientes, ou qui sont toutes connues ensemble. Ces définitions étant contradictoires, les choses définies ne peuvent donc être *unies aucunement*. Vous voyez à quel point l'intellectualisme semble ici rendre inintelligible le monde de nos philosophes les plus éminents. Manié par eux ou manié par nous, il ne réussit qu'à faire apparaître la nature comme irrationnelle et impossible.

Dans ma prochaine leçon, prenant pour sujet principal la philosophie de Bergson, j'entrerai dans des détails plus concrets; et, renonçant nettement à l'intellectualisme, j'essaierai de rendre moins inintelligible, sinon l'univers, du moins ma propre thèse générale.

SIXIÈME LEÇON

Bergson et sa critique de l'intellectualisme.

La personnalité du professeur Bergson. — Achille et la tortue. — Ce n'est pas un sophisme. — On fait du mouvement une chose inintelligible en lui appliquant des concepts immuables. — Immense utilité pratique de la méthode conceptuelle. — Mais le rationalisme traditionnel nous donne un univers absolument immobile. — On ne saurait donc s'accommoder du point de vue intellectualiste. — Il ne rend pas compte de l'action, du changement, c'est-à-dire des données immédiates de la vie. — Encore une fois, caractère pratique, plutôt que théorique, du rôle joué par les concepts. — Bergson nous renvoie à l'intuition ou à l'expérience sensible, si nous voulons comprendre comment la vie se déroule. — Ce qu'il entend par là. — Nécessité d'admettre la multiplicité dans l'unité. — Ce qui existe réellement, ce ne sont pas des choses toutes faites, mais des choses en train de se faire. — L'originalité de Bergson. — Impuissance de la logique intellectualiste à définir un univers où le changement est continu. — Dans leur réalité vivante, c'est par rapport à elles-mêmes que *les choses sont « autres »*; et ainsi la logique de Hegel est vraie en un certain sens.

Ma dernière leçon était bien ardue, et je crains que celle-ci ne le soit guère moins. La meilleure entrée en matière sera de commencer immédiatement par la philosophie de Bergson. C'est à elle, en effet, comme je vous l'ai dit, que je dois d'avoir, pour ma part, renoncé à la méthode intellectualiste et à cette idée, couramment admise, que la logique fournit une mesure adéquate de ce qui peut être ou ne pas être.

Le professeur Henri Bergson, né à Paris en 1859, est un homme relativement jeune pour un philosophe influent. Sa carrière a été la carrière toute tracée d'un professeur français qui est un homme « arrivé ». Entré à l'École normale supérieure à l'âge de vingt-deux ans, il enseigna, pendant dix-sept années, dans les lycées de province, puis de Paris, jusqu'à sa quarantième année, et devint alors professeur à cette même École. Depuis 1900, il est professeur au Collège de France et membre de l'Institut.

A ne regarder que les faits extérieurs, la carrière de Bergson a donc été on ne peut plus banale. Ni l'un des trois fameux principes de Taine pour expliquer l'apparition des grands hommes, *la race, le milieu et le moment*, ni non plus tous les trois réunis, n'expliqueront cette manière particulière de considérer les choses qui constitue sa physionomie intellectuelle. L'originalité d'un homme ne date pas de quelque chose d'antérieur : c'est d'elle plutôt que datent certaines autres choses.

Il me faut avouer que l'originalité de Bergson offre une telle profusion qu'il est beaucoup de ses idées qui me déconcertent absolument. Je doute que personne le comprenne, pour ainsi dire, d'un bout à l'autre. Je suis sûr qu'il serait lui-même le premier à juger qu'il doit en être forcément ainsi, et à reconnaître qu'il a été obligé de présenter certaines choses, sans les avoir encore parfaitement élucidées lui-même : elles n'occupent, dans sa philosophie, que la place qu'on assigne à des pierres d'attente.

Plus d'un parmi nous est original jusqu'à la profusion, jusqu'à l'excès, en ce sens que nul homme ne saurait nous comprendre. Ce n'est pas une grande rareté que l'outrance qui se voit dans certaines façons particulières de considérer les choses. Ce qui est rare, c'est de rencontrer une vision très particulière alliée à une extrême lucidité, à une extraordinaire sûreté dans l'art de mettre en œuvre tout l'appareil classique nécessaire pour exposer des idées. Les ressources de Bergson, en matière d'érudition, sont remarquables, et, pour ce qui regarde l'expression, elles sont tout simplement merveilleuses. C'est pourquoi en France où *l'art de bien dire* est prisé si haut et si assuré de se voir goûté, il a immédiatement pris une place si éminente dans l'estime publique. Des professeurs de la vieille école, que ses idées ne satisfont nullement sont, néanmoins, presque suffoqués d'admiration quand ils parlent de son talent, tandis que les novices accourent en foule vers lui comme vers un maître.

Si quelque chose peut rendre faciles à suivre les questions difficiles, c'est un style comme celui de Bergson, style « qui va droit au but », disait-on dernièrement dans une revue américaine ; mais l'auteur n'avait pas su voir que le don d'aller ainsi « droit au but » implique, dans les ressources verbales, une souplesse capable de suivre la pensée sans faire un pli, sans grimacer, — à la manière d'un vêtement de dessous qui, soyeux et élastique, suit les mouvements du corps. La lucidité avec laquelle Bergson présente les choses, voilà ce qui frappe tout d'abord le lecteur. D'avance, elle vous séduit, vous conquiert et vous persuade de devenir son disciple. Son style est un prodige, — et lui, un véritable magicien.

Si je suis bien renseigné, M. Bergson est venu à la philosophie par les mathématiques. Les vieilles antinomies de l'infini furent, j'imagine, le stimulant qui réveilla tout d'abord ses facultés de leur « sommeil dogmatique ».

Vous vous souvenez tous du fameux paradoxe ou sophisme de Zénon, comme l'appellent encore beaucoup de nos livres de logique, sur Achille et la Tortue. Donnez à la tortue une avance si faible qu'elle soit, et Achille aux pieds légers ne pourra jamais la rattraper : encore moins pourra-t-il la dépasser. Si, en effet, l'espace et le temps sont divisibles à l'infini comme notre entendement l'affirme, au moment où Achille atteint le point de départ de la tortue, celle-ci a déjà dépassé ce point, et ainsi de suite *à l'infini*, l'intervalle entre eux ne cessant pas de décroître, sans jamais devenir tout à fait nul.

La manière habituelle de démasquer ce sophisme est de relever l'ambiguïté de l'expression : « il ne pourra jamais la rattraper ». Ce que suggère, à tort, le mot *jamais*, assure-t-on, c'est une durée infinie : ce qu'il signifie, en réalité, c'est le nombre inépuisable de pas qu'il faudrait pour rattraper la tortue. Mais si ces pas sont infiniment petits, un temps fini sera suffisant pour les effectuer ; et c'est un fait qu'ils tendent bien vite à devenir infiniment petits, quel que soit l'intervalle primitif, ou quelles que soient les vitesses qu'on oppose entre elles. La brièveté des durées étant proportionnelle au peu d'étendue des espaces exigés par l'hypothèse, nous voilà libérés, à ce qu'on prétend, du sophisme auquel donne naissance le mot *jamais*.

Cet argument n'atteint pas du tout le cas posé par Zénon. Ce philosophe aurait très volontiers admis que, s'il est le moindrement possible de rattraper la tortue, on peut le faire en vingt secondes, par exemple ; mais il aurait toujours soutenu qu'il n'est absolument pas possible de jamais la rattraper. Mettez complètement de côté Achille et la Tortue, aurait-il dit : ils compliquent inutilement votre cas. Prenez n'importe quel processus du changement considéré ; prenez les vingt secondes elles-mêmes en train de s'écouler. S'il est vrai que le temps soit indéfiniment divisible, comme il doit l'être d'après les principes de l'intellectualisme, il faut dire tout simplement qu'elles ne peuvent pas s'écouler, et qu'il est impossible d'en voir la fin. Peu importe, en effet, le nombre des secondes déjà écoulées : avant que le reste, si minime qu'il soit, puisse être entièrement écoulé, il faut que la première moitié de ce reste soit d'abord écoulée entièrement. Étant donnée cette nécessité, sans cesse renaissante, de faire d'abord disparaître la première moitié, le reste en question subsiste un certain temps avec quelque chose à faire *avant* que soit faite la dernière chose, si bien que celle-ci n'arrive jamais à se faire.

Exprimé en nombres abstraits, le problème devient celui de la série convergente 1/2 plus 1/4 plus 1/8..... dont la limite est 1. Mais cette limite, simplement parce qu'elle est une limite, reste en dehors de la série, et la valeur de celle-ci s'en rapproche indéfiniment sans l'atteindre jamais. Si donc, dans le monde de la nature, il n'existait, pour obtenir des choses, aucun autre moyen que cette addition successive de leurs parties logiquement impliquées en elles, aucune unité complète, aucune chose complète n'arriverait jamais à l'existence, car la somme des fractions laisserait toujours un reste. Mais, en fait, la nature ne produit pas des œufs, en faisant d'abord la moitié, puis le quart, puis le huitième d'un œuf, etc., pour additionner ensuite ces fractions. Ou bien elle fait tout de suite un œuf entier, ou bien elle n'en fait pas du tout ; — et elle opère de même pour toutes ses autres unités. Si donc le paradoxe de Zénon est gênant, ce n'est que dans la sphère du changement où une phase de l'existence d'une chose doit nécessairement commencer à être avant qu'une autre soit possible.

Par suite encore, ce paradoxe n'est gênant que si la succession des degrés du changement est bien divisible à l'infini. S'il fallait, pour vider une bouteille, que le contenu en subit un nombre infini de diminutions successives, il serait mathématiquement impossible que l'opération prît jamais fin effectivement. En fait, cependant, bouteilles et cafetières se vident par un nombre fini de décroissances, chacune d'une quantité définie. Ou bien c'est une goutte entière qui sort du bec ou du goulot ; ou bien il n'en sort rien du tout.

Si tout changement se faisait ainsi goutte à goutte, en quelque sorte ; si le temps réel jaillissait ou croissait par unités dont la durée aurait une mesure déterminée, de même exactement que se forment, par une série croissante de pulsations, les perceptions que nous en avons, il n'y aurait plus à se préoccuper des paradoxes de Zénon ou des antinomies de Kant. C'est bien de cette façon que changent toutes nos expériences sensibles, en tant que données immédiates : elles changent sous la forme de pulsations distinctes qui se succèdent dans la perception, chacune nous faisant dire à chaque instant : « Voici quelque chose de plus », ou : « voici quelque chose de moins », à mesure que se fait sentir chaque augmentation ou diminution définie. La discontinuité est encore plus évidente quand les choses anciennes disparaissent au lieu de changer, ou encore quand des choses tout à fait nouvelles apparaissent. L'expression de Fechner, « le seuil », qui a joué un si grand rôle dans la psychologie de la perception, n'est qu'une manière de nommer la discontinuité quantitative du changement que subissent toutes nos expériences sensibles. Elles viennent à nous comme goutte à goutte. Et c'est ainsi que vient le temps lui-même.

Si nous décomposons ces fractions encore plus ténues, ces gouttes, qui sont la seule chose que nous sentions, — cette décomposition tout idéale n'est qu'un incident du grand travail dont j'ai parlé dans ma dernière leçon ; de ce travail qui transforme en concepts nos perceptions. Seul, notre entendement a intérêt à ce qu'elle se fasse, parce qu'il a pour fonction de tout intellectualiser. Les moments, dont l'expérience donne à un être vivant le sentiment direct, n'ont, primitivement, aucune commune mesure. Mettez un morceau de sucre à fondre dans un verre, pour prendre un des exemples de M. Bergson. Tant que vous attendez que le processus ait pris fin, vous avez le sentiment qu'un long temps s'écoule ; mais qui peut savoir quelle est la durée dont le sucre a le sentiment?

A considérer le *sentiment* que nous en avons, tous les moments coexistent et se recouvrent ou se compénètrent mutuellement, de manière à ne rien offrir que de vague; mais, en les disposant artificiellement sur une échelle commune, nous trouvons le moyen de réduire leur confusion primitive. Bien mieux, cet artifice nous permet de disposer, d'après la même échelle, la série des degrés possibles auxquels les divers changements de la nature sont susceptibles de se ramener, soit dans la sphère des données sensibles, soit dans la sphère des concepts. Nous corrigeons ainsi ce qu'il y avait de vague et de purement personnel dans nos impressions primitives; nous pouvons alors les dater l'une par l'autre d'une manière tout impersonnelle, et, pour ainsi dire, officielle. Concevant un temps objectif, unique, « au rythme toujours égal », découpé en des instants dont le nombre serait calculé, nous faisons de cette idée une commune mesure applicable à toutes les phases, à tous les degrés, quel qu'en soit le nombre, que nous découpons dans les processus de la nature. D'une manière précise, alors, ils se classent, soit comme simultanés, soit comme antérieurs ou comme postérieurs, l'un par rapport à l'autre, et nous pouvons opérer sur eux mathématiquement, comme on dit. Bien mieux encore, nous pouvons les utiliser pratiquement aussi bien que théoriquement, pour les avoir ainsi mis en relation un à un avec chacun des autres sur cette échelle commune, c'est-à-dire sur l'échelle schématique du temps.

Le mouvement nous en fournit un excellent exemple. A l'origine, c'est une sensation trouble, dont la forme primitive se retrouve peut-être mieux qu'ailleurs dans le phénomène du vertige.

Nous sentons dans le vertige que le mouvement *existe* et qu'il est plus ou moins violent ou rapide, qu'il se porte plus ou moins dans telle direction ou dans telle autre, et qu'il est plus ou moins alarmant ou qu'il provoque en nous des nausées plus ou moins fortes. Mais un homme sujet au vertige peut apprendre graduellement à coordonner, avec sa position réelle et celle des autres objets, le mouvement qu'il éprouve : il peut l'intellectualiser suffisamment pour finir par marcher sans trébucher.

L'esprit mathématique organise de même le mouvement à sa manière, en le faisant entrer dans une définition logique : le mouvement se conçoit alors comme « le fait d'occuper une série de points successifs de l'espace correspondant à une série de moments successifs du temps ». Avec une telle définition, nous échappons pleinement à ce qu'il y avait de trouble et de purement personnel dans la sensation.

Mais n'échappons-nous pas aussi et non moins complètement, à la réalité sensible ? En quoi que puisse réellement consister le mouvement, il n'est sûrement pas le repos; mais la définition que nous avons obtenue participe du repos absolu. Elle nous donne tout un système de relations établies une à une entre des points de l'espace et des points du temps : or, dans ces relations, il y a autant de fixité que dans les points eux-mêmes. Elle nous donne des *positions* déterminables à l'infini, mais sans nous dire comment le corps va d'une position à une autre. Le corps y va, bien entendu, par le mouvement; mais les positions ainsi conçues, multipliées tant qu'on voudra et portées à n'importe quel nombre, ne contiennent aucun élément de mouvement. Voilà pourquoi Zénon, les considérant seules dans son argumentation, n'a pas d'autre ressource que de déclarer que notre entendement rejette le mouvement comme irréel. L'intellectualisme fait ici ce dont je l'ai accusé : au lieu de rendre l'expérience plus intelligible, il la rend moins intelligible.

Il nous faut, naturellement, un système stable de concepts, qui soient en relations stables les uns avec les autres, pour nous permettre de saisir les données de notre expérience et de les coordonner.

Quand une impression vient à se détacher avec un relief suffisant, nous en conservons l'idée pour l'utiliser ensuite, et nous l'emmagasinons dans notre système de concepts. Ce qui de soi-même ne se détache pas, nous apprenons à le découper. De cette manière, le système se complète, et l'un ou l'autre des éléments s'y trouvant déjà installés sert à trouver un nom pour chaque réalité nouvelle, dès qu'elle vient à s'offrir, ainsi qu'à trouver un point d'attache pour le concept qui en est tiré.

Le grand avantage d'un tel système d'abstractions, c'est donc son immutabilité : on peut toujours retrouver, pour s'y reporter, les termes semblables et les relations identiques qui en font partie ; et le changement lui-même est précisément l'un de ces concepts inaltérables.

Mais aussi, tous ces concepts abstraits ne sont en quelque sorte que des fleurs détachées de leurs tiges : ce ne sont que des moments puisés à même le courant du temps, des instantanés pris comme par un appareil cinématographique à même cette réalité vivante qui, au moment même où elle surgit, se présente comme continue. Très utiles en ce qu'ils fournissent des spécimens du jardin d'où ils proviennent, et parce qu'on peut les replonger dans le courant originel ou les faire figurer à nouveau dans notre cinématographe, ils n'ont, en dehors de ces avantages pratiques, aucune valeur. Ils ne permettent pas d'expliquer l'existence ou la disparition d'un seul phénomène : ils ne permettent que de tracer par un pointillé le parcours qu'il effectue dans le monde des apparences. Impossible, en effet, de faire du continu avec du discontinu, — et nos concepts sont discontinus. Les stades auxquels nos analyses ramènent un changement sont des *états* : le changement lui-même poursuit son chemin de l'un à l'autre. Il s'étale de manière à remplir leurs intervalles, et occupe des points dont votre définition ne réussit pas à s'emparer : bref, il échappe complètement aux concepts par lesquels on voudrait l'expliquer.

« Quand le mathématicien, écrit Bergson [1], calcule l'état futur d'un système au bout d'un temps t, rien ne l'empêche de supposer que, d'ici là, l'univers matériel s'évanouisse pour réapparaître tout à coup. C'est le $t^{ième}$ moment seul qui compte, quelque chose qui sera un pur instantané. Ce qui coulera dans l'intervalle, c'est-à-dire le temps réel, ne compte pas et ne peut pas entrer dans le calcul... Bref, le monde sur lequel le mathématicien opère est un monde qui meurt et renaît à chaque instant, celui-là même auquel pensait Descartes quand il parlait de création continue. » Pour connaître adéquatement ce qui *arrive* en réalité, il faudrait, comme y insiste Bergson, que notre regard pût plonger dans les intervalles : or le

---

1. *Évolution créatrice*, pp. 23-24.

mathématicien n'en voit que les extrémités. Il ne fait que fixer quelques-uns des résultats du changement, indique une courbe au pointillé, puis la complète par des interpolations : au lieu d'une réalité, il nous donne un simple calque. C'est là un fait incontestable.

A l'égard de ce fait, quelle a été l'attitude de la philosophie? L'histoire en est curieuse. La tradition régnante en philosophie a toujours été la croyance platonicienne et aristotélicienne que la stabilité est chose plus noble et plus relevée que le changement. La réalité doit être une et immuable. Les concepts, grâce à leur fixité, sont ce qu'il y a de plus conforme à cette fixité du vrai. Aussi, pour être absolument vraie, toute connaissance possédée par nous doit-elle résider dans des concepts universels plutôt que dans des expériences particulières, car il est notoire que celles-ci sont changeantes et sujettes à des altérations.

Telle est la tradition connue en philosophie sous le nom de rationalisme, et ce que j'ai appelé intellectualisme n'en est que l'application poussée à ses dernières conséquences. En dépit des sceptiques et des empiriques, en dépit de Protagoras, de Hume et de James Mill, le rationalisme n'a jamais été sérieusement mis en question, car ses plus impitoyables adversaires ont toujours conservé pour lui une certaine tendresse de cœur, et toujours souscrit à certaines de ses exigences. Ils n'ont pas été conséquents avec eux-mêmes ; ils ont rusé avec l'ennemi, en le prenant de biais. : Bergson seul a été radical.

Pour me faire mieux comprendre, permettez-moi d'opposer sa méthode à celle de quelques-uns des représentants de la philosophie transcendantale dont je vous parlais tout à l'heure. Venant après Kant, ils se flattent d'avoir le sens critique, de prendre pour base, en fait, la « critique » de la raison pure, de Kant.

Qu'est-ce que cette critique a prétendu établir ? C'est que les concepts appréhendent, non pas la réalité, mais seulement les apparences dont nos sens les nourrissent. A ces apparences, les concepts donnent des formes immuables, il est vrai; mais la réalité *en soi* (*an sich*) d'où, en dernière analyse, proviennent nécessairement les apparences sensibles, demeure à jamais inintelligible pour notre entendement.

Prenez le mouvement, par exemple. Comment se présente-t-il à nos sens? Ce qui leur apparaît, ce sont des gouttes, des vagues, des pulsations. Quant au mouvement lui-même, ou bien l'on n'en saisit positivement qu'un certain quantum, ou bien l'on n'en saisit rien du tout. A ce quantum se réduit la donnée (*gabe*), l'aliment, que la réalité fournit à notre faculté de comprendre; mais, avec notre entendement, cette *donnée*, lui imposant une *tâche* (*aufgabe*), devient *un prêté pour un rendu*, d'après un jeu de mots qui est une des plus célèbres formules de Kant. Notre entendement exige, en effet, que dans chacune de ces pulsations puisse être déterminé un nombre infini de pulsations successives. Ces pulsations plus faibles, *nous* pouvons bien en *poursuivre* indéfiniment la détermination ou le calcul, si nous ne manquons pas de patience; mais on se mettrait en contradiction avec la définition d'un nombre infini si l'on supposait que cette série infinie s'est formée par un calcul qu'elles ont toutes réellement effectué une à une. Voilà ce que Zénon a mis en lumière.

L'infinité que notre entendement exige d'une donnée sensible est donc une infinité future et potentielle, plutôt qu'une infinité effectivement réalisée dans le passé par la structure même de cette donnée. Une fois construite, celle-ci devra être *décomposable* à l'infini par le moyen de nos concepts; mais par quelles phases a passé cette structure pour se trouver effectivement *composée* ? Nous l'ignorons entièrement. En résumé, notre entendement ne jette aucune lueur sur le processus par lequel l'expérience *se fait*.

En général, les successeurs monistes de Kant ont, encore plus que lui, jugé contradictoires en elles-mêmes les données de l'expérience immédiate quand on les considère au point de vue intellectuel. Au plus fort de leur crise intellectualiste, ce qui leur a semblé on ne peut plus paradoxal et contradictoire, ce n'est pas seulement le caractère d'infinité impliqué dans la relation des multiples données empiriques avec leurs « conditions » : c'est l'idée même qu'une relation quelconque puisse exister entre les choses faisant l'objet de la connaissance empirique. Nous en avons vu dans une leçon précédente de nombreux exemples chez Hegel, Bradley, Royce et chez d'autres encore. Nous avons également vu où ces auteurs ont cherché la solution de la difficulté soulevée par un tel état de choses. Kant l'avait trouvée dans une réalité extérieure et *antérieure* aux données de notre expérience, dans le monde des *choses en soi* (*dinge an sich*) où nos données ont cependant leurs causes. Ses successeurs monistes, au contraire, la cherchent tous dans quelque chose qui serait *postérieur* à l'expérience et qui la compléterait entièrement; ou bien ils la considèrent comme impliquée dès maintenant dans l'expérience, parce qu'elle en serait la signification idéale. Bref, les recherches de Kant et celles de ses successeurs se portent dans des directions diamétralement opposées.

Ne vous laissez pas abuser par ce fait que Kant donne une place au théisme dans son système. Son Dieu est le Dieu habituel du théisme chrétien, et sa philosophie ne fait que lui ouvrir la porte : il n'a rien du tout de commun avec *l'esprit absolu* que ses successeurs ont installé dans leur doctrine. Si cet esprit absolu est, dans une certaine mesure, logiquement tiré de Kant, ce n'est pas de son Dieu qu'il vient, mais d'éléments entièrement différents de sa philosophie. C'est d'abord de cette idée kantienne qu'il faut pouvoir, par n'importe quelle expérience, déterminer un ensemble total de conditions qui soit lui-même inconditionnel ; et c'est ensuite de cette autre idée kantienne que la présence d'un certain « témoin », d'un sujet, pour qui des aperceptions soient possibles, est la plus universelle de toutes ces conditions.

Les philosophes post-kantiens font de cette dernière condition ce qu'ils appellent un Moi universel et concret, un sujet en qui s'individualise l'expérience totale ou la conscience de l'univers; un sujet rationnellement constitué de telle manière que toutes les autres conditions réunies s'y trouvent nécessairement impliquées chacune ; un sujet tel enfin que, par lui, toutes les perceptions résultant de ces conditions ne manqueront pas de se réaliser chacune pour son propre compte.

Présenter de cette façon sommaire, nécessairement insuffisante, les opinions d'autrui, c'est toujours leur faire tort; mais, dans l'espèce, ceux d'entre vous à qui est familière la littérature de la question, me comprendront immédiatement : et, quant aux autres, s'il y en avait ici, voici maintenant tout ce qu'ils ont à retenir de ce pédantesque et laborieux exposé.

Il s'agissait de sortir des contradictions que présente, supposait-on, le monde sensible. Où chercher une issue?

Kant l'avait cherchée en arrière, pour concevoir comme cause des phénomènes sensibles une réalité irrationnelle qui serait le *monde des choses en soi* (*an sich*). C'est, au contraire, en avant, que les regards des partisans de l'idéalisme moniste, venus après Kant, se sont toujours portés, pour concevoir une entité rationnelle (*ens rationis*) en qui les phénomènes trouveraient leur intégration ou leur complément logique.

De leur côté, les partisans d'un empirisme pluraliste sont restés dans le monde sensible; soit par naïveté, parce qu'ils ne voulaient pas voir les contradictions que signalait l'intellectualisme; soit parce que, ne pouvant les méconnaître, ils croyaient pouvoir les réfuter en appliquant une conception supérieure de la même logique intellectualiste. Tel est le cas de John Mill quand il prétend réfuter le sophisme d'Achille et la Tortue.

Il importe donc de remarquer ici que c'est la logique intellectualiste qui se trouve mise en cause. Les deux partis à la fois font d'elle une autorité indiscutable; mais tous deux la soumettent à leurs caprices. Les partisans de l'absolu se réclament d'elle, en effet, pour mettre en miettes le monde sensible, et les empiristes se réclament d'elle pour mettre en miettes l'absolu, — car l'absolu, disent-ils, est la quintessence de toutes les contradictions logiques. Aucun des deux partis n'est exempt de toute inconséquence. Les hégéliens se voient contraints de recourir à une logique supérieure pour n'en pas rester aux efforts purement destructifs de leur première logique. Les empiristes invoquent leur logique contre l'absolu, mais refusent de l'invoquer contre leur expérience finie. Chaque parti tantôt l'utilise, tantôt l'abandonne, suivant que s'en accommode ou non la vision à laquelle s'attache sa croyance ; mais l'un et l'autre ont pour principe de n'en pas attaquer l'autorité théorique en général.

Seul, Bergson récuse les principes de cette autorité théorique. Il est seul à nier que la logique du concept pur puisse nous dire ce qui est possible ou non dans le monde de l'être ou des phénomènes, et il invoque des raisons qui, tout en dépossédant la logique de l'empire, désormais proclamé illégitime, qu'elle exerçait sur la réalité vivante, établissent une vaste sphère d'influence définie où sa souveraineté est incontestable. C'est ce que Bergson expose de la façon la plus heureuse ; mais dans son texte tout s'enchaîne si bien, qu'il est impossible d'en rien détacher pour des citations. Il me faut donc vous expliquer à ma manière ce que je viens de vous dire, quoiqu'elle ne vaille pas la sienne.

La logique, constatons-le d'abord, fournit directement les relations à établir entre les concepts comme tels, et ne fournit qu'indirectement les relations à établir entre les phénomènes naturels ; car elle ne fournit ces dernières que dans la mesure où les phénomènes ont déjà été identifiés avec les concepts et définis par leur moyen. Le sort de la logique est donc lié à celui de la méthode conceptuelle : la première devra régner ou périr avec la seconde. Or, la méthode conceptuelle est une transformation que nos mains font subir à la vie qui s'écoule ; et cette transformation s'inspire avant tout des intérêts de la pratique, tandis qu'elle ne s'inspire qu'accessoirement des intérêts de la théorie.

« La vie regarde en avant ; l'intelligence, en arrière », dit un écrivain danois. Rendre la vie intelligible au moyen des concepts, c'est arrêter son mouvement pour la découper comme avec des ciseaux, et pour en immobiliser les morceaux dans notre herbier logique où, les comparant entre eux comme des spécimens desséchés, nous pouvons établir lesquels, au point de vue statique, en impliquent ou en excluent d'autres, et lesquels, au même point de vue, sont impliqués dans les premiers ou exclus par eux. Cette façon de procéder suppose que la vie est déjà chose achevée, car, puisque les concepts sont autant de vues prises après coup, ils ont le caractère rétrospectif d'une autopsie.

Néanmoins, nous pouvons en tirer des conclusions et les projeter dans l'avenir. Ils ne peuvent pas nous apprendre par quels moyens la vie s'est mise en marche, par quels moyens elle poursuivra sa route ; mais si nous admettons qu'ils sont toujours les mêmes, nous pouvons calculer quelles positions elle occupera par la suite, sur quels points on imaginera qu'elle fait halte, dans certaines conditions données. Nous pouvons déterminer, par exemple, la position où Achille se trouvera, et celle qu'occupera la tortue, à la fin de la vingtième minute. Achille peut alors être très loin en avant ; mais, quant à nous dire en détail comment il s'y sera pris pratiquement pour atteindre ce point, notre logique en est toujours incapable : ne l'avons-nous pas vu constater elle-même qu'elle aboutit à des résultats qui sont en désaccord avec les phénomènes de la nature ?

Les calculs établis dans les autres sciences ne diffèrent en rien de ceux des mathématiques. Les concepts mis en œuvre y sont tous sans exception des points permettant, par des interpolations qui les suivent ou qui les dépassent, de tracer des courbes sur lesquelles d'autres points sont découverts par voie de conséquence. Grâce à ses raffinements les plus récents, la logique se passe entièrement de ces courbes, pour s'occuper uniquement des points et de leurs corrélations chacun à chacun dans les diverses séries. Les auteurs de ces nouveaux perfectionnements nous déclarent formellement qu'ils veulent faire disparaître de la sphère du raisonnement jusqu'aux derniers vestiges de l'intuition, c'est-à-dire de la réalité concrète, pour qu'on raisonne désormais expressément sur des « points » qui soient dans l'ordre intellectuel, ce qu'est le « point » en mathématiques, sur des unités de pensée nues et abstraites, et sur les différentes manières dont il est possible, en quelque sorte, de les enfiler ou de les mettre bout à bout, afin d'obtenir des séries qui ne soient que des séries.

Tout cela est bien abscons, bien abstrait, et, à comprendre ainsi les choses, je crains fort de les mal comprendre. Aussi je n'en parle que pour les rappeler brièvement à ceux qui les connaissent.

Quel est le fait qui importe ici pour la plupart d'entre nous?

Certes, par le moyen de concepts découpés à même le courant de notre expérience sensible antérieure, nous pouvons redescendre au courant de l'expérience future pour y découper d'autres concepts, nous permettant de dire que telle chose particulière doit s'y rencontrer. Certes, en ce sens, les concepts nous donnent des connaissances, et l'on peut dire qu'ils ont une certaine valeur théorique, surtout quand cette chose particulière annoncée d'avance est de celles qui n'ont pour nous aucun intérêt pratique à ce moment-là.

Malgré tout, s'il s'agit de cette connaissance qui, dans le sens le plus profond du mot, est *intuition*, les concepts n'ont aucune valeur théorique, car ils ne sauraient aucunement nous mettre en rapport, ni avec la vie intime des choses qui s'écoulent, ni avec les causes déterminant la direction du courant qui les emporte. Au lieu d'être l'interprétation de la réalité, les concepts sont la négation absolue de tout ce qu'elle a d'intime. Ils rendent incompréhensible la notion même d'une influence causale entre les choses finies. Aucune activité réelle, — bien plus, aucun rapport réel de n'importe quelle sorte, ne pourra subsister si nous suivons la logique conceptuelle : être discernable, en effet, d'après ce que j'appelle l'intellectualisme, c'est n'admettre aucun rapport. L'œuvre commencée par Zénon, continuée par Hume, Kant, Herbart, Hegel et Bradley, ne s'arrête qu'après avoir jeté aux pieds de la « raison » la réalité sensible entièrement désintégrée.

J'aurai bientôt à vous parler de la réalité « absolue » que la « raison » veut substituer à la réalité sensible. Pour le moment, vous voyez ce que le professeur Bergson veut dire en affirmant avec insistance que cette fonction de l'entendement a un caractère pratique plutôt qu'un caractère théorique. La réalité sensible est trop concrète pour qu'on la puisse mettre complètement à profit : voyez à combien peu de chose se réduit ce qu'en peut embrasser n'importe lequel des animaux qui en vivent exclusivement. S'agit-il d'y passer d'un point à un autre? il faut creuser notre sillon, nous traîner péniblement, pour franchir cet intervalle dont l'idée nous est insupportable. La réalité ne nous fait grâce d'aucun détail ; elle nous oppose des complications aussi gênantes que les fils de fer barbelés qu'il y avait à Port-Arthur ; et la vieillesse, puis la mort, nous surprend au milieu de notre travail. Mais, grâce à notre faculté de former et de fixer des concepts, voilà qu'en une seconde nous procédons de la même manière que si nous disposions d'une quatrième dimension de l'espace : passant par-dessus les intermédiaires, comme on le ferait avec des ailes d'une puissance surnaturelle, nous atteignons exactement le point voulu, sans jamais nous embarrasser des contextes de la réalité. Et l'on peut dire encore que nos systèmes de concepts nous servent de harnais pour faire de la réalité un attelage plus facile à mieux conduire.

C'est là une méthode toute pratique, car le terminus vers lequel on s'achemine a toujours un caractère, non pas général, mais *particulier*, même quand il consiste dans un fait de l'ordre mental. Or, les sciences où la méthode conceptuelle vante surtout ses triomphes, sont les sciences de l'espace et de la matière, les sciences ayant pour objet les modifications des choses extérieures. Pour appliquer la méthode conceptuelle aux aits de l'ordre moral, il nous faut d'abord leur faire subir une transformation, leur substituer des diagrammes cérébraux ou des métaphores tirées du monde physique, voir dans nos idées des atomes, — dans nos mobiles, des forces mécaniques, — dans notre « Moi conscient », un « courant », etc.

Ce serait là un résultat paradoxal, comme M. Bergson le remarque avec raison, si notre vie intellectuelle, au lieu d'être orientée vers la pratique, avait bien pour but de découvrir la nature intime des choses. On supposerait alors que là où notre pensée se sentirait le plus chez elle, c'est dans le domaine des réalités intellectuelles créées par elle-même. Or, c'est justement là qu'elle est au bout de sa longe et incapable d'avancer. Il nous faut des perceptions pour connaître les mouvements intérieurs de notre esprit. Ces mouvements, nous les sentons vivre en nous, mais sans pouvoir nous rendre nettement compte de leurs éléments, ni prévoir expressément leur avenir. Par contre, les choses qui sont alignées dans le monde spatial, les choses dont nous pouvons dire à la lettre qu'elles se laissent *manier*, telles sont les choses avec lesquelles notre intelligence cadre le plus heureusement. N'y a-t-il point là de quoi nous confirmer dans l'idée que la fonction primitive et encore survivante de notre vie intellectuelle est de nous guider dans l'adaptation pratique de nos prévisions et des diverses formes de notre activité ?

Il est facile, avec cette idée, de tomber dans un gâchis de mots : ma propre expérience du « pragmatisme » me fait reculer devant les dangers qui résident dans le mot « pratique » ; et, bien loin de partir en guerre contre vous pour vous l'imposer, je suis tout prêt à fausser compagnie au professeur Bergson pour attribuer à notre entendement une fonction théorique primitive. Mais alors je vous demande d'être d'accord avec moi pour distinguer la connaissance « théorique », ou scientifique, de la connaissance « spéculative » plus profonde à laquelle aspirent la plupart des philosophes : je vous demande de me concéder que la connaissance théorique se réduit à des notions *sur* les choses, n'en atteint que la surface extérieure, et demeure distincte de ce qui est la relation vivante, sympathique et directe avec la réalité[1]. Cette surface, que couvre la connaissance théorique ainsi comprise, peut, il est vrai, avoir une énorme étendue ; et les concepts créés par nous peuvent former une ligne de points parcourant d'un bout à l'autre le diamètre de la sphère du temps et de l'espace. Mais une telle connaissance ne pénètre pas d'un millimètre dans le sens de la profondeur, de la consistance. Cette dimension intérieure de la réalité appartient aux *activités* qui la mettent sans cesse en mouvement. Or

---

1. Voir à la fin du volume, la note sur la présente leçon.

l'entendement parlant par la bouche de Hume, Kant et Cie, se voit obligé de nier, et persiste à nier, que ces activités aient aucune existence intelligible. Ce qui existe pour la *pensée*, nous dit-on, ce sont tout au plus les résultats que nous attribuons illusoirement à de telles activités, c'est-à-dire les phénomènes se déroulant à la surface de l'espace et du temps, conformément aux lois qui en assurent la liaison (*regel der verknüpfung*), et ces lois de la nature n'établissent que des coexistences et des successions[1].

La pensée n'opère que sur des surfaces. A ce qui fait la consistance de la réalité, elle peut donner un nom ; mais elle ne saurait y pénétrer aucunement, et son impuissance à cet égard n'est pas momentanée, mais radicale et permanente.

La seule manière de saisir en profondeur la réalité est, ou bien d'en avoir l'impression directe, parce que l'on fait soi-même partie de cette réalité, ou bien de l'évoquer en imagination, grâce à une sympathie capable de deviner la vie intérieure d'un autre être. Mais ce dont nous avons cette impression immédiate, ce que nous devinons de cette façon concrète, c'est quelque chose de très limité quant à sa durée, tandis qu'abstraitement, nous sommes capables de concevoir des éternités. Si nous pouvions avoir le sentiment concret d'un

---

1. Voir la même note.

millier d'années comme nous avons actuellement celui d'une minute en train de passer, nous n'aurions guère l'emploi de notre faculté conceptuelle. A chacun des moments que traverse cette période, nous la connaîtrions pleinement et dans son entier, alors qu'il nous faut la construire laborieusement au moyen des concepts que nous projetons au delà de l'instant actuel.

L'expérience directe et la connaissance conceptuelle sont ainsi complémentaires l'une de l'autre : chacune remédie aux défauts de l'autre. Tenons-nous à dresser le tableau synoptique des phénomènes, à nous donner la vision de ce qui en est le moins à notre portée, à rapprocher les semblables malgré leur éparpillement? Alors c'est la méthode conceptuelle qu'il nous faut adopter. Sommes-nous, au contraire, des métaphysiciens dont la curiosité se porte plutôt sur la nature intime de la réalité, ou de ce qui la meut effectivement? Alors il faut absolument nous enfoncer dans les couches profondes de ces moments fugitifs dont j'ai parlé ; il faut absolument tourner le dos à nos concepts qui, avec leurs ailes, ne font que voler au-dessus, ou qui ne font que s'arrêter à quelques points particuliers pour s'y percher et s'y reposer accidentellement.

Le professeur Bergson prend ainsi le contrepied de la tradition platonicienne. Au lieu de regarder la connaissance intellectuelle comme plus profonde que la connaissance immédiate, il la considère comme la plus superficielle des deux. Pour lui, au lieu d'être la seule connaissance adéquate, elle est grossièrement inadéquate. Sa seule supériorité est l'avantage pratique qu'elle offre en nous permettant de tracer des chemins de traverse dans l'expérience et, par là, de gagner du temps. Ce dont elle reste bien incapable, c'est de révéler la nature des choses ; — et cette dernière remarque, si elle n'est pas déjà claire, le deviendra à mesure que j'avancerai. Replongez-vous donc dans le flux même des phénomènes, nous dit Bergson, si vous voulez connaître la vérité ; replongez-vous dans ce flux qu'a toujours dédaigné le platonisme, avec sa croyance étrange que seul l'immuable a toute la valeur possible ; tournez-vous vers la sensation, vers cette chose liée à la chair, et que le rationalisme a toujours, comme telle, accablée d'injures.

C'est là, vous le voyez, un remède en parfaite opposition avec l'ordonnance de nos idéalistes contemporains qui veulent qu'on se tourne vers l'absolu et qu'on s'y absorbe. Ce remède de Bergson fait violence à nos habitudes mentales, car il consiste, en quelque sorte, à écouter les choses d'une manière passive et purement réceptive, au lieu de faire, pour réagir bruyamment et à grand renfort de mots, cet effort qui est l'attitude ordinaire de notre intelligence.

Quelles sont donc, dans le flux des perceptions, les particularités que la traduction conceptuelle laisse fatalement de côté?

Le caractère essentiel de la vie est de changer continuellement : or, tous nos concepts sont fixes et discontinus ; et la seule façon de les faire coïncider avec la vie est de supposer arbitrairement des points où la vie s'arrête. C'est avec ces points d'arrêt que nos concepts peuvent s'accorder. Mais ces concepts ne font pas *partie* de la réalité ; ce ne sont pas des positions prises par elle : ce sont plutôt des *suppositions*, de simples notes prises par nous, et nous ne pouvons pas plus puiser la substance de la réalité par leur moyen, que nous ne pouvons puiser de l'eau avec un filet, quelque serrées qu'en soient les mailles.

Quand nous formons des concepts, nous découpons et nous fixons quelque chose, en éliminant tout ce que nous n'avons pas fixé. Un concept signifie : « Telle chose et rien d'autre. » Dans nos concepts, le temps exclut l'espace; le mouvement et le repos s'excluent réciproquement; l'approche exclut le contact; l'absence est exclue par la présence; la pluralité, par l'unité; la relativité, par l'indépendance; le « vôtre », par le « mien »; tel rapport, par tel autre; — et ainsi de suite indéfiniment. Au contraire, dans la réalité concrète, dans le flux sensible de la vie, les impressions se compénétrent mutuellement, si bien qu'il n'est pas aisé de savoir exactement ce qui en est exclu ou non. Prenez, par exemple, le passé et l'avenir : séparés l'un de l'autre, au point de vue conceptuel, par cette coupure que nous appelons le présent, et définis comme occupant les deux côtés opposés de cette coupure, ils sont, dans une certaine mesure, si faible soit-elle, présents l'un avec l'autre d'un bout à l'autre de l'expérience. Au sens littéral du mot, le moment présent est une simple *supposition* verbale, et non une *position* réelle : le seul présent qui soit jamais une réalité concrète, c'est le « moment qui passe », celui où le déclin du temps et l'aube de son avenir mêlent pour toujours leurs clartés. Prononcez le mot « maintenant », et à l'instant même où il est prononcé, il désigne *ce qui fut* [1].

C'est précisément avec la tentative faite par l'intellectualisme pour substituer d'immobiles découpures aux unités de la durée vécue, que le mouvement réel devient parfaitement inintelligible. Au moment où se conçoit abstraitement la première moitié de l'intervalle entre Achille et la Tortue, la seconde moitié se trouve exclue; et la nécessité mathématique de franchir séparément l'une, avant de franchir l'autre, fait perpétuellement obstacle à ce que la seconde soit jamais franchie. Mais, pendant ce temps-là, s'il y a un Achille qui,

---

[1] Le moment où je parle est déjà loin de moi.
BOILEAU.

pour les besoins de la discussion, n'est que le nom abstrait d'un certain phénomène mécanique, tout comme la tortue en est un autre, il y a un Achille en chair et en os qui ne demande aucune permission à la logique ! La vitesse de ses mouvements est quelque chose d'essentiellement indivisible dans ces mouvements eux-mêmes, comme l'est la tension centrifuge d'un ressort comprimé. Nous la définissons conceptuellement comme $\frac{v}{t}$; mais ici, le v et le t ne sont que des découpures artificielles pratiquées après coup. Elles deviennent tout à fait artificielles, décidément, lorsque nous parlons d'elles au sujet de nos deux coureurs, comme s'il s'agissait, pour l'un et pour l'autre, d'une même portion *objective* de l'espace et du temps ; car, entre les portions de l'espace et du temps réels au milieu desquelles vit la tortue et celles où vit Achille, une aussi grande différence existe sans doute qu'entre la lenteur de la première et la rapidité du second. L'élan pris par Achille est un certain fait concret, et il implique un certain espace, un certain temps, aussi bien que la victoire du héros sur la créature inférieure qui est sa rivale : tout cela, ce phénomène l'implique indivisément. Achille, pendant sa course, ne perçoit rien du temps et de l'espace homogènes des mathématiciens, ni de la succession de l'ordre des découpures, en nombre infini, pratiquées dans l'un et dans l'autre. La fin et le commencement se présentent à lui dans ce moment unique qui est son propre élan ; et, la seule chose dont il ait le sentiment positif, c'est qu'au milieu d'un certain effort, d'un effort intense qu'il fournit, son adversaire est dépassée effectivement.

La décomposition de la vie par les concepts est chez nous une habitude tellement invétérée, qu'en vous parlant ainsi, je dois vous faire l'effet de remplacer la pensée la plus claire par le chaos le plus confus, comme si je substituais une eau fangeuse à une eau limpide. Il doit vous sembler, je ne l'ignore pas, que je retourne à l'état mental d'un mollusque. Toutefois, je vous le demande, la prééminence absolue des fonctions supérieures de notre pensée est-elle un fait d'une si réelle évidence, quand elles n'aboutissent qu'à reconnaître impossibles pour elles des tâches que l'expérience sensible accomplit si aisément?

Ce qui vous fait qualifier de confuse la vie réelle, c'est qu'elle nous présente, comme s'ils se résolvaient l'un dans l'autre, une masse de phénomènes différents, et que les concepts brisent, au contraire, le courant ininterrompu de la vie en les séparant. Mais ces phénomènes ne sont-ils pas effectivement *donnés* comme se résolvant les uns dans les autres? Est-ce que chaque portion de l'expérience n'a pas sa qualité, sa durée, son étendue, son intérêt pressant, sa clarté propre, et bien d'autres aspects encore, dont aucun ne peut exister à l'état d'isolement auquel le condamne votre logique verbale? Ils se produisent pêle-mêle (*durcheinander*), et non pas autrement. La réalité est toujours, suivant l'expression de M. Bergson, une endosmose de l'identique et du différent; elle est toujours leur réunion en un même courant; ils se compénètrent et « se télescopent ».

Pour la logique des concepts, le même est le même, absolument, rien de plus; et les choses identiques à une troisième sont identiques entre elles. Rien de tel dans l'expérience concrète. Prenez, sur votre épiderme, deux points dont chacun éprouve la même impression qu'un troisième lorsqu'on les touche en même temps que lui: chacun se fait sentir comme différent de l'autre; et de même, deux sons auront beau ne pouvoir chacun se distinguer d'un troisième, ils seront parfaitement discernables entre eux.

A aucun moment, la vie ne réalise son processus sans violer nos axiomes logiques. Considérez, par exemple, sa continuité. Des termes comme A et C paraissent mis en rapport par des intermédiaires, par B notamment. Pour l'intellectualisme, c'est là une absurdité, car « B en rapport avec A » est, comme tel, un terme différent de « B en rapport avec C ». Mais la vie réelle se moque du veto de la logique.

Imaginez un lourd soliveau qui demande deux hommes pour le porter. D'abord, A et B le pren-

nent. Puis C prend la place de A ; puis D, celle
de B, en sorte qu'il est maintenant porté par C et
par D, pour être ensuite porté par d'autres tour à
tour. Pourtant, notre soliveau ne disparaît à aucun
moment, et il conserve son identité d'un bout à
l'autre du parcours. Il en va de même pour toutes
nos expériences. Aucun des changements qu'elles
subissent n'est un complet anéantissement, suivi
de quelque chose d'absolument nouveau qui serait
créé de toutes pièces. Il y a décadence sur un
point pendant qu'il y a croissance sur un autre,
en même temps que subsiste un noyau d'une stabilité relative. C'est de ce noyau que se détache ce
qui tombe en décadence, et c'est à lui que s'incor-
pore, en s'y greffant, chaque nouvel apport,
jusqu'à ce qu'enfin quelque chose d'entièrement
différent ait pris sa place. Dans tout ce processus
se voit bien un *même* noyau, capable de se mettre
en rapport tantôt avec ce qui s'en va, tantôt avec
ce qui survient ; et cela, malgré la logique intellectualiste avec ses formules, avec ses « comme
tels » : nous en sommes aussi certains que nous le
sommes qu'un même point peut se trouver sur
diverses lignes dont il est l'intersection. Sans
être une seule et unique chose dans toute son
étendue, l'univers, ainsi compris, est continu.
De même que les doigts de la main sont unis
entre eux, de même les divers membres de
l'univers sont unis à leurs proches voisins immé-

diats, dans de multiples directions, et nulle part il n'existe entre eux une véritable solution de continuité.

Mais là où le désaccord entre la logique intellectualiste et l'expérience sensible éclate violemment, c'est lorsque cette expérience porte sur une influence qui se manifeste. L'intellectualisme, comme nous l'avons vu dans la deuxième leçon, n'admet pas que les choses finies puissent agir les unes sur les autres, car, une fois traduites en concepts, toutes les choses demeurent renfermées en elles-mêmes. Agir sur une chose quelconque signifie pénétrer, d'une manière ou d'une autre, dans cette chose : or, cela signifierait sortir de soi-même, et devenir autre, ce qui est contradictoire en soi, etc. Pendant que l'on raisonne ainsi, chacun de nous n'en *est* pas moins positivement autre à l'égard de lui-même dans toute la force du terme, car la vie lui enseigne et lui fait accomplir ce tour de passe-passe que la logique déclare impossible. Mes pensées animent et font agir ce corps même que vous voyez et entendez : par là, elles exercent une influence sur vos pensées. C'est un fait que le courant dynamique va de moi à vous, peu importe comment, quelque nombreux que doivent être les conducteurs intermédiaires. En logique, les distinctions peuvent être, autant qu'on le voudra, des isolateurs ; mais dans la vie, des choses distinctes peuvent communiquer, et, effectivement, communiquent entre elles, à tout instant.

Le conflit qui existe entre les deux moyens de connaître, on ne saurait en trouver un meilleur résumé que cette formule de la doctrine intellectualiste : « le même ne peut être le même que sous un seul et unique rapport ». Pourquoi ce principe? C'est évidemment que, posant deux rapports, on en fait deux concepts absolument distincts. Alors le terme : « Ce-qui-est-dans-l'un » signifie, « comme tel », quelque chose demeurant distinct de ce qui sera désigné par le terme : « ce-qui-est-dans-l'autre ». De même, Mill disait, mais ironiquement, qu'on ne doit pas se représenter Newton à la fois comme Anglais et comme mathématicien, et qu'un mathématicien, « comme tel », n'est pas un Anglais. Or, le vrai Newton a trouvé le moyen d'être l'un et l'autre à la fois; et dans toute l'étendue de l'univers fini, il arrivera à chacune des choses réelles d'être plusieurs choses différentes, sans qu'elle soit condamnée à se morceler en autant d'exemplaires ou d'éditions successives qui la représenteraient d'une manière discontinue.

Ces quelques indications suffiront peut-être pour vous mettre au point de vue bergsonien. L'expérience immédiate de la vie résout les problèmes qui déconcertent le plus notre intelligence conceptuelle. Comment ce qui est multiple peut-il être un ? Comment les choses peuvent-elles sortir d'elles-mêmes? Comment peuvent-elles être elles-mêmes et autre chose qu'elles-mêmes? Comment peuvent-elles être à la fois séparées, et en relation les unes avec les autres; exister pour les autres, et cependant exister pour elles-mêmes: être absentes et présentes tout à la fois? L'entendement se pose ces questions à peu près comme nous pourrions nous demander comment il peut y avoir quelque chose qui en même temps sépare les objets et les unisse, ou comment des sons peuvent devenir plus semblables à mesure qu'ils deviennent plus différents. Si vous connaissez déjà l'espace sensible, vous n'avez qu'à y montrer du doigt un intervalle, long ou court, pour répondre à la première question; et vous pouvez répondre à la seconde, si vous connaissez l'échelle musicale, en donnant une octave; mais pour cela, il faut d'abord posséder la connaissance sensible de ces réalités. Bergson répond de même aux énigmes intellectualistes en nous renvoyant aux expériences variées que nous fournissent nos sensations finies, et en nous disant: « Voyez donc! Voyez ce qui se passe! Et voilà comment tous les autres problèmes seront résolus par la vie que vous vivez! »

Après avoir morcelé la réalité pour en tirer vos concepts, vous ne pouvez plus la reconstruire dans son intégrité. Avec le discontinu, pris en n'importe quelle quantité, vous ne pourrez jamais fabriquer du concret. Mais placez-vous d'un bond, ou « d'emblée », comme le dit M. Bergson, à l'intérieur de ce qui fait le fond même, le fond mouvant, actif et vivant, de la réalité : aussitôt, vous saisissez à pleines mains tout ce qui était distinction et abstraction. Vous pourrez désormais opérer à cœur joie les substitutions que pratiquent les intellectualistes. Installez-vous au sein du mouvement des phénomènes, par exemple : et la rapidité, la succession, les dates, les positions, avec une quantité innombrable d'autres choses, vous seront données par-dessus le marché. Si vous n'avez, au contraire, qu'une suite abstraite de dates et de positions, jamais vous ne pourrez, avec toutes ces pièces de rapport, reconstituer le mouvement lui-même, car il glissera par les intervalles, et vous échappera.

Il en est ainsi pour n'importe laquelle des choses concrètes, si compliquée que soit cette chose. Le travail auquel la soumet notre intelligence n'est qu'une mosaïque faite après coup, qu'une dissection faite sur un cadavre. Dans ce travail pourra être adopté n'importe quel ordre, dès lors que nous jugeons qu'il est le plus commode. Voulons-nous que la chose semble contradictoire en elle-même : nous pouvons la rendre telle. Déplacez, au contraire, votre point de vue ; transportez-le à l'intérieur de ce qui est en train de se faire : alors vous aurez prise sur toutes ces conceptions divergentes qui seront à présent reconnues concordantes. Pénétrez, par exemple, au centre d'expansion du caractère d'un homme, et de là, atteignez par une vivante sympathie, son « élan vital », comme dit Bergson : alors, et d'un seul coup d'œil, vous verrez comment ce caractère amène lui-même ceux qui le voient du dehors à l'interpréter de diverses manières. C'est, en effet, quelque chose qui, sous la pierre de touche des circonstances différentes, se réfracte tout à la fois en honnêteté et en malhonnêteté, en courage et en lâcheté, en stupidité et en faculté de pénétration. Par *l'élan vital* une fois aperçu, vous êtes à même de sentir exactement pourquoi et comment le caractère en question agit comme il agit, et jamais vous ne chercherez à l'immobiliser en l'identifiant avec aucune de ces abstractions prises à part. Il n'y a que votre intellectualiste pour procéder ainsi, et maintenant vous sentez pourquoi il y est, lui, condamné à jamais.

Placez-vous, de même, au centre de la vision philosophique d'un homme, et vous comprendrez immédiatement toutes les choses si différentes qu'elle lui fait exprimer par la parole ou par des écrits. Par contre, restez au dehors, employez votre méthode d'autopsie, essayez de reconstruire sa philosophie à l'aide de phrases séparées, en prenant d'abord l'une, puis l'autre, pour chercher ensuite à les faire concorder : vous serez certain d'échouer. Pour explorer la chose considérée, vous vous traînez dessus, à la manière d'une fourmi myope qui se traîne tout du long d'un bâtiment, trébuche et se laisse tomber dans les fentes les plus minuscules, dans les fissures les plus microscopiques, n'aperçoit partout que des vides, et ne soupçonne jamais que tout cela ait un centre. Je souhaite que quelques-uns des philosophes faisant partie de cet auditoire aient eu la chance de voir la critique appliquer à leurs ouvrages des procédés qui n'eussent rien de commun avec cette méthode intellectualiste!

Ce qui *existe* en réalité, je le répète, ce ne sont pas des choses toutes faites, mais des choses en train de se faire. Une fois faites, ce sont des choses mortes, et pour les définir, on peut recourir à un nombre infini de décompositions conceptuelles, laissant toujours des alternatives à choisir. Considérez, au contraire, comme en *train de se faire* la chose à définir; donnez-vous cette attitude à son égard par un élan de sympathie intuitive; et, embrassant ainsi la série entière des décompositions possibles, vous ne serez plus gênés par la question de savoir laquelle entre toutes est la plus absolument vraie. Vous faites *tomber* la réalité, quand vous le versez dans le crible de vos analyses conceptuelles; vous la voyez *monter* quand vous la laissez vivre de sa propre vie non mutilée: alors, elle a ses bourgeons et ses fleurs en bouton; elle est diversité, elle est création. Entrez une fois, à n'importe quelle occasion, dans ce mouvement qui est celui de la vie; et vous connaîtrez ce que Bergson appelle le *devenir réel*, le devenir qui fait qu'il y a évolution et croissance partout. La philosophie se doit de pratiquer cette vivante méthode pour chercher à comprendre le mouvement de la réalité, au lieu de s'en aller derrière la science recueillir quelques débris parmi les choses mortes qu'elle nous donne, et de faire sur ces débris un stérile travail de rapiécetage.

J'ai choisi dans la philosophie de M. Bergson ce qui me suffit pour l'objet de ces leçons. Je m'en tiendrai donc là, sans m'arrêter à aucun des autres éléments qui la constituent, quels qu'en soient l'intérêt et l'originalité. Peut-être direz-vous, et quelques-uns d'entre vous sont sans doute en train de se dire, qu'en nous renvoyant ainsi à la sensation, M. Bergson en revient, par une véritable régression, à cet empirisme plus que rudimentaire que vos idéalistes depuis Green ont par dix fois tué et enterré. Il y a bien là, je l'avoue, un retour à l'empirisme; mais un tel retour, effectué sous une forme si heureuse, ne fait que prouver l'immortelle vérité de cette méthode. Ce qui ne veut pas rester dans la tombe doit avoir une réelle vitalité.

« Au commencement était le fait » (*Am Anfang war die Tat*). Le fait est une donnée *primitive*: toute notre manipulation conceptuelle ne vient qu'après; et, à l'égard de cette première donnée, elle n'est qu'un succédané, toujours inadéquat, jamais un parfait équivalent. Quand je lis quelque ouvrage récent des représentants de la philosophie transcendantale, — mon collègue Royce fait, en partie, exception ! — je vois l'auteur y marquer le pas sur place, jouer des mâchoires comme s'il rongeait son frein, piétiner le sol pour reprendre la même attitude qu'auparavant, à la manière d'un cheval qui se fatigue et se démène dans une stalle devant une mangeoire vide ; et je n'y vois rien de plus. On n'y fait que tourner à l'envers, puis remettre à l'endroit, quelques catégories ou concepts toujours les mêmes et usés jusqu'à la corde ; que soulever les mêmes objections, fournir avec la même insistance les mêmes solutions et les mêmes réponses, sans que jamais s'offre aux yeux un fait nouveau ou un nouvel horizon. Ouvrez Bergson, et de nouveaux horizons s'estompent à chaque page. Il semble qu'on y respire la brise du matin, et qu'on y entende le chant des oiseaux. C'est de la réalité elle-même qu'on nous parle ici, au lieu de ne faire que nous ressasser les choses écrites par des professeurs d'une intelligence toute poudreuse sur ce que d'autres professeurs ont pensé avant eux. Dans Bergson, rien qui sente le vieux fonds de boutique ou le bric-à-brac.

Ce qui ne manquera pas de lui faire tort aux yeux des intellectualistes, c'est qu'il ne nous donne pas un système clos et fermé. Il se contente d'évoquer la réalité, de lui adresser un appel ; mais il n'en commence pas moins par supprimer le veto intellectualiste, de sorte que, grâce à lui, nous emboîtons désormais le pas à la réalité, avec une conscience philosophique qui jamais encore n'avait été complètement affranchie. Comme un de ses disciples français le dit très bien, « Bergson réclame d'abord de nous une sorte de catastrophe intérieure, et tout le monde n'est pas capable d'une telle révolution logique. Mais à ceux qui, une fois, ont eu la souplesse nécessaire pour exécuter cette volte-face psychologique, il semble qu'ils ne puissent plus revenir à leur première attitude d'esprit : ce sont des Bergsoniens... A ceux-là la pensée principale de l'ouvrage apparaît tout de suite. Ils ont compris comme on aime, ils ont saisi toute la mélodie dès l'abord et n'auront plus qu'à admirer l'ingéniosité, la fécondité, les dons d'imagination avec lesquels l'auteur développe, transpose le thème original et reprend sous mille formes, dans l'orchestration de son style et de sa dialectique, ce motif original[1]. »

En souhaitant que cet exposé, tout sommaire qu'il est, inspire à quelques-uns d'entre vous l'envie de se reporter aux ouvrages mêmes de M. Bergson, il me faut maintenant revenir au point où j'en étais quand j'ai jugé opportun d'appeler ses idées à mon aide.

[1] Gaston Rageot, *Revue philosophique*, vol. LXIV, p. 85. Juillet 1907.

Dans ma dernière leçon, je vous ai parlé des difficultés en présence desquelles l'intellectualisme m'avait mis moi-même. Il s'agissait alors de savoir comment une multitude de consciences séparées peuvent être en même temps une seule et unique chose collective. Étant donné, me demandais-je, un seul et même contenu identique de l'expérience, pour lequel *être* consiste, d'après les principes idéalistes, à se trouver *senti*; comment admettre que ce contenu puisse être senti si diversement, s'il faut admettre qu'il est lui-même le seul sujet sentant?

L'échappatoire habituelle fournie par la formule « comme tel », ou une autre du même genre, ne nous est ici d'aucun secours, si nous adoptons l'intellectualisme radical, disais-je; car le fait d'apparaître ensemble n'est pas, *comme tel*, le fait d'apparaître séparément; le monde *en tant que* multiple n'est pas le monde *en tant qu'*un, comme le prétend la philosophie de l'absolu.

Restais-je fidèle au principe de Hume, dont l'intellectualisme le plus récent a tiré un si grand parti, à savoir que toutes les choses qu'on distingue sont aussi réellement séparées les unes des autres que s'il n'existait entre elles aucun rapport d'aucune sorte? Je ne voyais alors aucune issue, à moins d'abandonner tout à fait l'expérience et d'invoquer différents agents spirituels, des *Moi* conscients ou des âmes, pour obtenir la multiplicité nécessaire. Mais, accepter d'être redevable de ma délivrance à des « entités scholastiques », je n'y étais pas plus disposé que les partisans de l'idéalisme.

Cependant, pour citer encore le mot de Fechner, « rien de réel ne saurait être impossible », me disais-je (nichts wirkliches kann unmöglich sein). Ce qu'il y a de réel à chaque moment de notre vie, c'est précisément ce qu'il me faut vous rappeler maintenant. Vous pouvez entendre les vibrations d'un appareil électrique destiné à établir un contact, sentir l'ozone, voir les étincelles et sentir la secousse, tout cela d'une façon pour ainsi dire co-consciente ou dans un seul et unique champ de l'expérience. Mais vous pouvez également isoler n'importe laquelle de ces sensations en éliminant toutes les autres. Fermez les yeux, bouchez vos narines et retirez votre main : vous ne pourrez plus avoir que la sensation du son, et celle-ci ne vous semblera pas ne plus être la même qu'auparavant. Rétablissez l'action des autres organes : le son se fondra de nouveau avec les sensations du toucher, de la vue et de l'odorat. Eh bien! la manière naturelle d'exprimer tout cela[1], c'est de dire que certaines sensations sont

---

1. Dans ma *Psychologie*, j'ai moi-même parlé dans un autre sens, mais d'une façon aussi plausible que je le pouvais. Pour certains cas privilégiés, il me semble même n'avoir rien dit que d'exact. Pour les autres cas, au contraire, c'est à la méthode naturelle qu'il faut en revenir.

éprouvées tantôt isolément, tantôt réunies à d'autres sensations dans un même champ de conscience.

Les fluctuations de l'attention donnent des résultats analogues : suivant la direction qu'elle reçoit, tantôt elle fait entrer une sensation, tantôt elle la laisse à la porte; et nous faisons de même pour nos souvenirs.

On me permettra de ne pas soulever ici la question de savoir comment *se produisent* ces changements. La condition immédiate en est probablement cérébrale dans chacun des cas; mais ce n'est pas le moment de s'en occuper, puisqu'il ne s'agit que des résultats de ces changements ; et je répète que la manière de nous les représenter est celle que la critique intellectualiste trouve si absurde.

Cette prétendue absurdité tient à ce qu'une seule et même chose doive fonctionner d'une façon si différente, tantôt avec une autre chose et tantôt seule. Or, pour les sens, c'est bien ce qu'elle semble faire. Ce bureau même, que je frappe avec ma main, frappe à son tour vos yeux, si vous me voyez. Il fonctionne tout à la fois comme un objet physique dans le monde extérieur, et comme un objet mental dans nos divers mondes psychologiques. Mon propre corps que *ma* pensée met en mouvement, est le corps dont les gestes sont l'objet de *votre* perception visuelle et auquel vous donnez mon nom. Le même soliveau que Jean aidait à porter, est le soliveau que Jacques porte à présent. La jeune fille même que vous aimez est engagée ailleurs en même temps. Le même lieu qui est derrière moi est en face de vous. Regardez où vous voudrez : vous ne recueillerez que des exemples du même au milieu du différent, des exemples de relations différentes qui existent dans une même chose en s'y résolvant pour ainsi dire. *En tant qu*'elle est « ceci », une impression n'est pas la même qu'*en tant qu*'elle est « cela », direz-vous. C'est assez juste : seulement, tous ces « en tant que » sont de purs concepts ; et ces concepts ressemblent à des projectiles fabriqués et lancés par nous pour atteindre, non pas cette expérience elle-même, mais uniquement son cadavre après qu'elle a cessé d'être.

En fait, il n'est pas une seule chose qui ne figure, dans les données immédiates de nos sensations, comme étant simultanément toutes les choses différentes qu'elle se trouve être simultanément dans la réalité, à quelque degré que ce soit. Elle est avant C et après A, loin de vous et près de moi, sans telle compagne et avec telle autre ; elle est simultanément une chose active et une chose passive, physique et mentale, un ensemble de parties, et une partie d'un tout supérieur : elle est tout cela, d'une manière absolument indivisible, sans se trouver en conflit avec elle-même comme sans avoir besoin de se dédoubler.

Il en est ainsi tant que nous en restons à ce que j'appelle le point de vue *immédiat*, à ce point de vue grâce auquel nous suivons la continuité de notre vie au travers de nos sensations, et auquel le langage d'un être vivant se conforme partout. Essayez, au contraire, pour continuer d'employer la phraséologie hégélienne, de poser « discursivement » l'immédiat ou de substituer des concepts aux sensations qui sont notre vie même : c'est alors que l'intellectualisme célèbre son triomphe, et c'est alors seulement qu'apparaît comme démontrée la contradiction interne que porte en soi le cours si régulier de toute cette expérience finie.

Quel remède trouver aux inconvénients qui résultent de cette situation ? On a imaginé une sorte de concept surnuméraire, un objet qu'on appelle un absolu, et l'on y met en paquet les contradictions mêmes qui sont précisément demeurées irréductibles. De cette bizarre invention je parlerai dans ma prochaine leçon. On nous dit que l'absolu accomplit ses chefs-d'œuvre en absorbant son contraire en lui-même. Or c'est exactement ce qui se passe quand chaque portion individuelle du courant des sensations absorbe les portions contiguës en fusionnant avec elles. Et c'est justement ce que j'entends par la continuité sensible du courant. *Là*, aucun élément ne se détache de n'importe quel autre élément, à la manière dont les concepts se détachent des concepts. *Là*, nulle partie si petite qui ne soit un confluent. *Là*, aucune partie n'est réellement *proche* de ses voisines : cela veut dire qu'il n'y a littéralement rien *entre* elles; qu'aucune partie ne va exactement jusqu'à tel endroit et pas plus loin; cela veut dire encore qu'aucune n'en exclut absolument une autre, mais qu'elles se compénètrent et « s'entre-tiennent »; que si vous en arrachez une, ses racines en amènent d'autres; que tout objet réel va se répandre dans d'autres objets réels ou se trouve télescopé par eux. Bref, chacune des choses les plus minuscules est déjà elle-même « son propre autre » hégélien, dans toute la force du terme.

Tout cela, bien entendu, *semble* contradictoire. Mais quand il s'agit de données immédiates, de faits non encore réduits à des concepts et à des noms, pour être exprimés dans le langage, il s'agit de ce qui *est*, et non pas de ce qui *semble*. La contradiction ne se produit qu'avec la forme conceptuelle ou discursive substituée à la forme réelle. Or, si, comme le montre Bergson, cette forme discursive ne leur est imposée après coup que pour certaines fins pratiques et pour nous permettre de parcourir la vie en quelques bonds effectués çà et là, au lieu d'y cheminer péniblement; et si les concepts ne peuvent pas même prétendre révéler quoi que ce soit de ce qui est ou doit être la vie dans sa nature intime, eh bien! alors, nous pouvons, à toutes les récriminations de la logique, faire la sourde oreille !

Cette résolution de faire ici la sourde oreille est la crise ou « catastrophe » intérieure dont parlait le disciple de M. Bergson que j'ai cité plus haut. Nous sommes tellement assujettis à la tradition philosophique qui considère généralement le *logos* ou la pensée discursive comme l'unique chemin conduisant à la vérité, qu'il nous est on ne peut plus pénible de redescendre, d'en revenir à la vie réelle, de la reprendre sous sa forme brute, non encore réduite à des termes, — forme qui est plus instructive que l'autre, — et de ne plus voir dans les concepts que des choses d'un intérêt exclusivement pratique, selon le mot de Bergson. Faire cela, c'est renoncer à cette maturité d'esprit dont nous sommes si fiers; c'est, aux yeux de l'entendement, redevenir de petits enfants à qui manque la raison ! Néanmoins, quelque difficulté que présente une telle révolution, je crois qu'il n'existe aucun autre moyen pour se mettre en possession de la réalité.

SEPTIÈME LEÇON

La continuité de l'expérience.

Comment Green juge le sensualisme. — Aussi bien que les termes, les *relations* sont des données immédiates. — La continuité des choses apparaît dans leur flux lui-même, immédiatement connu : elle n'est nullement l'œuvre d'une raison tout abstraite qui ferait disparaître leur incohérence originelle. — La continuité se déroule dans les données élémentaires de l'expérience. — Valeur illusoire des objections formulées contre la composition des états de conscience. — Les unités concrètes de l'expérience sont « autres » par rapport à elles-mêmes. — De proche en proche, la réalité effectue sa convergence. — Il faut nettement répudier l'intellectualisme. — L'absolu n'est qu'une hypothèse. — Le Dieu de Fechner n'est pas l'absolu. — Par l'absolu ne se résout aucune des difficultés que soulève l'intellectualisme. — L'existence d'une conscience surhumaine est-elle vraisemblable ?

Il n'y a, je le crains, qu'un petit nombre d'entre vous qui auront pu obéir à l'appel de Bergson et se tourner vers la vie de la sensation pour en tirer une connaissance plus adéquate de la réalité. Un petit nombre seulement l'auront vu avec sympathie entreprendre de limiter ce droit divin au nom duquel les concepts s'érigent en loi absolue de notre intelligence. Il doit vous sembler qu'à suivre son exemple, on regarderait, non pas au-dessus de soi, mais au-dessous. Or, la philosophie, pensez-vous, ne se traîne pas à plat ventre au sein de l'expérience, en plein sable, en plein gravier, comme le veut ce bergsonisme qui jamais ne cherche à entrevoir les choses d'un peu haut. La philosophie, au contraire, s'élève au-dessus de la réalité pour en avoir la vision. Elle ne se borne pas à percevoir le détail des choses: elle embrasse leur plan intelligible, leurs formes et leurs principes, leurs catégories et leurs lois, leur ordre et leur nécessité. Elle se place au point de vue supérieur de l'architecte. Est-il concevable qu'elle doive jamais abandonner ce point de vue pour se laisser vivre dans le débraillé de la sensation immédiate?

Que vous dirai-je? Sans parler de votre culte pour Aristote et Platon, qui est traditionnel à Oxford, il est probable que le levain déposé par Green y fermente encore trop puissamment pour que l'horreur du sensualisme puisse rapidement y décliner. Certes, plus que personne, Green a vu que toute connaissance *relative* aux choses était une connaissance portant sur leurs relations; mais rien ne pouvait le convaincre que notre vie sensationnelle pût rien contenir qui donnât une relation quelconque. Il appliquait aux sensations la méthode intellectualiste dans toute sa rigueur; et, pour lui, ce que la définition de la sensation ne renfermait pas expressément, la sensation même devait l'exclure. Les sensations ne se définissant pas par l'idée de relation, Green pensait qu'en fin de compte elles ne pouvaient avoir de rapports entre elles que grâce à l'action sur elles exercée d'en haut par un esprit absolu, éternel, conscient de lui-même, partout présent là où des relations existent, mais demeurant étranger lui-même à toute relation. « Une relation, dit-il, n'est pas rendue contingente par la contingence de la sensation. Sa permanence est la permanence même de la pensée unifiante qui seule peut l'établir par des comparaisons[1] ».

En d'autres termes, les relations sont des objets purement conceptuels, et la vie de nos sensations, prises comme telles, ne saurait les mettre en relation les unes avec les autres. La sensation pure, écrit Green, est fugitive, momentanée, impossible à nommer, puisqu'à l'instant même où elle reçoit un nom, elle est déjà devenue autre chose. Pour la même raison, elle est inconnaissable : elle est même la négation de toute connaissance possible. S'il n'existait pas des objets posés d'une façon permanente par nos concepts et auxquels nous puissions *rapporter* nos sensations, il n'y aurait pas de noms ayant un sens, mais seulement des bruits, et un sensualisme conséquent avec lui-même devrait être muet[2].

1. *Introduction to Hume*, 1874, p. 131.
2. *Ibid.* pp. 16, 21, 36, et *passim*.

L'intellectualisme de Green avait un tel accent de conviction qu'il ne pouvait manquer d'avoir de l'écho. Mais ces sensations conçues par lui comme pareilles à des atomes sans rapports entre eux, n'étaient que des fictions de son imagination intellectualiste. Notre psychologie d'aujourd'hui les répudie absolument [1]. Green nous fait peine, quand nous le voyons se donner tant de mal pour malmener le pauvre vieux Locke, — et cela faute d'avoir soupçonné que, s'il y avait quelque chose d'inacceptable, c'était justement sa propre manière de concevoir la sensation, comme aussi faute d'avoir su trouver un autre refuge, un autre remède, que son idéalisme transcendantal !

A examiner concrètement la vie sensible, il est impossible de ne pas voir que les relations de toute sorte : temps, espace, différence, ressemblance, changement, mesure, cause, etc., font partie intégrante du flux des sensations tout autant que les sensations elles-mêmes ; et pareillement impossible de ne pas voir que les relations conjonctives font partie de ce flux tout aussi réellement que les relations disjonctives [2]. C'est là

---

[1]. Voyez, entre autres, le chapitre sur le « Stream of Thought », dans ma *Psychologie*; H. CORNÉLIUS, *Psychologie*, 1897, ch. I et III ; G. H. LUQUET, *Idées générales de Psychologie*, 1906. *Passim*.

[2]. Cf. Sur cette question, un article de l'auteur intitulé : *Le monde de l'expérience pure*, dans le *Journal of Philosophy*. New-York, vol. I, pp. 533, 561 (1905).

ce que, dans certaines de mes dernières publications, j'ai appelé « l'empirisme radical », pour le distinguer de cette doctrine des atomes psychologiques que suggère si souvent le mot *empirisme*.

Les objections de l'intellectualisme portent principalement sur ce point que les sensations apparaissent comme *dis*jointes, et non pas autrement. D'après l'empirisme radical, les conjonctions qui les unissent ne sont pas données moins immédiatement que les disjonctions ; et, disjonctive ou conjonctive, une relation, prise à sa source, c'est-à-dire dans les données sensibles, est tout aussi fugitive et momentanée, tout aussi « particulière », pour parler comme Green, que les sensations ainsi qualifiées par lui. Plus tard, sensations et relations deviennent des idées générales, des concepts exprimés par des noms[1]. Mais tout ce qu'il y a de profond, de « substantiel », de concret et d'individuel dans l'expérience, on le trouve dans les premières données immédiates non encore exprimées par aucun nom, ou à peine. Et c'est sur la richesse de l'expérience à son premier stade, comme sur l'impuissance de nos concepts à l'égaler jamais,

1. La tentative faite par Green pour discréditer les sensations en alléguant leur « mutisme », c'est-à-dire le fait qu'à la différence des concepts, elles ne se présentent pas accompagnées de noms, — cette tentative montre seulement à quel point l'intellectualisme est dominé par le verbalisme. Innommé apparaît chez Green comme synonyme d'irréel.

que le professeur Bergson nous invite avec tant de force à fixer notre attention.

Maintenant nous allons, et j'en suis bien aise, pouvoir commencer à rattacher ensemble quelques-uns des fils épars de notre argumentation, et à voir un peu mieux vers quelle conclusion générale nous tendons. Veuillez vous rappeler ce que j'ai dit dans mon avant-dernière leçon sur la difficulté de comprendre comment se fait la synthèse des états de conscience. Qu'il s'agisse, en psychologie, de savoir comment certains états de conscience définis peuvent se former à même d'autres états définis, plus élémentaires ; ou qu'il s'agisse, en métaphysique, de savoir comment l'esprit absolu se forme, en général, à même les esprits finis, la difficulté restait la même. Telle est toujours, en effet, la difficulté que soulève le conceptualisme : *une* chose ne saurait être identique à *plusieurs* autres, que celles-ci soient données ensemble ou successivement, car les concepts abstraits d'unité et de pluralité doivent nécessairement s'exclure l'un l'autre. Dans l'exemple particulier qui nous a retenus si longuement, le soliveau unique est la forme *tout*, la forme collective de l'expérience ; les multiples porteurs successifs sont les formes *chaque* ou les formes individuelles de la même expérience en vous et en moi. Pour juger identiques entre elles ces deux sortes de formes, il faudrait les considérer comme si chacune d'elles était en même temps son « propre autre »; et c'est là un tour de force rendu impossible par les principes du conceptualisme.

En adoptant, au contraire, comme principe d'aller voir ce qu'il y a derrière la fonction conceptuelle, d'aller chercher dans le flux primitif de la vie sensible le véritable aspect de la réalité, une issue s'ouvre devant nous, ainsi que j'ai essayé de le montrer dans ma dernière leçon. Non seulement l'absolu est son « propre autre »; mais les moindres parcelles de notre expérience immédiate sont « leurs propres autres », pour employer l'expression hégélienne. Les pulsations concrètes de l'expérience n'apparaissent nullement comme parquées dans les limites déterminées où se trouvent enfermés les concepts que nous leurs substituons. Elles courent se jeter les unes dans les autres et semblent se pénétrer mutuellement, sans aucune solution de continuité. Ce qui en elles est relation se distingue malaisément des termes mis en relation. Il n'en est pas une que vous éprouviez intérieurement comme simple, et il n'y en a pas deux dont vous sentiez qu'elles se rencontrent sans aucunement se confondre. Pas une seule donnée, si minime soit-elle, qui n'offre ce mystère, si mystère il y a. La plus infime de nos impressions se présente comme ayant une première phase et une phase ultérieure qui forment un processus continu dont nous avons le sentiment.

M. Shadworth Hodgson a montré, il y a longtemps, que le moment présent n'existe littéralement pas, si ce n'est à titre de postulat abstrait sans réalité[1]. Le moment *qui passe* n'est, comme je vous l'ai déjà rappelé, qu'un fait réduit à sa plus simple expression, impliquant « l'apparition d'une différence » en lui aussi bien qu'en dehors de lui. Si nous ne percevons pas à la fois le passé et le présent dans un seul et unique champ de conscience, nous ne les sentons pas du tout.

Nous rencontrons de même l'unité dans la multiplicité pour les données remplissant le temps *qui passe*. La vie de notre pensée a toujours comme trait distinctif l'élan dont elle se porte au delà des contours où elle s'effrange, pour ainsi dire. C'est une vie qu'on se représente, dans sa réalité, comme celle d'une chose en équilibre toujours instable; quelque chose à l'état de transition; quelque chose qui jaillit de l'obscurité sous l'aspect d'une aurore, pour devenir cette pleine lumière que nous sentons être l'aurore elle-même, complètement épanouie. Au milieu même de la continuité, notre expérience offre l'aspect du changement. « Oui, disons-nous devant la pleine lumière; voilà bien ce dont j'avais le sentiment. » Et quelle est notre impression devant l'aurore ? « Non, disons-nous alors; ce n'est pas encore

---

1. *Phylosophy of Reflection*, I, 248 ff.

pleinement ce dont j'avais le sentiment : il y a quelque chose qui manque et qui devra venir. » Toutes les fois qu'il y a dans la sensation un crescendo ; toutes les fois qu'il y a un effort pour la rappeler, un acheminement vers la satisfaction d'un désir, c'est dans cette succession d'un vide et d'une plénitude qui se correspondent et qui « ne sont qu'une seule chair », que réside l'essence même du phénomène. Pareillement se correspondent « le présent » et « l'absent. » Toutes les fois qu'un obstacle se dresse devant le désir, alors surtout devient manifeste le sentiment d'une présence idéale qui n'est pas là en fait ; ou, en un mot, le sentiment d'un « absent » qui seul donne au « présent » sa signification.

Dans le mouvement de la pensée pure, nous observons le même phénomène. Quand je dis : *Socrate est mortel*, le moment *Socrate* est incomplet : il se porte en avant pour traverser le verbe *est* qui se réduit à un simple mouvement, et tomber dans *mortel*. Avec ce dernier terme, il n'y a bien que le concept « mortel », tout sec, sur la langue qui le prononce ; mais, ce qu'il y a pour l'esprit, c'est *ce mortel*, le *mortel Socrate*, dont le compte finit par être réglé d'une manière satisfaisante[1].

1. La plus grande partie de ce passage est tirée du discours prononcé par l'auteur à l'Association américaine de Psychologie, et imprimé dans la *Psychological Review*;

Ici donc, à l'intérieur des pulsations les plus élémentaires de l'expérience, se trouve réalisée cette même complexité intérieure qui, selon les transcendantalistes, n'est possible que pour l'absolu, et n'appartient effectivement qu'à lui. Le fond du débat est toujours le même : quelque chose va toujours, indissolublement, avec autre chose. Vous ne pouvez pas séparer le même de son contraire, si ce n'est en abandonnant tout à fait le réel pour vous jeter dans le système conceptuel. Ce qui se trouve immédiatement donné dans tel cas particulier et isolé, est toujours quelque chose faisant partie d'un fonds commun et indivis ; — et cela sans qu'il y ait aucun point qui ne soit pas du tout éclairé, aucun point laissé absolument nul pour la connaissance. Pas une seule parcelle élémentaire du réel ne s'éclipse pour nous quand nous empruntons notre point de vue à la parcelle voisine, pourvu seulement que nous saisissions la réalité dans ses aspects sensibles et par pulsations suffisamment menues ; — et c'est bien de cette manière qu'il faut la saisir, car notre capacité de connaître est trop étroite pour atteindre l'ensemble des choses, si ce n'est d'une façon nominale et abstraite.

Peut-être n'existe-t-il nulle part plus de réalité ramassée en un même tout et au même moment,

---

vol. II, p. 105. Je me réjouis de voir combien peu j'étais éloigné, dès 1895, de la position que j'occupe maintenant à l'égard du bergsonisme.

que dans l'expérience qui consiste pour moi à lire cette page, et qui peut consister pour d'autres soit à l'écouter soit à la lire eux-mêmes : à mesure, cependant, que se déroulent ces deux fragments d'expérience, nous en éprouvons une plénitude de satisfaction que ne pourrait donner aucune description conceptuelle. Les expériences sensibles sont donc « leurs propres autres », à la fois intérieurement et extérieurement. Intérieurement, elles ne font qu'un avec leurs parties; et, extérieurement, elles se prolongent, sans subir aucune interruption, dans leurs plus proches voisines : de la sorte, les événements qui se sont produits dans une vie d'homme, à des années d'intervalle, sont suspendus les uns aux autres, par un enchaînement continu, à l'aide des événements intermédiaires. Certes, leurs *noms* les découpent en entités conceptuelles isolées; mais nulle coupure n'existait à l'origine dans la continuité où ils se sont produits.

Munis de ces constatations, si nous revenons au problème spécial qui nous gênait, il nous faut reconnaître non fondée en principe notre ancienne objection contre la possibilité pour les états de conscience de se combiner les uns avec les autres. Nous invoquions des raisons purement logiques. Or, pris concrètement, tout état de conscience, quelque minime qu'il soit, dépasse sa propre définition. Il n'y a que les concepts pour être identiques à eux-mêmes; il n'y a que la « raison » pour opérer sur des équations formant chacune un système clos. *Nature* veut dire « débordement » : dans la nature, pas un seul point qui ne s'ouvre, qui ne s'étale et bien vite ne devienne plus qu'il n'était. Quelque point que nous considérions, la seule question à poser est celle-ci : jusqu'où peut aller pour nous la nécessité de pénétrer dans le reste de la nature pour dépasser ce point ?

Dans la pulsation de vie intérieure qui, en ce moment, est immédiatement présente pour chacun d'entre nous, il y a un peu de passé, un peu d'avenir, avec une vague idée de notre propre corps et de celui de chacune des autres personnes présentes, ainsi que de ces sublimités dont nous essayons de parler, — de l'aspect que présente la terre — des directions de l'histoire, — de la vérité et de l'erreur, — du bien et du mal; — que sais-je encore? Toutes ces choses dont vous avez l'impression, si confuse et subconsciente que l'impression puisse être, la pulsation de votre vie intérieure forme avec elles un tout continu dont les parties sont solidaires entre elles. Il n'en est pas une seule avec laquelle vous puissiez identifier votre pulsation plutôt qu'avec les autres. Quelle que soit, en effet, celle dans la direction de laquelle vous la laisserez se développer, cette chose à laquelle aboutira son développement se retournera, pour ainsi dire, vers elle, en disant : « voilà quel fut mon germe originel » !

Donc, *en principe*, les unités réelles de notre vie immédiatement sentie sont différentes des unités auxquelles la pure logique s'attache pour faire ses calculs. Elles ne sont pas isolées de « leurs propres autres »; et, pour en trouver deux, n'importe lesquelles, qui paraissent isolées, il vous faut les considérer à des dates très éloignées. Alors, il est vrai, elles apparaissent bien comme séparées de la même manière que leurs concepts : un gouffre béant s'aperçoit entre elles; mais ce gouffre même n'est qu'une fiction intellectualiste produite par les abstractions effectuées à même la couche continue des expériences dont le temps intermédiaire était rempli. C'est comme le soliveau porté d'abord par Guillaume et Henri, puis par Guillaume, Henri et Jean, puis par Henri et Jean, puis par Jean et Pierre et ainsi de suite. Toutes les unités réelles de l'expérience se superposent et se recouvrent. Soit, sur une feuille de papier, une ligne de points équidistants et symbolisant les concepts par lesquels nous exprimons l'univers en termes intellectuels. Supposez, en outre, que notre expérience sensible soit représentée par une règle, de longueur suffisante pour couvrir au moins trois de ces points. Supposez enfin que, pour symboliser les changements successifs de cette expérience, traduits en concepts, vous fassiez glisser la règle le long de cette ligne de points. Les concepts, l'un après l'autre, s'adapteront à cette règle, puis resteront en dehors; mais elle en couvrira toujours au moins deux, et en aucun cas il ne faudra moins de trois points pour que la coïncidence soit parfaite entre eux et *votre règle*. Vous dénaturez l'expérience si vous la considérez conceptuellement, c'est-à-dire d'après la loi régissant de simples points, et abstraction faite de la règle elle-même.

Ce qui est vrai ici des états successifs, doit être également vrai des états simultanés. L'existence de l'un se superpose, pour la recouvrir, à l'existence de chacun des autres. Le champ actuel de ma conscience est un centre entouré d'une frange se dégradant peu à peu en quelque chose qui est pour elle une addition, mais une addition subconsciente. J'emploie ici trois termes séparés pour décrire ce fait; mais j'aurais pu tout aussi bien en employer trois cents, car il est tout en nuances successives ne comportant aucune limite. A proprement parler, quelle partie de ce fait est dans ma conscience? Laquelle se trouve en dehors? Que je réponde en nommant celle qui est en dehors, et voilà qu'elle y a déjà pénétré! Le centre travaille d'une manière pendant que les contours travaillent d'une autre, et maintenant voici que, triomphant de lui, ce sont eux qui deviennent le centre à leur tour!

Ce avec quoi nous nous identifions conceptuellement, et ce que nous affirmons être notre pensée à un moment quelconque, c'est là notre centre;

mais notre vrai *Moi*, notre *Moi intégral*, remplit le champ tout entier de notre expérience, avec toutes ces possibilités subconscientes d'accroissement qui rayonnent à l'infini, dont nous ne pouvons avoir que le sentiment, sans les pouvoir ériger en concepts, et dont nous pouvons à peine tenter l'analyse. On voit coexister ici ce qui est manière d'être collective et ce qui est manière d'être toute particulière ; car chaque partie fonctionne distinctement et se trouve en rapport avec la région spéciale qui est la sienne, au sein du reste, encore plus vaste, de l'expérience, et elle tend à nous entraîner dans cette seconde région : cependant le tout est senti d'une manière ou d'une autre comme une seule et unique pulsation de notre vie ; — je ne dis pas que nous le concevons de cette manière, mais que nous le *sentons* ainsi.

En principe donc, je le répète, l'intellectualisme a perdu tout ce qui faisait sa force : il ne peut qu'approximer la réalité, et sa logique est inapplicable à notre vie intérieure qui méprise ses vetos et se moque de ses impossibilités. A tout instant, chaque parcelle de notre *Moi* est en même temps l'une des parcelles d'un *Moi* plus vaste : les vibrations de cette parcelle se propagent en de multiples rayons, pareils à ceux de la rose des vents sur une boussole, et tout ce qui se trouve y passer à l'acte se continue, pour ne faire qu'un avec eux, dans les possibles non encore accessibles à nos regards[1]. Et, de même que nous avons conscience de notre être aussi bien que de notre limite momentanée, n'est-il pas possible que nous formions également la limite de quelque *Moi* qui serait plus réellement le centre des choses, et qui à son tour aurait conscience de son être aussi bien que de nous tous ? Est-ce que vous et moi ne pouvons pas être en quelque sorte les affluents d'une conscience supérieure, au sein de laquelle nous agirions de concert, sans en rien savoir actuellement ?

Je me fatigue et je vous fatigue, je le sais, en cherchant vainement à décrire par des concepts et des mots cette réalité dont j'affirme en même temps qu'elle dépasse soit les concepts, soit les mots. Tant que l'on continue de *parler*, l'intellectualisme demeure sans conteste maître du terrain : aussi n'est-ce point en parlant que l'on peut nous remettre en présence de la vie. Il faut l'*action* :

---

1. Pour la conscience du moment présent, pour le moi central, cette position privilégiée est probablement déterminée par ses relations fonctionnelles avec les mouvements actuels ou imminents du corps. C'est le moi présent, *agissant*. Quoique les prolongements qui l'entourent puissent être *subconscients* pour nous, cependant si, dans sa *capacité collective*, il exerce également une fonction active, il peut être conscient d'une manière plus large et, pour ainsi dire, par-dessus notre tête.

Pour les relations de la conscience avec l'action, voyez *Matière et Mémoire*, de Bergson, *passim*, surtout ch. I. Comparez aussi les indications de Münsterberg dans *Grundzüge der Psychologie*, ch. XV; celles que donnent mes *Principles of Psychology*, vol. II, pp. 581-592 ; et celles de W. Mc. Dougall, dans sa *Physiological Psychology*, ch. VII.

pour vous faire « revenir à la vie », il me faut vous proposer un exemple à imiter; il me faut vous rendre sourds à toute parole, ou à l'importance des mots, en vous montrant, comme le fait Bergson, que les concepts au moyen desquels nous nous exprimons sont faits en vue de la *pratique*, et non de la connaissance du réel. Ou bien encore, il faut que je vous montre du doigt la vie en me bornant à vous dire : la vie, *la voilà!* et vous, il faut que, grâce à une sympathie intérieure qui vous la fait sentir, vous complétiez cette indication par vous-mêmes, pour savoir *ce qu'est* la vie.

Quelques-uns d'entre vous, je le sais, se refuseront absolument à entrer dans cette voie, et à penser au moyen de termes qui ne soient pas devenus des concepts. Moi aussi, je m'y suis refusé absolument pendant des années, même après avoir constaté que la négation intellectualiste de l'unité dans la multiplicité devait être fausse, puisque c'est bien un fait que la même réalité accomplit simultanément les fonctions les plus variées. Mais je comptais toujours sur une méthode intellectualiste rectifiée, pour tourner la difficulté : il me fallut lire Bergson pour m'apercevoir que tout le mal consistait justement à employer la méthode intellectualiste. Je vis que la philosophie avait toujours suivi une fausse piste depuis Socrate et Platon ; je vis que l'*intelligence* ne résoudrait jamais à *elle seule* les problèmes posés par l'intellectualisme, et que le vrai moyen d'en sortir, loin de se trouver dans la découverte d'une solution de ce genre, consiste tout simplement à faire la sourde oreille lorsqu'on les pose.

Quand le conceptualisme s'adresse à la vie, en termes conceptuels, pour la sommer de se justifier, cette sommation ressemble à un défi qu'on adresserait, en langue étrangère, à une personne d'ailleurs absorbée dans ses propres affaires : elle pourrait laisser tomber ce défi sans le relever, car il serait non avenu pour elle. C'est ainsi que s'accomplit pour moi cette « catastrophe intérieure », dont je parlais dans ma dernière leçon. J'avais littéralement épuisé mon assortiment de concepts ; mon intellectualisme avait fait faillite ; il me fallait tout reprendre à pied d'œuvre.

Il est probable qu'aucune de mes paroles ne vous convertira, puisque les paroles ne peuvent être que les noms des concepts. Mais ceux d'entre vous qui entreprendront sincèrement et opiniâtrément, chacun en particulier et pour son propre compte, de traduire en concepts vraiment intelligibles la réalité, ceux-là pourront, à mon exemple, se trouver contraints de faire volte-face. Je m'en tiens là, car je dois laisser à la vie le soin de vous instruire.

Nous avons ainsi atteint un point de vue où apparaît, à titre de fait certain, la manière dont l'esprit se compose ou s'organise dans celles de ses régions qui sont les moins vastes et les plus accessibles. De ce même point de vue se présente, à titre de légitime hypothèse, la conception théorique de la manière toute semblable, quoique plus vaste, dont il s'organise en des régions plus lointaines. L'absolu n'est pas l'être impossible que je pensais autrefois. Les phénomènes de la vie mentale fonctionnent en nous à la fois ensemble et chacun pour son compte : pourquoi nos consciences finies ne pourraient-elles pas fonctionner simultanément, les unes avec les autres, dans une intelligence surhumaine? Ce qu'une logique *à priori* doit se borner à nier, ce sont seulement les prétentions extravagantes des théories qui font jouer à l'absolu le rôle d'une nécessité contraignante. Comme toutes les hypothèses qui essayent de fonder leur probabilité sur l'analogie et l'induction, l'idée de l'absolu réclame une étude patiente. Qu'est-ce à dire, sinon qu'on ne travaillera sérieusement désormais qu'avec Fechner, en pratiquant sa méthode, plutôt qu'avec Hegel, Royce et Bradley? Fechner traite comme une simple hypothèse la conscience surhumaine à laquelle il croit cependant avec tant de ferveur; et, cette hypothèse, il la préconise ensuite avec toutes les ressources dont dispose, soit l'art d'inférer, soit l'art de persuader.

Il est vrai que Fechner lui-même est, dans ses ouvrages, un partisan de l'absolu, mais il l'est passivement, et non d'une manière active, si je puis m'exprimer ainsi. Certes, il *parle* non seulement d'une âme de la terre et d'une âme des corps célestes, mais aussi d'une âme du Cosmos qui intégrerait toutes choses sans exception ; et celle-là, il l'appelle Dieu, tout comme les autres l'appellent l'absolu. Néanmoins, sa *pensée* ne s'applique qu'à des âmes surhumaines et subordonnées ; et, content d'avoir rendu hommage, une fois pour toutes, à l'âme auguste de la totalité du Cosmos, il la laisse dans sa sublimité solitaire, sans essayer aucunement de la définir. De même que l'absolu, elle est « hors cadre », et ne saurait faire l'objet d'une vision quelque peu distincte.

Psychologiquement, il me semble que le Dieu de Fechner est pour lui un postulat paresseux, plutôt qu'une partie expressément élaborée de son système. Comme notre conscience enveloppe notre faculté de voir et d'entendre, de même l'âme de la terre enveloppe la nôtre, et de même encore l'âme des corps célestes enveloppe l'âme de la terre. Alors, où s'arrêter? Cette inclusion ne peut continuer ainsi indéfiniment ; il doit y avoir un terme final (*abschluss*), une enveloppe qui ne laisse rien en dehors d'elle et qui achève la série. Aussi Dieu est-il le nom donné par Fechner à cette dernière enveloppe qui renferme toutes choses. Mais cet être qui enveloppe tout, le voilà responsable de tout, y compris le mal ; et toutes les difficultés, tous les paradoxes que je découvrais dans l'absolu à la fin de ma troisième leçon, réapparaissent sans atténuation.

Loyalement, Fechner essaye d'étreindre le problème du mal, mais il le résout toujours à la façon de Leibniz : son Dieu n'est pas un absolu, car il le subordonne aux lois d'une « nécessité métaphysique » inviolable pour sa toute-puissance elle-même. Sa volonté est aux prises avec des lois qu'elle ne s'est pas elle-même imposées. Ce qu'il n'a pas créé, il le tolère provisoirement, et puis, avec une patience infinie, il s'efforce d'en triompher : sa vie se passe à le faire disparaître. Bref, il a une histoire. Chaque fois que Fechner essaye de le représenter clairement, son Dieu cesse d'être l'absolu qui inclut et synthétise tout, pour devenir le Dieu du théisme vulgaire[1]. Sous cette forme, il ne représente que l'élément idéal qu'il y a dans les choses : il est notre champion, notre soutien, et nous sommes ses collaborateurs dans la lutte contre les mauvaises parties de l'univers.

Fechner était en fait trop peu métaphysicien pour se soucier d'atteindre à une rigoureuse cohérence logique dans ces régions abstraites. Il croyait en Dieu de la manière dont les pluralistes y croient ; mais la part qu'il fait au convenu et ce que j'appellerais sa paresse intellectuelle, — si l'on pouvait parler

---

1. Cf. *Zend-Avesta*, 2ᵉ édition, vol. I, pp. 165 ff., 181, 206, 244 et suiv., etc.; *Die Tagesansicht*, etc., ch. v, § 6, et ch. xv.

de paresse, sous une forme quelconque, à propos d'un Fechner, — l'ont empêché de partir en guerre contre cette phraséologie moniste qui continuait d'avoir cours autour de lui. Moi, je vous propose de discuter ici le problème de Dieu sans commencer par nous embarrasser de l'hypothèse du monisme. En premier lieu, est-il vraisemblable qu'il existe une conscience surhumaine? Une fois ce point établi, il sera temps de se demander si la forme de cette conscience doit être conçue d'après le monisme ou d'après le pluralisme.

Cependant, avant d'aborder ces deux questions tour à tour, — et d'ailleurs très brièvement, en raison de tout ce que nous avons déjà vu, — permettez-moi de terminer notre examen rétrospectif par une dernière remarque sur l'étrange situation des partisans de l'absolu à l'égard de la logique. Qu'est-ce qu'ils ont vu dans cet absolu qu'ils invoquent? Rien autre chose qu'un être capable de résoudre en lui-même, par sa nature propre, les contradictions dont, à leur jugement, le fini, le multiple, est infecté comme tel. Cette *multiplicité dans l'unité* qui caractérise, ainsi que nous l'avons vu, chacune des moindres parcelles de notre expérience finie, est considérée par eux comme décisive contre la réalité d'une telle expérience. Ce qui comporte d'être distingué, nous disent-ils, est séparé : or, ce qui est séparé n'a aucune relation avec rien, car une relation, étant un « trait d'union, » ne ferait qu'amener une double séparation.

Hegel, Royce, Bradley, et en général les philosophes d'Oxford qui sont partisans de l'absolu, paraissent être d'accord sur cette absurdité logique de la multiplicité dans l'unité, uniquement là où on la rencontre dans l'expérience. Mais voyez leur singulière tactique ! Est-ce que l'absurdité se trouve *réduite* dans l'être absolu auquel ils font appel pour la redresser ? Loin de là, puisqu'en lui elle apparaît à une échelle infiniment plus grande et qu'elle s'étale, en quelque sorte, dans sa définition même !

Le fait que l'absolu n'est en relation avec aucun milieu extérieur, que toutes les relations lui sont intérieures, ce fait ne le sauve pas davantage. Quel est, en effet, le grand argument de M. Bradley contre le monde fini ? C'est que, *dans* n'importe laquelle de ses parcelles, la présence de plusieurs qualités ou caractères — la couleur blanche ou la saveur sucrée d'un morceau de sucre, par exemple, — est contradictoire en soi.

Finalement, donc, la seule raison qui fait invoquer l'absolu est cette éternelle exigence de la nature humaine outragée : la réalité ne *peut* pas être qualifiée d'absurde ; la réalité *doit* présenter *quelque part* un aspect qui ne permette pas de l'accuser d'une contradiction interne. En attendant, tout ce que nous pouvons voir de l'absolu en est coupable tout autant que le fini. Ce crime, comme elle l'appelle, la philosophie intellectualiste l'aperçoit, quand il apparaît comme réduit en poudre dans l'objet fini; mais elle est trop myope pour le voir dans l'objet le plus énorme!

Supposez pourtant, — si tant est que ce soit supposable, — qu'on puisse imaginer la constitution de l'absolu : comment l'imaginerons-nous, sinon par analogie avec une partie quelconque de l'expérience? Prenez un fragment de la *réalité*; supprimez son milieu; puis grossissez ce fragment lui-même jusqu'à en faire quelque chose de monstrueux : et vous obtiendrez un type de structure identique à celui de l'absolu. Il est évident que toutes vos difficultés subsistent ici et que vous n'en êtes pas débarrassés. Si l'expérience du relatif était absurde en soi, l'expérience de l'absolu l'est infiniment plus. Bref, l'intellectualisme « rejette le moucheron, qu'il ne peut digérer, et il avale le chameau tout entier »[1].

Mais cette polémique contre l'absolu n'est aussi odieuse qu'à vous, et je ne la prolongerai pas davantage. Cet absolu n'est qu'un de ces feux-follets, une de ces « lueurs trompeuses par lesquelles se laisse abuser l'aube du jour elle-même[2], » et qui ont si souvent arrêté les progrès de la lumière en philosophie. Aussi vais-je revenir à la

---

1. Saint-Mathieu, xxiii, 24. [Trad.].
2. Shakespeare, *Mesure pour Mesure*, IV, 1. [Trad.].

question plus générale et plus positive de savoir si l'existence d'unités de conscience surhumaines doit être tenue comme plus vraisemblable ou comme plus invraisemblable.

Dans une des leçons précédentes, j'ai laissé de côté quelques-unes des raisons invoquées par Fechner en faveur de sa vraisemblance, ou du moins des raisons qui apportaient une réponse aux doutes les plus apparents et les plus fondés qui nous viennent à cet égard. Les nombreux cas de dédoublement ou de dislocation de la personnalité, mis au jour grâce à l'ingéniosité de certains médecins comme Janet, Freud, Prince, Sidis et autres, étaient inconnus au temps de Fechner, et ni les phénomènes de parole et d'écriture automatiques, ni ceux de médiumnité et de « possession » en général, n'avaient été constatés ou étudiés comme on les étudie maintenant, de sorte que l'assortiment des analogies de Fechner est maigre si nous le comparons au nôtre. De ce qu'il avait, cependant, il a tiré le meilleur parti possible.

Pour moi, je trouve dans quelques-uns de ces faits anormaux ou supra-normaux les plus fortes présomptions en faveur de l'existence d'une conscience supérieure. Je doute que nous comprenions jamais certains d'entre ces faits sans suivre à la lettre la conception même de Fechner. Cette conception est qu'il existe un grand réservoir où sont mis en commun et conservés les souvenirs des habitants de la terre : quand le seuil de ce réservoir s'abaisse, ou quand sa valve s'ouvre, certaines connaissances, d'ordinaire enfermées de manière à ne pouvoir s'en échapper, s'infiltrent dans l'esprit d'individus exceptionnels.

Mais les régions où se font ces enquêtes sont peut-être trop hantées par les esprits pour intéresser un auditoire académique, et le seul témoignage qu'il ne me paraisse pas messéant d'invoquer ici en faveur de Fechner, est celui qu'on peut tirer de l'expérience religieuse ordinaire. Je pense qu'il est légitime d'affirmer l'*existence* d'expériences religieuses d'une nature spécifique, et l'impossibilité de les déduire, par des analogies ou par des inductions psychologiques, de n'importe quelle autre sorte d'expérience. Je pense qu'elles conduisent raisonnablement à tenir pour probable l'existence d'un rapport de continuité entre notre conscience et un milieu spirituel plus vaste, fermé à l'homme ordinaire dont la prudence est la règle, — à cet homme qui est le seul dont s'occupe la psychologie dite scientifique. Je commencerai ma prochaine et dernière leçon en revenant brièvement sur ces probabilités.

HUITIÈME LEÇON

Conclusions.

Une expérience religieuse, ayant ses caractères distincts, est chose qui se constate. — Nature de cette expérience. — Elle confirme l'idée d'une vie plus vaste à laquelle nous prenons part. — Cette vie ne saurait se concevoir comme infinie, si l'on veut échapper aux paradoxes du monisme. — Dieu conçu comme un être fini. — L'empirisme est pour la religion un meilleur allié que le rationalisme. — Les preuves empiriques de l'existence d'un esprit plus vaste peuvent ouvrir la porte aux superstitions. — Mais cette objection n'est pas décisive. — Nos croyances font partie de la réalité. — C'est par l'empirisme pluraliste que s'établira pour nous la relation la moins lointaine avec Dieu. — Le mot « rationnel » serait remplacé avantageusement par le mot « intime » ou « intérieur ». — Distinction et définition du monisme et du pluralisme. — Le pluralisme implique l'indéterminisme. — La foi est l'échelle qui conduit l'homme à ses décisions. — Conclusion dernière.

A la fin de ma dernière leçon, j'ai mentionné l'existence d'une expérience religieuse spécifiquement distincte de toute autre. Je dois maintenant m'expliquer sur ce que j'entends au juste par là. Pour caractériser sommairement les faits que j'ai en vue, on peut dire qu'ils constituent chacun une expérience inopinément acquise à l'égard d'une vie succédant à la mort. Je ne parle pas, ici, de l'immortalité, pas plus que je ne considère la mort du corps. Je parle de ce fait, analogue à la mort, que certains processus psychologiques, objet de l'expérience individuelle, prennent fin, font brusquement faillite et, du moins chez certaines personnes, s'abiment dans le désespoir. De même que l'amour romantique semble une invention littéraire relativement récente, de même ces expériences d'une vie qui émerge du désespoir ne paraissent pas avoir joué un grand rôle dans la théologie officielle jusqu'à l'époque de Luther; et le meilleur moyen d'en préciser le caractère, sera peut-être de signaler une certaine opposition entre notre propre vie intérieure et celle des Grecs et des Romains de l'antiquité.

M. Chesterton, je crois, dit, quelque part, que, chez les Grecs et les Romains, dans tout ce qui regardait leur vie morale, les gens se prenaient au sérieux avec une extraordinaire solennité. Les Athéniens pensaient que les dieux eux-mêmes devaient admirer la droiture de Phocion et d'Aristide, et ceux-ci étaient, probablement, à peu près du même avis. La véracité de Caton était si impeccable, que le plus haut degré de l'incrédulité à l'égard d'une chose s'exprimait, chez un Romain, par ces paroles : « Je ne le croirais pas, même si Caton me l'avait dit ». Pour ces peuples, le bien était le bien, le mal était le mal. On ne connaissait guère, alors, une certaine sorte d'hypocrisie [1] qui apparaîtra, plus tard, avec le christianisme des églises : le système naturaliste gardait toute sa force ; dans ce qui en faisait la valeur, rien ne sonnait le creux et n'inspirait aucune ironie. L'individu, s'il était suffisamment vertueux, pouvait faire face à toutes les exigences possibles. L'orgueil païen ne s'était jamais écroulé.

Luther fut le premier moraliste qui réussit à entamer, plus ou moins, la carapace de ce naturalisme plein de lui-même : il croyait, d'ailleurs, non sans raison, peut-être, revenir à ce que saint Paul avait déjà fait. L'expérience religieuse, avec Luther, ruine tous nos principes naturalistes. Vous n'êtes forts que si vous êtes faibles, enseigne-t-elle. Ce n'est pas l'orgueil ou la confiance en vous-mêmes qui vous fera vivre. Il existe une lumière grâce à laquelle toutes les distinctions, excellences et garanties attribuées à la dignité humaine, fondées sur la nature et couramment acceptées comme telles, apparaissent comme de purs enfantillages. Renoncer sincèrement à notre infatuation, à l'espoir de devenir bons en vertu d'un droit qui nous appartiendrait, telle est, à cette lumière, la seule porte qui nous soit ouverte pour pénétrer dans les régions profondes de l'univers.

[1]. Ici, l'auteur vise uniquement cette sorte d'hypocrisie que désigne le mot anglais *cant*. [Trad.].

Ces régions-là sont familières au christianisme évangélique et à ce qu'on appelle, aujourd'hui, la religion de la *cure mentale* ou *la nouvelle pensée*. Le phénomène en question consiste en ce que de nouvelles zones d'existence se révèlent à la suite de nos moments les plus désespérés. Il y a en nous des ressources dont ne se préoccupe jamais le naturalisme, avec ses vertus selon la lettre et selon la loi; il se découvre en nous, à l'état de possibilité, mais nous frappant déjà de stupeur et nous suffoquant, une autre sorte de bonheur, une autre sorte de puissance, réalisable par l'abdication de notre volonté, quelque chose de plus élevé travaillant alors pour nous. Tout cela semble nous montrer un monde plus vaste que n'en peut imaginer soit la physique, soit la morale bourgeoise. C'est là un monde dans lequel tout va bien, *en dépit* de certaines formes de mort; ou plutôt, *à cause* même de ces apparences de mort, — mort de l'espérance, mort de la force, mort de la responsabilité, de la crainte et de l'agitation, de la valeur personnelle et du mérite; mort de toutes les choses auxquelles le paganisme, le naturalisme et le formalisme accrochent leur foi et attachent leur confiance.

La raison aurait eu beau élaborer nos autres expériences, fût-ce nos expériences psychologiques : elle ne serait jamais arrivée à inférer, à prévoir dès avant leur apparition, ces expériences spécifiquement religieuses. Elle ne pouvait pas soupçonner leur existence; car elles n'ont pas un rapport de continuité avec les expériences dites « naturelles », dont elles prennent la place, et dont elles renversent les valeurs. Mais à mesure qu'elles s'offrent et qu'elles sont effectivement données, la création s'élargit aux yeux de quiconque en bénéficie. Elles leur suggèrent cette idée que l'expérience naturelle, l'expérience strictement conforme à une morale pharisaïque et toute de prudence, n'est peut-être bien qu'un fragment de l'expérience réellement possible pour l'homme. Bref, en atténuant les contours de la nature, les zones dont je parle ouvrent au loin les perspectives et les possibilités les plus merveilleuses.

Voilà pourquoi il me semble que notre faculté logique, opérant toujours sans tenir le moindre compte de ces expériences spécifiquement religieuses, ne pourra jamais ne pas omettre quelque chose, et qu'elle ne saurait arriver à des conclusions tout à fait adéquates. La mort et la chute, dira-t-elle toujours, *sont* tout simplement la mort et la chute, et jamais plus elles ne pourront ne faire qu'un avec la vie. J'en conclus que l'expérience religieuse proprement dite doit être attentivement étudiée et interprétée par quiconque éprouve le besoin d'employer sa raison, toute sa raison, à construire une philosophie plus achevée.

L'espèce particulière de croyance engendrée naturellement dans une âme où se réalise l'expérience religieuse ainsi comprise, est pleinement d'accord avec les théories de Fechner. Comme je l'ai dit ailleurs, le croyant s'aperçoit que les parties les plus intimes de sa vie personnelle sont dans un rapport de continuité avec une vie de même qualité qui *dépasse* la sienne et qui agit dans l'univers en dehors de lui ; — une vie avec laquelle il peut se maintenir activement en contact ; — une vie à bord de laquelle il peut, en quelque sorte, monter pour y trouver le salut, quand tout son être inférieur s'est brisé dans le naufrage. Bref, le croyant — à ce que lui affirme, du moins, sa conscience, — se continue dans un Moi plus vaste d'où viennent s'épancher en lui des expériences libératrices.

Ceux à qui de telles expériences s'offrent assez souvent et d'une manière assez nette pour éclairer leur vie, ne se laissent aucunement ébranler par les critiques, d'où qu'elles puissent venir, — qu'elles soient académiques ou scientifiques, ou bien qu'elles prennent la voix de la logique du sens commun. Ils ont eu leur vision, et ils *savent* — cela leur suffit — que nous sommes plongés dans un invisible milieu spirituel d'où une aide nous vient, notre âme ne faisant mystérieusement qu'un avec une âme plus grande dont nous sommes les instruments.

On peut donc soutenir qu'aux idées de Fechner ne manque pas toute vérification expérimentale et directe. En tout cas, si elles étaient vraies, un certain côté de la vie s'expliquerait facilement. Au contraire, nulle démonstration ne paraît possible à son égard, tant que nous admettons, soit, avec le naturalisme, qu'il n'existe pas de conscience supérieure à la conscience humaine; soit, avec le théisme dualiste, qu'il y a dans le Cosmos un esprit supérieur au nôtre, mais que le nôtre ne se continue pas en lui.

Pour mon compte, j'ai toujours été surpris que les philosophes de l'absolu se soient si peu intéressés à cet aspect de la vie, et qu'ils se soient si rarement souciés de mettre en lumière de tels phénomènes, même quand il semblait évident que certaines expériences personnelles les avaient rendus au plus haut degré confiants dans leur propre « vision ». La pente qui les entraînait vers la logique a toujours été la plus forte. Ils ont préféré la méthode la plus superficielle à la plus profonde, tant, à leurs yeux, les abstractions de la dialectique avaient plus de dignité, plus de noblesse académique, que les faits, confus et morbides, fournis par des biographies individuelles.

Malgré le dédain du rationalisme pour le particulier, l'individuel et le morbide, la force qui s'attache aux témoignages recueillis me paraît nous entraîner très fortement vers la croyance à quelque forme de vie surhumaine avec laquelle notre conscience nous met peut-être en rapport à notre insu. Il est possible que nous soyons dans l'univers comme sont, dans nos bibliothèques, les chiens et les chats qui voient nos livres et entendent nos conversations, sans avoir aucune idée de ce que tout cela signifie.

Les objections soulevées par l'intellectualisme contre cette hypothèse, tombent d'elles-mêmes quand l'autorité de la logique intellectualiste est renversée par la critique ; et alors le témoignage de l'expérience positive reste debout. Les analogies tirées de la psychologie ordinaire, des faits pathologiques, de ceux qui sont l'objet des recherches dites psychiques, et de ceux de l'expérience religieuse, établissent, quand elles sont prises en bloc, une probabilité décidément *formidable* en faveur d'une conception générale de l'univers presque identique à celle de Fechner.

Les contours de cette conscience surhumaine dont l'existence est ainsi rendue probable, doivent néanmoins demeurer très vagues ; et non moins problématique doit demeurer le nombre des *Moi*, distincts les uns des autres par leurs fonctions, qu'elle implique. La façon de la concevoir elle-même peut être monothéiste ou polythéiste. Fechner, avec son âme de la terre fonctionnant séparément et jouant pour nous le rôle d'un ange gardien, me semble franchement polythéiste ; mais le mot « polythéisme » est ordinairement pris dans un sens péjoratif, de sorte qu'il vaut peut-être mieux ne pas s'en servir ici.

En tout cas, une chose est certaine, comme résultant de notre discussion sur l'absolu : le seul moyen d'échapper aux paradoxes et aux perplexités dont souffre, comme d'une auto-intoxication, un univers conçu suivant une stricte logique par les monistes ; — le seul moyen d'esquiver, par exemple, le mystère de la « chute », c'est-à-dire de la réalité qui dégénère pour devenir l'apparence, de la vérité qui dégénère en erreur, de la perfection devenant l'imperfection, bref, le mystère du mal; puis le mystère du déterminisme universel ; puis encore celui de l'univers éternel et sans histoire, s'il est pris dans sa totalité, etc. ; — le seul moyen, dis-je, d'échapper à tout cela, c'est d'être franchement pluraliste et de supposer que la conscience surhumaine, quelque vaste qu'elle puisse être, a elle-même un milieu extérieur à elle, et que, par conséquent, elle est finie.

Le monisme d'aujourd'hui se défend soigneusement de toute complicité avec le monisme spinoziste. Avec ce dernier système, la multiplicité se trouve dissoute et perdue dans l'unité; tandis que, avec l'idéalisme perfectionné, la multiplicité demeure intacte et subsiste à titre d'éternel objet pour l'unité absolue. L'absolu lui-même est ainsi représenté par ses partisans comme ayant un objet multiple. Mais, si la vision pluraliste s'impose à l'absolu lui-même, pourquoi hésiterionsnous à être pluralistes nous-mêmes et uniquement pour notre compte ? Pourquoi envelopperions-nous notre multiplicité dans cette unité qui apporte avec elle une telle quantité de poison ?

La ligne de moindre résistance, en théologie comme en philosophie, me semble donc être d'accepter, outre l'hypothèse d'une conscience surhumaine, l'idée que cette conscience ne comprend pas tout, — autrement dit, la notion qu'il y a un Dieu; mais que ce Dieu est fini, soit en puissance, soit en savoir, ou bien en puissance et en savoir tout à la fois. Tels sont, j'ai à peine besoin de vous le dire, les termes dans lesquels les hommes du commun ont ordinairement entretenu des relations actives avec Dieu. Quant aux perfections imaginées par le monisme et qui rendent si paradoxale, pratiquement et moralement, l'idée de Dieu, elles sont la plus froide juxtaposition de concepts substitués à son unité par des esprits dogmatiques qui sont étrangers à toute expérience immédiate et opèrent *à distance*.

Qu'est-ce qui empêche l'*expérience* et la *raison* de se rencontrer sur ce terrain commun ? Qu'est-ce qui les empêche de se faire des concessions ? Est-ce que l'athéisme, d'ordinaire, mais non pas nécessairement, associé avec la philosophie de l'expérience immédiate, ne peut pas faire place à un théisme qu'on voit maintenant sortir directement de cette expérience plus largement comprise? Et, d'autre part, le rationalisme, satisfait de voir ses preuves *a priori* de l'existence de Dieu remplacées par les témoignages de l'expérience, ne peut-il pas rabattre quelque chose de ses prétentions absolutistes? Qu'il existe en dehors de Dieu le moindre des infiniment petits de n'importe quelle espèce, et qui soit « autre » à son égard: alors l'empirisme et le rationalisme pourront se donner la main pour sceller un traité de paix durable. Tous deux pourront alors fausser compagnie aux abstractions superficielles, et, comme le font les savants, chercher, dans toutes les analogies et toutes les données qui sont à leur portée, de quoi construire la notion la plus probable et la plus approchée de ce que peut être la conscience divine dans sa réalité concrète. Je demande aux plus jeunes idéalistes d'Oxford de considérer sérieusement cette solution du problème. Peu d'hommes sont aussi qualifiés, par leurs dons intellectuels, pour récolter la moisson assurée, semble-t-il, à quiconque, suivant l'exemple de Fechner et Bergson, laissera la voie conduisant à ce qu'il y a de plus *maigre* pour prendre la voie conduisant à ce qu'il y a de plus *substantiel*.

La philosophie pluraliste n'est pas une philosophie exclusive et intransigeante. Il n'y a que le dogmatisme moniste pour dire de n'importe laquelle de ses hypothèses: « Elle est cela, ou elle n'est rien ; il faut la prendre ou la laisser telle quelle ».

Le monisme d'un certain genre qui domine à Oxford, a conservé cette attitude roide et cassante, inspirée, d'un côté, par la tendance proverbiale des académies à préférer les solutions d'une maigreur élégante qui satisfont la logique, — de l'autre, par l'idée erronée que la seule base solide de la religion se trouve là. Si les philosophes d'Oxford pouvaient ignorer quelque chose, il semblerait presque qu'ils ignorent le grand mouvement empirique qui tend à une conception panpsychique et pluraliste de l'univers. Or, tel est bien le mouvement qui entraine notre propre génération : il menace de produire un court-circuit où leurs méthodes trouveront la mort, et de leur faire concurrence sur le terrain religieux, à moins qu'ils ne transigent avec lui. Cependant, si attachés qu'ils semblent être au mécanisme logique et à l'appareil technique de la philosophie de l'absolu, je ne puis m'empêcher de croire plus profond encore leur attachement à l'idéal religieux. Et surtout je supposerai difficilement que, parmi ceux des partisans de cette école qui tiennent de plus près à l'Eglise, on s'obstinerait à conserver ce mécanisme d'un caractère tout spécial, s'il était seulement possible de leur faire admettre la possibilité de sauvegarder la religion par quelque autre moyen. Qu'un jour l'empirisme devienne l'associé de la religion, comme il a été, jusqu'ici, par un étrange malentendu, celui de l'irréligion; et, j'en suis persuadé, une ère nouvelle sera toute prête à s'ouvrir, aussi bien pour la religion que pour la philosophie.

On voit en ce moment les questions philosophiques redevenir populaires : le réveil, partout manifeste, de l'intérêt qu'elles inspirent, est l'un des phénomènes les plus remarquables de l'heure présente. Or, il est sans aucun doute dû en partie aux exigences du sentiment religieux. L'autorité de la tradition tendant à s'émietter de plus en plus, c'est naturellement à l'autorité de la raison, ou bien au témoignage de faits actuellement constatés, que les hommes prêtent une oreille complaisante. Ils ne seront certainement pas déçus, si leur esprit s'ouvre aux leçons de l'empirisme le plus radical et le plus concret. J'ai la conviction qu'un tel empirisme est pour la vie religieuse un allié plus naturel que les méthodes dialectiques ne l'ont jamais été ou ne peuvent jamais le devenir.

Certes, l'on verrait apparaître des superstitions de toute sorte, et se développer follement toute une végétation de croyances parasites, si l'orthodoxie et la mode venaient à s'emparer d'idées comme celle d'une conscience supérieure enveloppant la conscience humaine, et, avec Fechner, par exemple, admettaient l'existence d'une « âme de la terre. » Ces superstitions pulluleraient encore davantage, si la science apposait jamais son estampille, pour les consacrer officiellement, sur les phénomènes faisant l'objet de ce qu'on nomme les recherches psychiques, — ces phénomènes dont Frédéric Myers demandait si instamment qu'on leur reconnût un caractère scientifique, et dont je crois fermement que la plupart ont leurs racines dans la réalité.

Quoi qu'il en soit à cet égard, comment admettre sérieusement qu'une considération aussi pusillanime doive nous détourner d'une voie qui est évidemment la plus féconde en promesses pour les âmes religieuses? Depuis quand, dans ce monde où tout est mêlé, avons-nous rencontré une seule chose bonne qui nous fût donnée réduite à un simple contour et complètement isolée? Une des principales caractéristiques de la vie est la surabondance de la vie. Pour dire qu'on *a* une chose quelconque, il faut qu'elle soit si copieusement donnée qu'on s'estimera heureux de n'en pas avoir plus qu'à satiété. Une chose est toujours comme étouffée dans le fatras qui l'accompagne fatalement. Si vous n'avez trop, vous ne pourrez avoir assez de quoi que ce soit. Combien de livres médiocres, de mauvaises statues, de discours endormants, d'hommes et de femmes de dixième ordre ne faut-il pas pour rendre possibles les quelques spécimens qui auront quelque valeur! La poudre d'or ne se rencontre qu'enfouie dans le sable du quartz; et le cas est le même pour la religion, comme pour n'importe quel bien vraiment précieux. Il lui faut lutter contre ce qui l'étouffe, lutter pour émerger à la vie ; mais la matrice d'argile et la noble gemme doivent tout d'abord naître pêle-mêle avant de subir un triage. Une fois extraite de sa gangue, la pierre précieuse pourra être examinée séparément, conceptualisée, définie, isolée. Mais ce processus de libération ne devra pas être opéré par un court-circuit ; — ou, s'il s'effectue ainsi, nous en serons réduits aux maigres abstractions d'ordre inférieur dont nous avons parlé, c'est-à-dire qu'on aura soit le dieu irréel et vide de la théologie scholastique, soit l'inintelligible monstre du panthéisme, au lieu de la vivante réalité divine vers laquelle semble-t-il bien, l'empirisme oriente l'imagination humaine.

Au point où nous en sommes, veuillez vous reporter à ma première leçon, et vous rappeler, ce que je vous citais du professeur Jacks remarquant que le philosophe est lui-même comme englouti dans cet univers qu'il cherche à expliquer. Cette idée se rencontre dans Fechner aussi bien que dans Hegel ; et ainsi notre conclusion rejoint harmonieusement notre point de départ. Les systèmes philosophiques font intimement partie de l'univers : ils expriment quelque chose de la manière dont il se pense lui-même. Il peut arriver, en effet, qu'une philosophie soit une réaction de l'univers sur lui-même, — et une réaction de la plus haute importance. La présence des philosophes et l'existence de leurs théories peuvent exercer une influence sur la manière dont l'univers prend conscience de lui-même et dont il se comporte : il peut en devenir plus confiant ou au contraire moins confiant à l'égard de ses propres ressources, et, selon le cas, mériter plus ou moins notre confiance ou notre méfiance. Vous méfier de vous-mêmes, n'est-ce pas mériter qu'on se méfie de vous ?

Telle est, dans le sens le plus large, la philosophie de l'humanisme. Nos philosophies grossissent le courant de la réalité : elles y ajoutent leur caractère propre. Elles font partie de tout ce que nous avons rencontré, de tout ce qui fait que nous sommes. Comme le dit un philosophe français : « Nous sommes du réel dans le réel. » Nos pensées déterminent nos actes ; et, à leur tour, nos actes changent quelque chose à ce qu'était jusqu'alors l'univers.

Ainsi, l'extériorité est bien bannie de notre univers, et elle l'est bien davantage dans le pluralisme que dans le monisme. Avec n'importe quel système panpsychique, il est vrai, nous faisons intérieurement partie de Dieu, au lieu d'être des créatures lui demeurant extérieures. Toutefois, avec le système pluraliste, Dieu n'étant pas l'absolu, mais faisant lui-même partie de l'univers, rien n'empêche plus de concevoir que les fonctions qu'il y remplit ne sont pas entièrement différentes de celles qu'y remplissent les parties inférieures, —

et qu'elles sont analogues, par conséquent, à nos propres facultés. Ayant un milieu extérieur à lui, n'étant plus hors du temps, et composant sa propre histoire, tout comme nous-mêmes, il n'est plus étranger à rien de ce qui est humain, comme l'était l'absolu immuable, parfait, intemporel.

Souvenez-vous qu'une des causes de notre embarras avec cet absolu était son extériorité et, — qu'on me pardonne ce mot, car il n'y en a pas d'autre, — sa monstruosité. Le fait pour lui d'être la forme qui enveloppe tout, lui imposait une nature essentiellement hétérogène à la nôtre. Or, la grande différence signalée entre la philosophie de l'absolu et celle du pluralisme ne postule aucune différence dans le contenu matériel de l'univers : elle découle exclusivement d'une différence de forme. La forme *tout*, adoptée par le monisme, aboutit en fin de compte à l'extériorité. La forme *chaque*, ou l'idée, adoptée par le pluralisme, d'une forme propre à chacune des réalités particulières, laisse intacte l'intériorité de l'absolu par rapport à l'univers ou de l'univers par rapport à l'absolu.

Quel que puisse être le contenu de l'univers, il vous suffit de reconnaître qu'il y a en lui *pluralité* partout et toujours ; que *rien de réel* n'échappe à la nécessité d'être dans un milieu extérieur : et alors, bien loin d'avoir rendu irrationnel l'univers, comme le prétendent si unanimement les partisans de l'absolu, vous le laissez en possession du maximum de rationalité effectivement accessible à nos esprits. Vos relations avec lui, qu'elles soient intellectuelles, émotionnelles ou actives, poursuivent leur cours et demeurent conformes aux principales exigences de votre propre nature.

Il serait affligeant de voir le mot « rationalité » vous embarrasser ici. C'est un de ces termes admiratifs que les deux partis réclament, car il ne se rencontre guère de philosophe qui soit prêt à prendre pour enseigne de son propre système l'irrationalité ! Mais, comme la plupart des mots que l'on emploie dans une intention admirative, celui-ci comporte de trop nombreuses significations.

La plus objective est celle de la vieille logique : le rapport entre deux choses est qualifié de rationnel quand l'une peut, par inférence, être affirmée de l'autre : *mortel* de *Socrate*, par exemple ; ce qui ne peut se faire que si les deux choses ont une qualité commune. Mais cette espèce de rationalité est justement cette logique de l'identité que trouvent insuffisante tous les disciples de Hegel. Ils la remplacent par la rationalité supérieure de la négation et de la contradiction, ce qui rend vague de nouveau la notion du rationnel.

Vous voyez ensuite le rationnel apparaître avec un sens esthétique ou avec un sens téléologique : une chose est rationnelle en tant qu'elle est belle ou qu'elle est bonne ; en tant qu'elle s'adapte, d'une manière ou d'une autre, à une fin, qu'elle permet d'atteindre un but ou de réaliser un désir. Puis encore, selon Hegel, tout ce qui est « réel » est rationnel. J'ai dit moi-même, il y a quelque temps, qu'une chose semble rationnelle, dès lors qu'elle rend possible une action qu'il nous plaît d'accomplir. Il vaudrait mieux renoncer tout à fait au mot *rationnel* que de se livrer à de pures chicanes de mots, pour savoir qui est le mieux fondé en droit à continuer d'en faire usage.

Les mots *extériorité* et *intimité* ou *intériorité*, que j'ai employés dans ma première leçon, expriment peut-être mieux l'opposition sur laquelle j'insiste, que les mots « rationnel » et « irrationnel. » Tenons-nous-en à ceux-là. Je dis donc que la notion de l'*un* entraîne l'extériorité, et celle du *multiple* l'intimité, pour des raisons sur lesquelles je ne me suis que trop étendu et avec lesquelles, jugées convaincantes ou non, je puis supposer que vous êtes à présent bien familiarisés. Mais que veut-on dire, au fond, en disant que l'univers est un ou qu'il est multiple?

Interprété dans un sens pragmatique, le pluralisme, ou la doctrine qui admet la multiplicité dans l'univers, signifie simplement que les diverses parties de la réalité *peuvent entretenir des relations extérieures*. Quelle que soit la chose à laquelle vous pensez, si vaste ou si compréhensive qu'elle soit, elle est, d'après la conception pluraliste, dans un certain milieu « extérieur, » et primordial, quelles que puissent être, du reste, la qualité et l'étendue de ce milieu. Les choses sont en rapport les unes *avec* les autres de bien des manières ; mais il n'en est pas une qui les renferme toutes ou les domine toutes. Une phrase traîne toujours après elle le mot *et*, qui la prolonge. Il y a toujours quelque chose qui échappe. Des meilleures tentatives faites n'importe où, dans l'univers, pour atteindre la synthèse totale, il faut toujours dire : « ce n'est pas encore tout à fait cela! » Ainsi, le monde du pluralisme ressemble plutôt à une république fédérale qu'à un empire ou à un royaume. Quelque énorme portion que vous en rameniez à l'unité, en la rapportant à n'importe quel centre réel de conscience ou d'action où elle se constate présente, il y a autre chose qui reste autonome, qui se constate comme absent du centre en question, et que vous n'avez pas réduit à cette unité.

Le monisme, d'un autre côté, insiste sur ce point que, quand vous descendez jusqu'à la réalité comme telle, jusqu'à la réalité des réalités, chaque chose est présente à *chacune de toutes les autres*, en un seul tout, immense, qui les implique instantanément et au complet : aucune chose ne peut, *en aucun sens*, soit quant à son action, soit quant à sa substance, être réellement absente de n'importe quelle autre ; car toutes choses s'interpénètrent et « se télescopent » en cet unique point qui est le grand confluent universel.

Pour le pluralisme, tout ce qu'il nous faut admettre comme composant la substance même de la réalité, c'est uniquement ce que nous trouvons nous-mêmes réalisé en fait dans la plus minime fraction de vie finie. Voici, en somme, à quoi il se réduit : rien de réel n'est absolument simple ; toute parcelle de l'expérience, si petite soit-elle, est un *multum in parvo* par ses relations multiples. Chaque relation n'est que l'un des aspects, des caractères ou des fonctions d'une chose, ou bien l'une des actions qui lui sont propres, ou encore l'une des actions qu'elle subit de la part d'une autre chose. Enfin, une parcelle de réalité, une fois effectivement engagée dans une de ces relations, n'est pas engagée, *par ce fait même* et simultanément, dans toutes les autres. Les relations ne sont pas *toutes* « solidaires » entre elles, comme disent les Français. Sans perdre son identité, une chose peut s'en adjoindre une autre ou la laisser partir, comme le soliveau dont je parlais, qui, en acceptant de nouveaux porteurs, et en laissant partir les premiers, peut effectuer n'importe quel parcours, avec une faible escorte.

Pour le monisme, au contraire, toute chose, que nous la comprenions ou non, traîne avec elle tout l'univers sans en rien laisser échapper. Notre soliveau part et arrive à son but avec tous ses porteurs, sans qu'aucun cesse de le porter. D'après le monisme, s'il était possible qu'une chose fût une seule fois détachée du reste, elle ne pourrait plus jamais lui être rattachée.

Ainsi, la différence des deux systèmes, au point de vue pragmatique, est bien nette. Que *a* soit à un seul moment invisible pour *b*, ou bien qu'il cesse d'être en contact avec lui, ou enfin qu'il se trouve lui être *extérieur* d'une manière ou d'une autre, — et, d'après le monisme, il en sera toujours ainsi : — *a* et *b* ne pourront jamais se rencontrer. Le pluralisme au contraire, admet qu'il pourra s'offrir une autre occasion où ces mêmes objets agiront de concert ou seront, d'une manière quelconque, mis en relation l'un avec l'autre. Le monisme n'admet pas qu'il y ait, dans la réalité absolue, de ces « autres occasions ».

La différence que je m'efforce de préciser se ramène, vous le voyez, à la différence qu'il y a entre ce que j'ai tant de fois appelé la forme *chaque* et la forme *tout* de la réalité. Le pluralisme permet aux choses d'exister individuellement ou d'avoir chacune sa forme particulière. Le monisme pense que la forme *tout*, ou la forme de l'unité collective, est la seule qui soit rationnelle. La forme *tout* n'admet pas que des relations viennent à s'établir ou à disparaître, car, dans le tout, les parties sont essentiellement et éternellement co-impliquées. L'existence sous une forme individuelle, au contraire, rend possible pour une chose d'être reliée par des choses intermédiaires à une autre avec laquelle elle n'a pas de rapports immédiats ou essentiels. Ainsi sont toujours possibles entre les choses, de nombreux rapports qui ne sont pas nécessairement réalisés à tel moment donné. Leur réalisation dépend du passage qu'ils peuvent effectivement se frayer à ce moment-là pour remplir leur office d'intermédiaires. Le mot *ou* exprime bien une réalité positive. Ainsi, pendant que je parle, je puis regarder devant moi, *ou* regarder à droite, *ou* regarder à gauche; et, dans chacun de ces cas, l'espace, l'air et l'éther, agissant comme intermédiaires, me permettent de voir les visages d'une partie différente de mes auditeurs : ma personne est cependant bien ici indépendante de chacun de ces trois groupes.

Si la forme individuelle est la forme de l'éternelle réalité, de même qu'elle est la forme de tout ce qui apparaît comme temporel, nous avons encore un univers cohérent, et non pas un univers qui serait, pour ainsi dire, l'incohérence incarnée, — reproche que lui adressent si souvent les partisans de l'absolu. Tout *multiple* qu'il est, notre *multivers* fait encore un *univers* ; chacune de ses parties, en effet, a beau n'être pas en rapport actuel et immédiat avec les autres, elle a néanmoins quelque rapport possible ou indirect avec toutes, même les plus éloignées, grâce à ce fait que chacune est comme suspendue à ses voisines les plus proches dans un entremêlement inextricable.

Il est vrai que le mode d'union est, ici, très différent de l'*unité parfaite* (*all-einheit*), qui est le type adopté par le monisme. Ce n'est pas une co-implication universelle ou une intégration de toutes choses, amalgamées pêle-mêle (*durcheinander*). C'est ce que j'appelle le type de l'existence conçue à la manière d'un écheveau qui se dévide, le type de la continuité, de la contiguïté ou de l'enchaînement ininterrompu. Si vous avez une préférence pour les mots grecs, vous pouvez l'appeler le type « synectique ».

En tout cas, vous le voyez, nous avons là un type d'unité parfaitement concevable à opposer au type que nous offre le monisme, c'est-à-dire à l'unité produite par une intégration complète et simultanée de toutes les parties de l'univers. Comme vous le voyez également, le sort de cette conception est lié à celui de l'autre idée dont je me suis tellement évertué à plaider la cause : l'idée de la synthèse produite par l'interpénétration des plus minimes parties adjacentes de l'expérience; l'idée d'un confluent où chacun des moments fugitifs de l'expérience concrète, vécue et sentie, fusionne avec ses plus proches voisins.

Une fois reconnu ce fait que, dans l'expérience concrète, la coalescence se fait de proche en proche, nous sommes amenés à reconnaître cet autre fait que les coupes nettement tranchées que nous y pratiquons sont des produits artificiels de notre faculté conceptuelle. Par là, l'empirisme que j'appelle *radical* se distingue d'un autre empirisme qui est la bête noire des philosophes et que l'on attaque au nom de la tradition rationaliste : de cet empirisme qu'on accuse, à tort ou à raison, de hacher l'expérience, de la réduire à des sensations, à des atomes incapables de former un tout, tant qu'un principe purement intellectuel, venu d'en haut, ne s'est pas abattu sur ces atomes pour les parquer au moyen des catégories et des liaisons qu'il apporte !

Voilà donc, clairement présenté, autant qu'il m'est possible de le faire en ce moment, tout le problème, avec tout le mystère de la différence qu'il y a entre le pluralisme et le monisme. Réduite à sa plus simple expression, la chose tiendrait dans une coquille de noix : la multiplicité dans l'unité, caractère incontestable du monde que nous habitons, est-elle la propriété exclusive de la totalité absolue des choses ? S'ensuivra-t-il qu'on doive postuler cette énorme unité du tout, prise indivisément, comme l'*antécédent* de n'importe quelle multiplicité ; ou, en d'autres termes, qu'il faille partir, comme le rationalisme, de l'univers-bloc, intégral, parfait, ainsi conçu en toute rigueur ? Ou bien les éléments finis peuvent-ils avoir leurs propres formes originelles composant une pluralité dans l'unité? et, là où leur unité n'est pas immédiate, peuvent-ils se continuer l'un dans l'autre par des termes intermédiaires, — chacun de ceux-ci ne faisant qu'un avec ses proches voisins, sans que l'unité totale soit cependant jamais complète?

Le dilemme est donc nettement posé. En outre, il me semble que ses deux cornes comportent des conséquences morales pragmatiquement différentes : — du moins *peut*-il en être ainsi pour certains individus. Mais si vous trouvez que le pluralisme, s'emparant de l'une des deux cornes du dilemme, est essentiellement irrationnel, en contradiction avec lui-même, absurde, en un mot, je n'ai plus rien à dire pour le défendre. J'ai fait mon possible dans mes premières leçons pour retirer toute portée aux *réductions à l'absurde* que lui oppose l'intellectualisme : à vous de conclure. Quoi que je puisse dire encore, il n'est pas douteux que chacun de vous acceptera le pluralisme ou le rejettera, selon que sa manière propre de comprendre le rationnel le porte dans un sens ou dans l'autre. La seule chose sur laquelle je tienne à insister de toutes mes forces, c'est que le pluralisme est une hypothèse en parfaite corrélation avec le monisme : on *peut*, en dernier ressort, juger que notre univers est un *univers-bloc*; mais l'on *peut* également le concevoir comme un univers qui ne fait que se dévider indéfiniment, au lieu de s'enrouler sur soi-même et de former un système clos. Il *se peut*, après tout, que la réalité existe distributivement : c'est précisément l'aspect qu'elle semble bien avoir pour nos sens. Et cette seconde possibilité est le point sur lequel j'ai à cœur d'insister.

Entre des alternatives de ce genre, chacun se décide, d'ordinaire, d'après sa vision générale du probable. Et ce que j'ai autrefois écrit sur la *volonté de croire*[1], on pourrait l'appliquer ici. Dans certaines de mes conférences de Harvard, j'ai parlé de ce que j'appelle les « degrés de la foi » : j'ai montré qu'il y a là quelque chose qui diffère entièrement des *sorites* d'un traité de logique, quoique les formes en paraissent analogues. Je vais vous décrire le processus mental auquel je donne ce nom; et je pense que votre expérience personnelle vous le fera immédiatement reconnaître en vous-mêmes.

Une conception de l'univers surgit en vous d'une manière quelconque, — peu importe comment. Vous vous demandez : est-elle vraie ou non ?

Elle *pourrait* être vraie quelque part, dites-vous, car elle n'implique aucune contradiction.

Elle *peut* être vraie, continuez-vous, ici même et dès maintenant.

Elle *a ce qu'il faut* pour être vraie; il serait

---

1. Voir notamment *Principles of Psychology*, II, p. 320.

bon qu'elle fût vraie ; elle *devrait* être vraie : tel est ensuite votre sentiment.

Il *faut* qu'elle soit vraie, — bientôt murmure en vous quelque chose de persuasif.

Elle doit être *tenue pour vraie*, décidez-vous.

Donc, résultat final : cette conception *sera*, pour vous, comme si elle était vraie.

Et cette façon de procéder pourra être, dans certains cas particuliers, un moyen d'aboutir, en fin de compte, à la certitude.

Dans ce processus, pas une seule démarche qui ait une valeur logique ; et pourtant, monistes ou pluralistes, tous procèdent ainsi à l'égard de la vision qui obtient leur ferme assentiment. On voit ici la vie dépassant la logique ; on voit ici la raison théorique travaillant à trouver des arguments pour la raison pratique et justifiant la conclusion déjà rencontrée. C'est exactement de cette manière, encore une fois, que quelques-uns d'entre nous s'attachent à l'idée d'un univers multiple et imparfait, de même que d'autres s'attachent à l'idée d'un univers intemporel, éternel, parfait.

D'autre part, tout en représentant comme imparfait l'univers multiple, décidément adopté par eux à titre d'hypothèse plus probable que toute autre, les philosophes pluralistes le représentent comme corrigeant sa propre imperfection, — et cela grâce à nous, grâce à notre action qui vient remédier en partie à ce qu'il a de discontinu.

« Nous nous servons de ce que nous sommes et de ce que nous possédons, pour connaître ; et de ce que nous connaissons, pour devenir et posséder encore davantage »[1]. Ainsi la philosophie et la réalité, la théorie et l'action travaillent bien dans le même cercle indéfiniment.

Me voici parvenu au terme de ces leçons. Elles ne sont pas ce que j'aurais voulu ; et si votre mémoire s'y reporte, elles doivent vous paraître décousues et insuffisamment concluantes.

Mon seul espoir est qu'elles aient pu avoir pour vous quelque chose de suggestif ; et si quelque chose de tel s'y est effectivement trouvé à l'égard d'une certaine question de méthode, je consens presque à ce qu'elles ne vous aient rien inspiré sur aucune autre. Le point dont il s'agit c'est qu'*il est grand temps d'élargir les bases de la discussion, et de les rendre plus concrètes, dans les problèmes de ce genre*. Voilà pourquoi j'ai fait appel à Fechner et à Bergson, à la psychologie descriptive, à l'expérience religieuse, — allant même jusqu'à vous dire un mot des recherches psychiques et autres monstruosités du désert philosophique. L'intellectualisme de Platon et d'Aristote, qui est à la base de vos études philosophiques, me paraît avoir imprimé au transcendantalisme un caractère purement rationnel, et l'avoir confiné trop exclusive-

---

[1]. BLONDEL. *Annales de Philosophie chrétienne*, 7 Juin 1906, p. 241.

ment, me semble-t-il, dans des considérations logiques d'une fâcheuse maigreur. Abstraites à ce point, elles s'appliqueraient d'ailleurs tout aussi bien à des univers d'une constitution empirique tout à fait différente des nôtres, pourvu qu'ils fussent concevables. Procéder de cette façon, c'est procéder comme si les particularités positives de l'univers réel pouvaient n'avoir absolument rien à faire avec le contenu de la vérité. Or, il ne saurait en être ainsi; et la philosophie de l'avenir devra au contraire suivre l'exemple de la science pour tenir compte de ces particularités avec une application croissante.

Si, parmi mes plus jeunes auditeurs, il en est qui, prenant à cœur mon appel, sachent aller encore plus loin dans le concret sur la voie si séduisante que Fechner et Bergson nous ont ouverte; si, du *détail de la vie*, quelques-uns réussissent à tirer des conclusions philosophiques, de quelque nature qu'elles soient, monistes ou pluralistes, — alors je dirai, comme je le dis maintenant dans toute l'allégresse de mon cœur:

Sonnez, sonnez la fin de mes rimes moroses;
Mais sonnez l'arrivée d'un plus grand ménestrel![1]

---

[1]. TENNYSON, *In memoriam*, CVI.

FIN

NOTE DE LA SIXIÈME LEÇON

Note 1 de la page 239. — J'ajoute ici quelques remarques pour aller au-devant de certaines objections que pourrait me faire le professeur Bergson. Afin de mettre sa pensée à l'abri des fausses interprétations, il devrait développer davantage, et expliquer plus complètement, sa théorie de l'utilité pratique, et non pas spéculative, des concepts. Comprise d'une certaine façon, cette théorie paraît insoutenable. Au moyen des concepts, en effet, nous augmentons certainement notre connaissance sur les choses; et c'est là, semble-t-il bien, un résultat d'un caractère spéculatif, quels que soient les résultats d'un caractère pratique qui en peuvent découler. A vrai dire, on pourrait croire que M. Bergson fournit des armes pour le réfuter aisément. Sa philosophie prétend, par-dessus tout, donner de la vérité une vision plus profonde que celle des philosophies rationalistes : or, qu'est-elle en elle-même, sinon un système de concepts ? N'est-ce pas exclusivement de concepts qu'il fait usage dans ses raisonnements, au moment même où il entreprend de montrer qu'on n'en peut tirer aucune intuition de la réalité ?

En tout cas, il est facile de répondre à cette objection particulière. Par l'usage qu'il fait de certains concepts bien à lui, pour discréditer la prétendue valeur théorique des concepts en général, Bergson, loin de contredire sa propre conception de leur rôle pratique, la met dans tout son jour en l'appliquant comme il l'applique. Entre ses mains, les concepts ne servent, en effet, qu'à nous « orienter », qu'à nous montrer de quel côté nous devons *pratiquement* nous tourner, si nous voulons obtenir cette vision plus complète de la réalité que, d'après lui, ils ne sauraient procurer. La direction qu'il vient donner à nos aspirations nous éloigne d'eux et nous porte vers ce courant de l'expérience sensible que dédaignent les intellectualistes. Ce n'est donc qu'à une *nouvelle attitude pratique* qu'il aboutit par le moyen des concepts. Il ne fait que rétablir, en dépit du veto de la philosophie intellectualiste, nos relations naturellement cordiales avec l'expérience sensible et le sens commun. Certes, ils n'ont là qu'une simple utilité pratique; mais qui mérite notre immense gratitude. Pouvoir de nouveau nous fier à nos sens avec une bonne conscience philosophique! — qui jusqu'ici nous a jamais conféré une liberté d'une aussi grande valeur?

Il suffit de quelques distinctions et de quelques additions pour tenir facilement tête aux autres charges de l'acte d'accusation. Les concepts sont des réalités d'un nouvel ordre, accompagnées de relations d'un caractère spécial qui les unissent. Ces relations se perçoivent tout aussi directement, quand nous comparons entre eux nos divers concepts, que la distance perçue entre deux objets sensibles quand nous portons sur elle notre attention. La formation des concepts nous fournit donc une matière pour de nouvelles perceptions, et quand les résultats de celles-ci sont inscrits à notre avoir, ils deviennent, comme dit Locke, ces corps de « vérité mentale » connus sous le nom de mathématiques, de logique et de métaphysique *a priori*. Connaître toute cette vérité mentale est bien un progrès théorique, mais un progrès qui ne va pas loin; car les relations entre les objets conceptuels comme tels ne sont que des rapports statiques n'exprimant que le résultat d'une simple comparaison, : tels sont les rapports de différence ou d'identité, de convenance ou de contradiction, d'inclusion ou d'exclusion. Rien n'*arrive* dans le royaume des concepts; là, les relations ne sont qu'*éternelles*. Aussi le résultat théoriquement obtenu ne va-t-il même pas jusqu'à effleurer la lisière extérieure du monde réel, du monde des relations causales et dynamiques, du monde de l'action et de l'histoire. S'il s'agit d'obtenir la vision de toute cette vie mouvante, Bergson a raison de nous détourner de ce qui n'est que conception, et de nous porter vers la perception.

En combinant les concepts avec les produits de nos perceptions, *nous pouvons tracer des atlas représentant la répartition* de certaines autres perceptions possibles, pour des points plus ou moins éloignés de l'espace et du temps. Connaître cette perspective est naturellement un gain théorique ; mais ce gain-là encore est extrêmement limité : il faut des perceptions pour l'obtenir ; et même alors, il ne fournit que des relations statiques. Un atlas ne nous fait connaître que des positions ; et la position d'une chose est tout ce qu'il y a de plus *mince* en fait de vérité concernant cette chose ; mais, comme c'est là une connaissance indispensable pour tracer notre ligne de conduite, la faculté conceptuelle de dresser des atlas a une importance pratique énorme sur laquelle Bergson insiste avec beaucoup de raison.

Mais les concepts, dira-t-on, ne nous donnent pas seulement des vérités éternelles de comparaison, et des atlas établissant la position des choses : ils introduisent de nouvelles valeurs. Par ces atlas, ils sont à la perception en général ce que sont au toucher la vue et l'ouïe, ces deux sens supérieurs que Spencer appelle de simples organes du toucher à distance. Mais nos yeux et nos oreilles nous ouvrent en outre des mondes splendides indépendants du monde du toucher : c'est de là que sortent la musique et les arts plastiques, et le prix de la vie en est accru dans une proportion incroyable. De même, l'univers conceptuel nous fournit des valeurs d'un nouvel ordre et de nouveaux motifs de vivre. Outre que ses atlas nous sont d'une utilité pratique, le fait seul de posséder mentalement des tableaux si grandioses est lui-même fécond. De nouveaux intérêts, de nouvelles et sublimes inspirations, des sentiments de puissance et d'admiration, y prennent leur source.

L'abstraction semble avoir par elle-même une teinte d'idéalité. « *La fidélité à la fidélité* », dont parle Royce en est un excellent exemple. Des « causes » comme celle de la lutte contre l'esclavage, de la démocratie, de la liberté, etc., subissent une déchéance au milieu des vils détails que comporte leur réalisation. La véritable valeur de l'idée, « au comptant », ne semble lui demeurer attachée qu'autant que cette idée reste une pure abstraction. La vérité en général, comme Royce le soutient dans sa *Philosophy of Loyalty*, apparaît comme une chose absolument différente des vérités particulières auxquelles il est excellent de croire. Sa valeur dépasse celle de toutes ces « vérités avantageuses » : elle est chose pour laquelle on doit vivre, qu'elle soit utile ou non. La Vérité avec un grand V est un « événement d'une suprême importance » ; et les vérités de détail sont de « pauvres bribes », des « miettes de résultats ». (*Op. cit.*, VIIᵉ Conférence, spécialement § V).

Et maintenant, le fait de donner naissance à une nouvelle *valeur* doit-il être regardé comme un résultat théorique ? La question est délicate, car, quoiqu'une valeur soit en un sens une qualité objectivement perçue, cette qualité est toute relative à notre volonté, puisqu'elle consiste essentiellement dans une impulsion dynamique qui modifie notre action. En tant qu'ils ont pour fonction de créer des valeurs, il semble donc que les concepts sont bien plus en rapport avec notre activité pratique qu'avec notre vie théorique, de sorte qu'ici encore la formule de Bergson semble inattaquable. Par les sentiments qui les animent, certaines personnes se mettent dans leurs actes, en contradiction avec certains de leurs concepts et ne s'inspirent pas de ceux-ci dans la carrière dont elles vivent : il ne s'ensuit pas nécessairement qu'elles aient une intelligence plus profonde des autres formes de vie correspondant à ces concepts.

On peut encore dire que nous combinons d'anciens concepts pour en former de nouveaux, et qu'ainsi nous arrivons à concevoir des réalités, telles que l'éther, Dieu, les âmes et bien d'autres, dans l'ignorance desquelles notre vie sensible, s'il n'y avait qu'elle, nous laisserait complètement. Certes, il y a bien là un accroissement de notre connaissance, et l'on peut bien l'appeler un gain théorique. Cependant, ici encore, les remarques de Bergson gardent toute leur force. Les concepts ont beau nous en dire long *sur* ces objets invisibles : ils n'y font pénétrer aucun rayon de lumière pour en éclairer l'intérieur. A mesure que se complètent nos définitions des ondes de l'éther, des atomes, des dieux ou des âmes, plus tout cela nous devient inintelligible. Aussi, dans toutes ces matières, les savants en viennent-ils, de plus en plus, à ne reconnaître qu'une valeur purement pratique aux concepts s'y rapportant. L'éther et les molécules peuvent, aussi bien que de simples coordonnées ou de simples moyennes, n'être qu'autant de béquilles grâce auxquelles il devient pratiquement possible de se mouvoir au milieu de l'expérience sensible.

D'après ces considérations, nous voyons combien la question de savoir si la fonction des concepts est théorique ou pratique, peut facilement tourner à la logomachie. En se plaçant à ce point de vue, peut-être vaut-il mieux refuser d'admettre qu'il faille choisir entre ces deux alternatives. La seule chose certaine ici, c'est que Bergson a parfaitement raison de soutenir que la vie tout entière, en tant qu'activité, en tant que changement, ne se laisse pas intimement pénétrer par la méthode conceptuelle, et qu'elle ne s'ouvre qu'à une appréhension sympathique effectuée au moyen d'un sentiment immédiat. Qu'on se représente la réalité comme *un quelque chose* simplement, ou qu'on se la représente comme étant *telle chose*, et que l'une ou l'autre de ces représentations se rapporte à des relations ou qu'elle se rapporte aux termes eux-mêmes, c'est toujours du contenu de l'expérience concrète et immédiate qu'il s'agit en fin de compte. Toutefois, les *combinaisons* de ces données, combinaisons logiques aussi bien que temporelles et spatiales, effectuées au delà de nos perceptions, sont également quelque chose que nous avons besoin de connaître, aussi bien pour le plaisir de les connaître que pour nous en aider pratiquement.

Ce besoin d'effectuer de telles combinaisons, on peut l'appeler un besoin théorique ou un besoin pratique, suivant que l'on veut mettre en lumière l'un ou l'autre de ses deux aspects. Néanmoins, Bergson a complètement raison de réduire la connaissance conceptuelle à une mise en ordre, et d'insister sur ce que cette mise en ordre s'applique, non pas aux objets qu'il nous faut connaître chacun, mais uniquement à l'ensemble de ces objets, et même à ce qui n'en est que l'écorce ou le contour extérieur.

APPENDICE A

LA CHOSE ET SES RELATIONS

La continuité de l'expérience immédiate semble parfaite. Ce sens de la vie, ce sens toujours actif que nous possédons tous avant que la réflexion vienne mettre en pièces le monde de la connaissance instinctive, est un sens qui porte en lui-même sa propre lumière et ne suggère aucun paradoxe. Les difficultés qu'il rencontre ne sont que des incertitudes et des désappointements : ce ne sont pas des contradictions d'ordre intellectuel.

Au contraire, quand l'intelligence réfléchie se met à l'œuvre, elle découvre des choses incompréhensibles dans ce processus continu. En distinguant ses éléments et ses parties, elle leur attribue des noms séparés, et, les ayant disjoints ainsi, elle ne peut pas facilement les rapprocher. Le pyrrhonisme accepte l'irrationnel et s'en donne à cœur joie de lui faire subir une élaboration dialectique. D'autres philosophies essayent, les unes en dédaignant la procédure dialectique, — d'autres en la combattant, — d'autres encore en la retournant contre elle-même, en opposant des négations à ses négations fondamentales, — de rétablir le sentiment du flux de la vie, et de remplacer l'état de première innocence par un état de rédemption. La perfection avec laquelle une doctrine quelconque réussit dans cette entreprise, est la mesure de son succès auprès des hommes et de son importance dans l'histoire de la philosophie. Dans un article intitulé : *Le monde de l'expérience pure*[1], je me suis exercé sur ce problème, par une simple esquisse, pour me faire la main ; et, combattant certaines positions prises dès le début par la dialectique, j'ai insisté d'une manière générale sur ce que les relations conjonctives immédiatement senties sont aussi réelles que toute autre chose. Supposant que ma tentative peut ne point paraître trop *naïve*, il faut que j'en serre de plus près les détails, et c'est ce que je vais faire ici.

I

« Expérience pure », tel est le nom que je donnais au flux immédiat de la vie qui nous fournit les matériaux plus tard mis en œuvre par notre réflexion, aussi bien que ses catégories conceptuelles. C'est seulement pour les enfants nouveau-nés, ou les adultes dans un état à demi comateux par l'effet du sommeil ou de certaines drogues, de coups reçus ou de certaines maladies, qu'on peut parler d'expérience pure dans le sens littéral d'un *quelque chose* qui n'est pas encore du tout devenu *telle chose* définie, quoique prêt à devenir toutes sortes de *choses* déterminées. C'est une expérience pleine tout à la fois d'unité et de multiplicité, mais sous des formes qui n'apparaissent pas ; une expérience qui ne cesse pas de changer, mais d'une manière si indistincte cependant que ses phases s'interpénètrent et qu'aucun point, soit pour les distinguer, soit pour les identifier, n'y est saisissable.

---

1. *Journal of Philosophy, Psychology and Scientific Methods*. Vol. I, n° 20, p. 566.

Sous cet aspect, l'expérience pure n'est qu'un autre nom pour désigner le sentiment ou la sensation. Mais le flux n'en est pas plutôt arrivé à l'existence, qu'il tend à se charger de données qui font saillie, et ces parties en relief sont identifiées, fixées et abstraitement posées ; de sorte que l'expérience est maintenant comme criblée d'adjectifs et de noms, de prépositions et de conjonctions qu'elle charrie avec elle. Sa pureté n'est plus qu'un terme relatif, désignant la proportion de sensations, non encore devenues des mots, qu'elle ne cesse pas de s'incorporer.

Si loin que nous remontions, le courant, dans son ensemble et dans ses parties, est composé de choses réunies et de choses séparées. Ces trois grandes réalités continues : le temps, l'espace et le Moi, les enveloppent toutes, et coulent de l'une à l'autre sans les séparer, comme sans se séparer elles-mêmes. Les choses ainsi enveloppées se présentent comme séparées à certains égards et comme continues à certains autres. Telles sensations s'agglutinent avec telles idées, et d'autres leur sont réfractaires. Telles qualités se compénètrent en un même espace, ou s'en excluent mutuellement. D'une façon persistante, elles s'accrochent ensemble par groupes qui se meuvent comme des unités, ou bien elles s'isolent les unes des autres. Leurs changements sont brusques ou au contraire continus ; par leur nature elles diffèrent ou elles se ressemblent ; et, dans un cas comme dans l'autre, elles entrent dans des séries tantôt régulières, tantôt irrégulières.

Dans tout cela, le continu et le discontinu forment les deux éléments absolument coordonnés de notre expérience immédiate. Les relations conjonctives sont des éléments de « fait » aussi primordiaux que les distinctions et les relations disjonctives. Dans l'acte même par lequel je suis conscient que la minute en train de s'écouler est une nouvelle pulsation de ma vie, j'ai le sentiment que ma vie passée se continue dans celle-ci ; et le sentiment de cette continuité ne fait en nulle manière disparate avec le sentiment simultané d'un événement nouveau. Ces deux sentiments, eux aussi, se compénètrent harmonieusement. Les prépositions, les copules et les conjonctions, telles que : « est, n'est pas, donc, ensuite, avant, dans, sur, en outre, entre, près de, comme, autrement que, en tant que, mais », — émergent comme des fleurs du courant de l'expérience pure, qui est le courant du concret ou des sensations : elles en émergent aussi naturellement que les noms et les adjectifs, et s'y replongent par un mouvement tout aussi spontané, quand nous les appliquons à une nouvelle portion du même courant.

II

Si maintenant nous nous demandons pourquoi nous devons faire passer l'expérience d'une forme plus pure ou plus concrète à une forme plus intellectualisée, en la remplissant de distinctions conceptuelles de plus en plus nombreuses, le rationalisme et le naturalisme donnent une réponse différente.

Le rationalisme répond que la vie spéculative est absolue, et que ses intérêts ont un caractère impératif, que comprendre est strictement le devoir de l'homme, et qu'on ne doit pas discuter avec celui qui met ce besoin en question, car, par le seul fait d'accepter la discussion, il abandonne sa cause.

La réponse du naturalisme est que notre milieu nous tue aussi bien qu'il nous soutient, et que la tendance de l'expérience brute à détruire l'expérimentateur lui-même est diminuée dans la proportion même où ceux des éléments de ce milieu qui ont un intérêt pratique pour la vie sont extraits du *continu* par l'analyse, pour être fixés et accouplés par des mots : alors nous pouvons connaître ce qui nous y est favorable ou non, et nous tenir prêts pour réagir au moment voulu. Si l'expérience pure, dit le naturaliste, avait toujours été parfaitement saine, la nécessité ne se serait jamais posée d'isoler ou de nommer aucun de ses éléments. Nous aurions tout simplement acquis notre expérience sans articuler aucun mot, et nous en aurions joui sans que l'intelligence y fût pour rien.

Dans l'explication naturaliste, le fait de s'appuyer sur une « réaction » suppose que, partout où nous intellectualisons une expérience relativement pure, il nous faut procéder ainsi pour redescendre à un niveau d'expérience plus pur ou plus concret : lorsque l'entendement s'isole au milieu de ses termes abstraits et de ses relations généralisées, sans se réinsérer avec ses conclusions, sur quelque point particulier, dans le courant immédiat de la vie, il néglige de remplir jusqu'au bout sa fonction et laisse inachevée sa course normale.

La plupart des rationalistes contemporains accorderont que le naturalisme explique d'une façon assez exacte la genèse de notre entendement, mais ils repousseront ces dernières conséquences. Le cas en question, diront-ils, ressemble à celui de l'amour sexuel. Tout en tirant son origine du besoin qui se rapporte à la propagation de l'espèce, le développement de cette passion a suscité subsidiairement des besoins spirituels si impérieux, que si vous demandez pourquoi il faut qu'une autre génération naisse, la réponse sera nécessairement celle-ci : « C'est surtout pour que l'amour ne disparaisse pas ». Il en est exactement de même pour notre entendement. A l'origine, il n'était qu'un moyen pratique au service de la vie ; mais, en se développant, il a incidemment fait surgir la fonction de comprendre la vérité absolue ; et la vie elle-même semble maintenant nous être donnée principalement comme un moyen de remplir cette fonction. Or, la vérité, et la faculté de la comprendre, ont pour domaine les idées abstraites et générales : aussi l'entendement poursuit-il maintenant ses opérations supérieures dans cette seule région, sans éprouver aucunement le besoin de redescendre à l'expérience pure.

Si le lecteur ne s'y reconnaît pas, dans ces deux tendances opposées que je désigne sous le nom de naturalisme et de rationalisme, peut-être un exemple les lui rendra-t-il plus concrètes. M. Bradley, par exemple, est un ultra-rationaliste. Il admet qu'à l'origine notre intelligence est une faculté pratique ; mais il dit que, pour les philosophes, il n'existe pas d'autre besoin pratique que la Vérité[1].

De plus, la Vérité doit être supposée « cohérente ». L'expérience immédiate doit être morcelée en sujets et en attributs, en termes et en relations, pour être, à quelque degré, comprise en tant que Vérité. Cependant, une fois morcelée ainsi, elle est moins cohérente que jamais. Prise à l'état brut, elle est toute confuse. Intellectualisée, elle est toute en distinctions, sans unité. « Une telle élaboration peut avoir sa valeur, mais le problème théorique n'est pas résolu » (p. 23). La question est celle-ci : « *Comment* la diversité peut-elle exister en harmonie avec l'unité ? » (p. 118). Retourner à l'expérience pure ne donne rien. « Le sentiment tout seul ne fournit aucune réponse pour notre énigme » (p. 104). Même si votre intuition est un fait, ce n'est pas un *acte de l'entendement*. « C'est une simple expérience, et d'où il ne sort aucune conception cohérente » (pp. 108-109). Toute expérience présentée à titre de fait ou de vérité, « je constate que mon entendement la rejette comme con-

---

1. *Appearance and Reality*, pp. 152-153.

tradictoire en elle-même. Elle présente un complexus d'éléments divers joints d'une façon qu'il sent n'être pas la sienne et qu'il ne saurait donc s'approprier... Car pour être satisfait, mon entendement doit comprendre, et il ne peut pas comprendre lorsqu'on ne lui donne qu'un amas de choses à saisir ainsi, en un tas » (p. 570).

M. Bradley, au nom des seuls intérêts de l'*entendement*, — tel qu'il le comprend, — tourne donc pour jamais le dos à l'expérience finie. La vérité doit se trouver dans la direction opposée, qui est celle de l'absolu. Par suite, le rationalisme ainsi compris, et le naturalisme ou, comme je l'appellerai maintenant, le pragmatisme, doivent désormais suivre des voies opposées. Pour le rationalisme, les produits intellectuels où il y aura le plus de vérité, seront ceux qui, orientés vers l'absolu, arriveront le mieux à symboliser les moyens dont l'absolu se sert pour unir l'un et le plusieurs. Pour le pragmatisme, ceux-là sont les plus vrais qui réussissent le mieux à se replonger dans le courant de l'expérience finie et qui parviennent à confluer le plus aisément avec quelque toute petite vague, avec quelque menu détail particulier. Cette fusion ne fait pas que prouver l'exactitude de l'opération intellectuelle antérieure, — de même qu'une addition peut *prouver* la justesse d'une soustraction déjà faite : elle constitue, d'après le pragmatisme, tout ce que nous prétendons dire en la qualifiant de vraie. C'est seulement dans la mesure où ils nous ramènent, d'une manière efficace ou non, à l'expérience sensible, que nos idées abstraites et nos concepts sont vrais ou faux à quelque degré.

III

Dans la sixième partie de mon article : « Le monde de l'expérience pure », j'ai adopté d'une manière générale cette croyance du sens commun qu'un seul et même monde est connu par nos différents esprits ; mais je me suis abstenu de discuter les arguments dialectiques d'après lesquels cette croyance est absurde logiquement. La raison habituellement donnée est la supposition qu'un seul et unique objet, — par exemple, l'univers, — soutient à la fois deux relations, d'une part avec ma pensée et d'autre part avec la vôtre ; alors qu'une seconde relation posée pour un terme l'empêche logiquement d'être ce qu'il était d'abord.

J'ai vu cette objection si souvent présentée par des philosophes absolutistes, et elle détruirait si complètement mon empirisme radical, si elle était valable, qu'il me faut en tenir compte et rechercher ce qui en fait la force.

Supposons, par exemple, que le sujet de la discussion soit un terme M qu'on affirme être en relation d'un côté avec L et de l'autre avec N ; supposons ensuite un cas où ces deux rapports seraient respectivement symbolisés par L — M et M — N. Je suppose maintenant qu'il peut se produire une expérience immédiate donnée sous la forme L — M — N, sans que rien trahisse aucun dédoublement, aucune fissure interne dans le terme M. On me dit aussitôt qu'il n'y a là qu'une illusion vulgaire ; que L — M — N représente, logiquement, deux expériences différentes, soit L — M et M — N. L'absolu, continue-t-on, peut, et même doit nécessairement, grâce à son point de vue supérieur, lire les deux textes de M en y introduisant l'espèce toute particulière d'unité qui est la sienne : néanmoins, en tant qu'éléments de l'expérience finie, ces deux M demeurent irrémédiablement séparés, si bien que le monde qui s'étend de l'un à l'autre, présente là un gouffre, sans aucun pont pour le franchir.

En discutant cette thèse dialectique, il faut éviter de glisser du point de vue logique au point de vue physique.

Il serait facile, en prenant un exemple concret pour fixer ses idées, d'en choisir un dans lequel la lettre M serait prise comme symbolisant un nom qui désignerait une collection d'idées quelconques; et ce nom, mis en relation avec L par une partie de sa compréhension et à N par une autre, serait intérieurement deux choses lorsqu'on le poserait extérieurement avec ces deux relations. Ainsi, on pourrait dire : « David Hume, dont le corps avait tel poids, exerce une influence sur la postérité par sa doctrine. » Le *corps* et la *doctrine* sont deux choses entre lesquelles notre entendement fini ne saurait découvrir aucune identité, quoique le même nom serve à les désigner toutes deux. Et alors on pourrait conclure : « seul un être absolu est capable d'unifier une telle non-identité. » Je dis que nous devons éviter cette sorte d'exemples; car la connaissance dialectique, si elle est vraie le moindrement, doit s'appliquer universellement aux termes et aux relations. Elle doit être vraie pour des unités abstraites aussi bien que pour des noms collectifs, et, si nous la mettons à l'épreuve par des exemples concrets, il faut choisir les plus simples afin d'éviter les particularités matérielles qui, suggérées par eux, n'auraient aucun rapport avec cette connaissance.

Pris ainsi dans toute sa généralité, l'argument des partisans de l'absolu semble adopter, pour la majeure de son syllogisme, cette idée de Hume que « toutes nos perceptions sont des existences distinctes, et que l'entendement ne perçoit jamais aucun rapport réel entre les existences distinctes ». Sans aucun doute, puisque nous employons deux phrases, d'abord pour parler du rapport de M avec L, puis pour parler du rapport de M avec N, nous devons avoir maintenant, ou bien nous devons avoir eu, deux perceptions distinctes; et la suite alors irait de soi. Mais le point de départ du raisonnement semble résider ici dans le fait des deux *phrases*; et voilà qui donne lieu de croire qu'en fait d'argument il n'y a peut-être là que des mots. Est-il possible que tout le résultat obtenu par la dialectique, ce soit d'attribuer à l'expérience dont elle parle une constitution semblable à celle du langage qui décrit cette expérience? Va-t-il falloir affirmer la double existence objective de M, simplement parce qu'il faut répéter son nom deux fois, en énonçant ses deux relations?

En faveur de l'argumentation dialectique dont je m'occupe, je ne vois vraiment pas d'autre raison que celle qui vient d'être discutée[1]. Si, en effet, nous pensons, non pas à tels mots que nous employons, mais à quelque donnée concrète, aussi simple que possible, qu'on puisse considérer comme exprimée par eux, l'expérience elle-même réfute le paradoxe en question. A la vérité, nous nous servons de deux concepts isolés pendant que nous analysons notre objet; mais, à aucun moment, nous n'ignorons qu'ils ne sont que de simples substituts et que M, dans L — M, puis M dans M — N, désignent une seule et même chose M, faisant partie de l'expérience sensible, c'est-à-dire que ces deux M renferment de quoi y conduire et y aboutir. Cette identité persistante de certaines unités, de certaines parties saillantes, de certains points, de certains objets, de certains éléments — donnez-leur le nom que vous voudrez — du courant continu de l'expérience, est précisément un de ses caractères conjonctifs sur lesquels je suis obligé d'insister avec tant de force. Les identités font, en effet, partie de la structure indéfectible de l'expérience.

Quand j'entends un coup de cloche, et qu'à mesure que

---

1. En termes techniques, elle me paraît se réduire à cette sorte particulière d'amphibologie qui conclut du sens « composé » d'un mot à son sens « divisé ». Une dualité affirmable de deux touts, L—M et M—N est affirmée d'une de leurs parties, M, par voie de prétendue conséquence.

la vie poursuit son cours, l'image de ce coup de cloche s'évanouit, je continue de l'entendre rétrospectivement comme étant « ce même coup de cloche ». Quand je vois une chose, M, avec L à sa gauche et N à sa droite, elle m'*apparaît* comme un seul et unique M. Prétendez-vous que j'ai dû la *prendre* deux fois? Je répliquerai que, dussé-je la prendre mille fois, je n'y pourrais jamais *voir* qu'une seule unité [1]. Ce caractère d'unité est primitif en elle, tout autant qu'est primitive la multiplicité des actes successifs par lesquels je la saisis. Elle se présente, en une fois, comme étant *cette* chose M, cette réalité singulière ou unique que je rencontre. Les actes en question, au contraire se présentent comme étant *ces* actes qui composent une pluralité d'opérations. L'unité et la séparation sont étroitement coordonnées.

Comment mes adversaires arrivent-ils à trouver plus facile de comprendre deux choses séparées qu'une chose unique? Comment y peuvent-ils trouver une telle facilité, qu'ils se croient obligés à tout prix d'en infecter toute notre expérience finie, pour ne plus voir dans l'unité qu'un pur postulat, au lieu d'une chose positivement connaissable, et la reléguer dans la région mystérieuse de l'absolu? Voilà ce que j'ai bien de la peine à démêler; car de tels adversaires sont incapables de s'abaisser à de simples équivoques. Et pourtant, tout ce que je puis saisir dans leurs propos, c'est qu'ils prennent le signe ou le mot pour

---

1. Peut-être me permettra-t-on de renvoyer ici à mes *Principes de Psychologie*, vol. I, pp. 459 sq. N'est-il pas « fantastique », en vérité, d'avoir à discuter, — comme je suis en ce moment obligé de le faire, — pour démontrer que c'est bien une seule et unique feuille de papier — avec son recto, son verso, et tout ce qui se trouve compris entre eux, — qu'il y a en même temps sous ma plume et sur la table pendant que j'écris? — A soutenir que la logique *veut* qu'il y en ait deux, les absolutistes ont par trop l'air de payer d'audace! Et pourtant, je les soupçonne parfois d'être sincères!

la chose signifiée, en affirmant comme vrai de la seconde ce qui est vrai du premier. Ils n'opèrent que sur des mots, sans jamais se reporter à ce courant de la vie d'où les mots tirent toute leur signification, et qui est toujours prêt à les réabsorber.

IV

Si mon argumentation n'est pas dénuée de toute valeur probante, nous pouvons continuer à croire qu'une seule et unique chose peut être connue par plusieurs intelligences. Mais lorsqu'on nie qu'une seule et unique chose puisse entretenir des relations multiples, on ne fait qu'appliquer l'une des conséquences d'une autre difficulté dialectique encore plus abstruse. L'homme ne peut pas être bon, disaient les sophistes, car l'*homme* est l'homme et le *bon* est le bon : le premier est une chose, et le second en est une autre. Là-dessus, Hegel et Herbart à leur époque, — plus récemment H. Spir, — en dernier lieu et d'une manière plus approfondie qu'eux tous, M. Bradley, nous apprennent qu'un terme ne saurait être logiquement qu'une unité analogue au point mathématique, et qu'on ne peut admettre comme rationnellement possible aucune des relations conjonctives que l'expérience semble présenter entre les choses.

Naturellement, s'il en était ainsi, l'empirisme radical serait ruiné au point qu'il ne lui resterait plus de quoi vivre. L'empirisme radical prend les relations conjonctives pour leur valeur fiduciaire, les tenant pour aussi réelles que les termes qu'elles unissent. Le monde, il le représente comme une collection pour certaines parties de laquelle ce sont des relations conjonctives qui existent, tandis que, pour d'autres parties, ce sont des relations disjonctives. Considérées l'une par rapport à l'autre, deux de ces parties apparaîtront comme séparées ; mais il se peut qu'elles se trouvent rattachées par des intermédiaires auxquels chacune est liée pour son propre compte.

Éventuellement donc, l'univers tout entier peut présenter une cohésion réalisée de cette manière-là, d'autant mieux qu'on y peut toujours discerner, *sous une forme quelconque*, une voie ménageant une transition conjonctive et permettant de passer de l'une des parties à une autre. Cette cohésion générale, aux conditions aussi diverses que bien définies, on peut l'appeler *union par enchaînement ininterrompu*, pour la distinguer de l'union absolue, de l'*union par convergence universelle*, comme on pourrait l'appeler ; — de cette union ayant pour formule : « chaque chose présente dans toutes, et toutes dans chacune » ; — de cette union enfin dont les systèmes monistes prétendent qu'elle s'impose à qui prend les choses dans leur réalité absolue.

Dans un univers caractérisé par l'enchaînement dont je parle, un conflux partiel se perçoit fréquemment. Nous voyons confluer nos sensations et nos concepts; nous voyons pareillement confluer les états de conscience successifs du même moi et les impressions qui sont celles d'un même corps. Quand l'expérience ne porte pas sur des choses qui confluent, elle peut porter sur des choses *limitrophes*, c'est-à-dire unies par un seul et unique intermédiaire; — ou sur des choses *semblables;* ou sur des choses *rapprochées;* ou sur des choses *simultanées;* ou sur des choses *intérieures* l'une à l'autre; ou sur des choses *superposées;* ou sur des choses dont l'une est une *fin* à l'égard des autres; ou simplement sur des choses dont l'une est faite ou donnée *avec* l'autre; ou même plus simplement sur des choses qui ne sont qu'*additionnées;* — et, par cette dernière relation, se connaît un monde pouvant faire l'objet du *discours* ou de la pensée logique, au lieu qu'il n'y aurait sans cette relation qu'un monde tout inarticulé.

Eh bien! M. Bradley nie qu'aucune de ces relations[1], telles que nous les donne positivement l'expérience, puisse avoir la moindre réalité. Il me faut donc maintenant mettre l'empirisme radical à l'abri des attaques de M. Bradley. Par bonheur, sa thèse générale, que la notion même de relation est manifestement impossible à concevoir, a été combattue avec succès, me semble-t-il, par plusieurs critiques[2].

Ce serait s'infliger à soi-même une corvée, et faire injure aux lecteurs en même temps qu'aux écrivains qui nous ont précédés, que de répéter de bons arguments déjà entrés dans le domaine public. Je vais donc, en étudiant M. Bradley, me borner à ce qui intéresse l'empirisme radical exclusivement.

---

1. Ici encore, le lecteur doit prendre garde de ne pas glisser des considérations logiques aux considérations de l'ordre phénoménal. Il se peut bien que nous *affirmions* à tort une certaine relation, parce que la complexité des circonstances nous a trompés dans un cas donné. Arrêtés à une station de chemin de fer, nous pouvons croire que notre train est en mouvement, et non celui que nous regardons par la portière. Nous assignons alors à un mouvement un lieu qui n'est pas le sien dans l'univers ; mais, à son vrai point de départ, ce mouvement fait bien partie du réel. M. Bradley ne dit rien de tel. Il veut plutôt dire que les choses, en tant que mouvement, ne sont nulle part réelles, et que les relations en demeurent toujours inintelligibles, quant à leur point de départ même, quant à cette expérience même qui ne se laisse pas rectifier.

2. En particulier par ANDREW SETH PRINGLE-PATTISON, dans son *Man and the Cosmos* ; par L. T. HOBHOUSE, dans sa *Theory of Knowledge*, ch. XII; et par F. C. S. SCHILLER, dans son *Humanism*, Essai XII.

V

Le premier devoir de l'empirisme radical, quand il prend, telles quelles, avec leur valeur fiduciaire, les conjonctions données dans l'expérience, est de distinguer d'une part, celles qui sont les plus profondes, et de l'autre celles qui sont les plus extérieures.

Quand deux termes sont *similaires*, leur nature même fait qu'il y a entre eux une relation conjonctive. Étant *ce qu'ils sont*, leur ressemblance, une fois affirmée, n'importe où et n'importe quand, ne peut plus être niée. Elle doit être affirmée tant que les termes continuent à exister.

D'autres relations, — par exemple celle de *lieu* et celle de *temps*, semblent adventices. Ainsi, cette feuille de papier peut être *loin* de la table ou *sur* la table : dans l'un et l'autre cas, il y a une relation qui n'implique que la partie extérieure des deux termes. Ayant l'un et l'autre une partie extérieure, c'est par elle qu'ils entrent en relation. Cette relation est toute extérieure : la nature intérieure du terme n'y contribue aucunement. N'importe quel livre, n'importe quelle table, peut se prêter à cette relation, car elle est créée *pour cette circonstance*, et cela non pas par leur existence même, mais par leur situation particulière.

C'est précisément parce que tant de conjonctions paraissent extérieures au plus haut degré dans notre expérience, qu'une philosophie de pure expérience doit tendre au pluralisme dans son ontologie. Dans la mesure où les choses sont en relations spatiales, nous sommes même libres de les imaginer comme ayant différentes origines. Si elles ont pu arriver à *exister* et à prendre place dans l'espace de n'importe quelle manière, elles peuvent l'avoir fait chacune séparément. Une fois là, cependant, elles *s'ajoutent* les unes aux autres; et, sans aucun préjudice pour leur nature, toutes sortes de relations spatiales peuvent survenir entre elles. La question de savoir comment les choses ont pu venir, n'importe de quelle manière, à l'existence, est une tout autre question que celle de savoir en quoi peuvent ensuite consister leurs relations.

M. Bradley soutient à présent que des relations extérieures, comme les relations spatiales dont nous parlons ici, ne peuvent se poser que pour des réalités tout à fait différentes de celles pour qui l'absence de ces relations aurait pu, un instant auparavant, être affirmées d'une manière plausible. Non seulement la *situation* est différente quand le livre est sur la table, mais le *livre lui-même* est différent, en tant que livre, de ce qu'il était quand il était loin de la table [1].

M. Bradley admet que « ces relations semblent possibles, et même qu'elles existent... Que le fait de comparer les choses entre elles ou de changer leur situation respective dans l'espace ne les modifie pas, voilà qui paraît tout à fait évident pour le sens commun; mais que, d'autre part, il y ait là certaines difficultés non moins

---

[1]. Je vous le rappelle une fois de plus : ne glissez pas de la situation logique à une situation physique. Naturellement, si la table est humide, elle mouillera le livre; ou encore, si elle est suffisamment légère, et le livre suffisamment lourd, elle se brisera sous le poids du livre et tombera à terre. Mais ces phénomènes concomitants n'ont rien à voir avec la question qui est celle-ci : les relations successives qu'on exprime en disant d'abord « sur », puis « non sur », peuvent-elles rationnellement (et non physiquement) s'appliquer à des termes constamment les mêmes et abstraitement considérés ? Le professeur A. E. Taylor tombe des considérations logiques dans des considérations matérielles, quand il prend comme exemple un contraste de couleurs, en vue de prouver que A, « comme distingué de B, et même opposé à B, n'est pas la même chose que A tout seul, non affecté par quoi que ce soit ». (*Elements of Metaphysics*, 1903, p. 145). Remarquez la substitution du mot « affecté » au terme « mis en rapport », ce qui remet tout en question.

manifestes, voilà qui n'apparait nullement au sens commun. »

Quelles sont ces difficultés ?

Voici, d'après M. Bradley, la première :

« Dans le résultat (du travail de comparaison effectué sur les choses), il se rencontre, dit-il, une relation ; et cette relation, nous affirme-t-on, ne doit modifier aucun des termes. Mais, s'il en est ainsi, sur quoi tombe la différence *(n'y a-t-il pas une différence au moins pour nous spectateurs ?)* et que veut-on dire au juste lorsqu'on les qualifie d'après ce rapport ? [*Eh bien ! cela sert à dire la vérité sur leur position relative !* [1]] Bref, si le rapport est extérieur aux termes, comment peut-il être vrai *de* ces mêmes termes ? [*Est-ce la relation intime suggérée ici par le petit mot « de » souligné par moi, qui gêne M. Bradley ?*]. — Si les termes n'entrent pas en relation du fait de leur nature intérieure, alors pour ce qui les concerne, ils semblent n'être absolument pas en rapport l'un avec l'autre... Les choses ont entre elles, dans l'espace, certaines relations, puis certaines autres, sans se trouver elles-mêmes aucunement modifiées par ces diverses relations qui, nous assure-t-on, ne sont qu'extérieures. Mais je réplique que, s'il en est ainsi, je ne puis *comprendre* que des termes abandonnent certaines relations pour en adopter de nouvelles. Le processus et son résultat à l'égard des termes, si ces derniers n'y contribuent en rien [*Mais ils contribuent à tout ce qui en est obtenu, de ce résultat !*] semblent absolument irrationnels. [*Si « irrationnel » signifie simplement « non rationnel », c'est-à-dire qui ne peut se déduire de l'essence de l'un des deux termes pris sépa-*

---

1. Mais, demande M. Bradley avec humeur (p. 579), « que signifie — à supposer qu'elle ait un sens — une vérité qui, au lieu de porter sur des choses, ne porte que sur leurs contours et sur leur milieu ? » Il est évidemment permis de laisser sans réponse une telle question.

rément, ce reproche n'en est pas un ; s'il signifie « en contradiction » avec cette essence, M. Bradley doit montrer en quoi et comment il y a contradiction.] Mais s'ils contribuent le moindrement à cette relation, ils doivent sans aucun doute être affectés intérieurement. [*Pourquoi en serait-il ainsi, si leur surface seule y contribue ? Dans des relations telles que celles-ci : « sur », « à un pas de distance », « entre », « proche », etc., il ne s'agit que des surfaces*]. Si les termes y contribuent en quoi que ce soit, alors ils sont affectés [*altérés intérieurement ?*] par la nouvelle combinaison... Que pour des raisons d'ordre pratique, nous considérions, et ayons raison de considérer, certaines relations comme simplement extérieures, je ne le nie pas, et naturellement la question n'est pas là : elle consiste à savoir si, en principe et en fin de compte, une simple relation extérieure *(c'est-à-dire une relation qui peut changer sans faire subir un changement simultané à ses termes)* est possible et si les faits nous contraignent d'y croire »[1].

M. Bradley retourne ensuite aux antinomies de l'espace qui, selon lui, prouvent qu'il est irréel, quoiqu'il apparaisse comme un milieu si fertile en relations extérieures ; et il en conclut que « l'irrationalité et l'extériorité ne peuvent pas être l'ultime vérité sur le monde. Il doit exister quelque part une raison qui les fait apparaître en même temps. Cette raison, cette réalité doit résider dans le tout d'où l'on a extrait les termes et les relations : dans ce tout doit s'effectuer leur connexion interne, et c'est de lui qu'à l'arrière-plan se dégagent ces nouveaux résultats qui n'auraient jamais pu sortir des prémisses » (p. 577). M. Bradley ajoute que « là où le tout est différent, les termes qui contribuent à le déterminer doivent être, dans la même mesure, différents aussi... Ils ne sont modifiés que dans cette mesure [*Dans*

---

1. *Appearance and Reality*, 2ᵉ édition, pp. 575-576.

quelle mesure? Est-ce plus qu'extérieurement, sans que ce soit pourtant de fond en comble ?] ; mais ils sont néanmoins modifiés... Il me faut insister sur ce que, dans chacun des cas, les termes sont déterminés par le tout dont ils font partie [Déterminés comment ? est-ce que leurs relations extérieures, leur situation, leur date, etc., changées comme elles le sont dans le nouveau tout, sont impuissantes à les déterminer dans une mesure suffisante ?] — et sur ce que, dans le second cas, il y a un tout qui diffère du premier tout, logiquement et psychologiquement à la fois, et j'affirme que, dans la mesure où les termes ont contribué à ce changement, ils sont eux-mêmes modifiés » (p. 579).

Ainsi donc, non seulement les relations, mais les termes sont changés, et, pour préciser, changés « und zwar », « dans une certaine mesure ». Mais précisément, dans quelle mesure ? voilà tout le problème, et « de fond en comble » semblerait être, en dépit des affirmations quelque peu indécises de l'auteur[1], la vraie réponse de

1. Je dis « indécises » parce que, sans parler de ces mots : « dans cette mesure-là » — mots qui sentent terriblement l'homme n'ayant qu'à moitié le courage de son opinion, — il y a dans cette page même des passages où M. Bradley admet la thèse pluraliste. Lisez, par exemple, ce qu'il dit, page 578, d'une bille de billard gardant son « caractère » intact, quoique, lorsqu'elle change de place, son « existence » soit changée. Lisez encore ce qu'il dit, page 579, de la possibilité qu'une qualité abstraite A, B ou C, d'une chose « puisse demeurer absolument la même », quoique cette chose soit modifiée. Voyez enfin comment il suppose qu'une chevelure rouge ne subit aucun changement, soit qu'on l'analyse à part de l'individu auquel elle appartient, soit qu'on la considère avec le reste de sa personne (p. 580) ! Pourquoi s'en va-t-il ajouter immédiatement qu'en affirmant l'absence de tout changement à l'égard de ces abstractions, le pluraliste commettrait un sophisme du type « ignoratio elenchi » (ignorance du sujet) ? Impossible d'admettre rien de tel. Notre elenchus, ici, tout le sujet, toute la question, est justement de savoir si les parties qu'il est possible d'abstraire de cer-

M. Bradley. Le « tout » qu'il considère ici comme primitif et comme déterminant la manière dont chacune de ses parties « contribue » à son existence, — ce tout *doit* nécessairement, lorsqu'il change, changer dans sa totalité. Toutes ses parties *doivent* confluer, se compénétrer entièrement, et mutuellement se traverser, pour ainsi dire. Le mot « *doit* » apparaît ici comme un arrêt impératif (Nachtspruch), comme un *ipse dixit* de « l'entendement » absolutiste de M. Bradley; car il avoue franchement qu'il ignore comment il se fait que les parties diffèrent *bien* dans la mesure où elles contribuent à l'existence de différents touts (p. 578).

Malgré tout mon désir de comprendre au nom de quelle autorité parle l'entendement de M. Bradley, ses paroles ne parviennent absolument pas à me convertir. Les « relations extérieures » restent debout, sans une égratignure :[1]

tains touts réels, peuvent également contribuer à former d'autres touts, sans que leur propre nature intérieure en soit modifiée.

Une fois supposé qu'elles peuvent, de cette manière, façonner des touts divers en leur donnant de nouvelles qualités de forme (*gestalt qualitäten*), il s'ensuit désormais que les mêmes éléments peuvent, *logiquement* du moins, exister dans des touts différents, au lieu qu'il faudrait d'autres hypothèses que la nôtre pour concevoir ces éléments comme possédant cette propriété *physiquement*. De l'hypothèse présentement admise, il résultera en outre que des changements partiels ne sont pas inconcevables, et qu'un changement absolu ne s'impose donc pas à titre de nécessité logique; qu'ainsi le monisme n'est qu'une hypothèse; et que l'idée d'un univers constitué par de simples additions est une hypothèse tout aussi respectable rationnellement. De là, en un mot, découlent toutes les thèses adoptées par le pluralisme radical.

1. L'expression ici employée par l'auteur est inspirée d'une boutade d'Hamlet disant au roi : « Bon pour une rosse écorchée de se mettre à ruer; mais nous, notre garrot n'a pas d'écorchure. » (*Hamlet*, acte III, sc. 2.) Trad.

malgré ses efforts pour établir le contraire, elles subsistent à titre, non seulement de notions pratiquement utilisables, mais de facteurs parfaitement intelligibles du réel.

VI

L'entendement de M. Bradley montre l'aptitude la plus extraordinaire à percevoir des séparations et l'inaptitude la plus extraordinaire à comprendre des connexions. Il serait naturel de dire : « Ou bien ni l'un ni l'autre, ou bien l'un et l'autre » : or, c'est ce que ne fait pas M. Bradley.

Quand un homme ordinaire, procédant à une analyse, détache du courant de l'expérience certaines données dont chacune représente *quelque chose* pour lui, il comprend leurs distinctions en tant qu'elles sont ainsi séparées. Mais cela ne l'empêche pas de comprendre également bien, soit leur combinaison entre elles, *en tant qu'originellement perçue dans le concret*, soit le fait qu'elles confluent avec de nouvelles expériences sensibles où elles se présentent à nouveau comme étant « les mêmes ». Rentrés dans le courant de la perception sensible, les noms et les adjectifs, les termes concrets comme : « telle chose », ou abstraits comme : « un quelque chose », se remettent à confluer ; et le mot « est » désigne toutes ces connexions offertes par l'expérience.

M. Bradley comprend la séparation qu'opère l'abstraction, mais il lui est impossible de comprendre la combinaison qui se fait ensuite[1]. « Pour comprendre un fait

---

1. Autant que je puis comprendre son état d'esprit, il s'agit de quelque chose comme ceci : « Livre », « table », « sur » — comment l'existence de ces trois éléments abstraits produit-elle l'existence de *ce* livre sur *cette* table ? Pourquoi la table n'est-elle pas sur le livre ? Ou pourquoi le mot « sur » ne met-il pas en rapport un autre livre ou quelque autre

complexe A B, dit-il, je dois commencer par A ou par B. Supposez que je commence par A : si je ne trouve alors que B, ou bien, j'ai perdu A ; ou bien alors, en plus de A [*le mot « en plus » semble ici capital, comme signifiant une conjonction « extérieure » et par conséquent inintelligible*] j'ai quelque chose d'autre, et, ni dans le premier cas, ni dans le second, je n'ai rien compris[1]. En effet, mon intelligence ne saurait unir des choses diverses, d'autant plus qu'elle n'a en elle-même aucune forme, aucun moyen d'unification. Vous aurez beau, en plus de A et de B, m'offrir leur connexion à titre de fait, vous n'y gagnerez rien, car, pour mon intellect, il n'y a là rien de plus qu'un autre élément externe. Et les *faits*, soit dit une fois pour toutes, ne sont pas vrais pour mon intellect, s'ils ne le satisfont pas... Par nature, l'intellect ne possède aucun principe de simple unification (pp. 570-572).

Il va de soi que M. Bradley a le droit de définir « l'intellect » comme la faculté qui perçoit des séparations, mais ne perçoit pas des connexions, pourvu qu'il en avertisse dûment le lecteur. Mais pourquoi alors reven-

chose qui n'est pas sur la table ? Quelque chose ne doit-il pas, *dans* chacun des trois éléments, déterminer d'avance les deux autres relativement à *soi*, afin qu'ils ne s'installent pas ailleurs ou ne flottent pas dans le vague ? Est-ce que le *fait tout entier ne doit pas être préfiguré dans chacune de ses parties* et exister *en droit* avant d'exister *en fait*? Mais, s'il en est ainsi, en quoi peut consister l'existence, en droit, sinon dans une miniature spirituelle de la constitution totale du fait actualisant comme sa fin chaque facteur partiel? Or, y a-t-il là autre chose que l'ancienne illusion métaphysique consistant à chercher derrière le fait *réel* le fondement de ce fait, pour le trouver sous la forme du même fait à l'état de simple possibilité ? Il faut bien nous arrêter quelque part à une constitution derrière laquelle il n'y a rien.

1. Appliquez cela à l'exemple du « livre-sur-la-table » !

W. J.

diquer pour une faculté mutilée et amputée à ce point, le droit de régenter absolument la pensée philosophique; et pourquoi taxer d'irrationalité le monde de l'expérience tout entier?

Il est vrai que M. Bradley attribue ailleurs à l'intellect un *proprius motus* de transition, tout en disant que quand il cherche ces *transitions* dans les particularités de l'expérience concrète, il est « incapable de vérifier une telle solution » (p. 569). Cependant il n'explique jamais ce que pourraient bien être ces transitions intellectuelles, dans le cas où elles se produiraient en nous. Il ne les définit que d'une façon négative : elles ne sont point spatiales, ni temporelles, ni attributives, ni causales; elles ne sont pas sérielles, que ce soit qualitativement ou d'une autre façon, ni « aucunement » relatives à la manière naïve dont nous établissons ces relations, car les relations *séparent* les termes et ont elles-mêmes besoin d'autres relations pour être accrochées les unes aux autres, à l'infini.

Où M. Bradley approche le plus de la description d'une transition vraiment intellectuelle, c'est quand il parle de A et de B comme étant « unis, parce que leur union résulte, pour chacun d'eux, de sa propre nature et aussi de la nature du tout dans lequel se fait cette union » (p. 570). Or voilà, n'en déplaise à M. Bradley, quelque chose de délicieusement analogue au fait de « prendre en bloc », sinon « d'immerger en bloc », à la manière d'un morceau de sucre, « tout un agrégat de particules »; et voilà qui ne fait pas penser à autre chose qu'à ce *flux complexe* et si abondant sans cesse offert par l'expérience pure, comme, par exemple, lorsque « de l'espace », « du blanc » et « du doux » se trouvent avoir pour confluent un « morceau de sucre » ou lorsque des sensations kinesthésiques, des sensations cutanées et des sensations visuelles ont pour confluent « ma main ». Tout ce que je puis reconnaître et admettre dans les transitions que l'entendement de M. Bradley postule comme constituant son *mouvement propre*, c'est une réminiscence de ces liaisons sensibles ou des autres liaisons du même genre, telles que les liaisons spatiales; mais une réminiscence si vague que les données originelles en sont impossibles à distinguer.

En somme, Bradley répète la fable du chien et de l'os dont l'image se reflète dans l'eau. En présence d'un monde d'objets particuliers qui vous sont donnés comme formant l'union la plus adorable; en présence d'un monde aux connexions offrant une variété définie en ce qu'elles apparaissent comme nettement définies dans leur variété même; en présence d'un monde dont le « comment » vous est intelligible dès le moment où ces connexions se perçoivent à titre de fait accompli[1], puisque le *comment* n'est rien en dehors des éléments constitutifs du fait lui-même : alors que tout cela, dis-je, est donné à M. Bradley dans l'expérience pure, il exige qu'on effectue dans l'abstrait je ne sais quelle mystérieuse union qui, s'il l'obtenait, ne serait qu'un duplicata de celle que l'expérience lui fournit toute faite! Vraiment, il abuse du privilège, que la société ne nous conteste pas, à nous autres philosophes, de voir des énigmes partout!

Toute cette polémique est bien déplaisante; mais, si je m'abstenais de défendre mon empirisme radical contre le plus réputé de ses adversaires, une telle abstention me ferait passer pour un esprit superficiel, ou bien elle serait regardée comme un aveu d'impuissance, à l'heure

---

1. La question du « pourquoi » et la question de l' « origine » sont de toutes autres questions, et ce n'est pas d'elles qu'il s'agit en ce moment, si je comprends bien M. Bradley. Il ne s'agit pas de savoir comment naît l'expérience : l'énigme à résoudre, c'est de savoir comment l'expérience se trouve être ce qu'elle est, une fois née.

où s'affirme presque partout la suprématie de l'absolutisme.

Ma conclusion est que la dialectique de M. Bradley n'a pas infirmé le moins du monde la croyance ordinaire aux connexions faisant du monde sensible un monde si divers et si cohérent tout à la fois. J'ajoute que sa dialectique, en particulier, laisse subsister une théorie de la connaissance fondée sur l'expérience : il nous reste permis de continuer à croire avec le sens commun que, si l'on juge valablement qu'un certain objet est effectivement *connu* d'un certain sujet, il sera *connaissable* pour plusieurs.

APPENDICE B

LE RÉEL ET LE CHANGEMENT

Dans mes *Principes de Psychologie* (vol. II, p. 646), j'ai parlé d'un « axiome de l'omission des intermédiaires, et du transfert des relations ». J'appelle ainsi un principe applicable à une série de termes; et l'exemple le plus familier à tous en est fourni par l'axiome fondamental de la logique, par le *dictum de omni et nullo* ou, suivant ma formule, par cette règle que ce qui est vrai du *genre* est nécessairement vrai de l'*espèce* qui en fait partie. Une quantité, plus grande qu'une seconde qui est elle-même plus grande qu'une troisième, sera plus grande que cette dernière; deux quantités égales à une même troisième sont égales entre elles; des choses identiques à une autre sont identiques entre elles; la cause d'une cause est la cause des effets de cette cause : voilà encore autant d'applications de cette loi générale.

Elle s'applique infailliblement et sans restriction d'un bout à l'autre de certaines séries abstraites, là où les « identités », les « causes » en question sont de *pures* causes et de *pures* identités, sans qu'aucune autre propriété s'ajoute à cette identité, à ce caractère de causalité, etc. On ne saurait pourtant l'appliquer sans hésitation à des objets concrets dont les propriétés et les relations sont multiples. Il est, en effet, bien difficile de tracer une ligne droite qui soit celle de l'identité, de la causation, etc., pour toute une série d'objets de ce genre, sans dévier vers quelque « point de vue » qui se trouve incompatible avec la relation poursuivie primitivement : les objets concrets ont de si nombreux *aspects*, qu'en les observant, nous sommes constamment détournés de notre première direction, et que, sans savoir pourquoi, il nous arrive de suivre une piste différente de la piste initiale. Ainsi, en un sens, un chat est la même chose qu'une souricière, et une souricière la même chose qu'une cage d'oiseau; mais, en aucun sens appréciable et intelligible, un chat n'est la même chose qu'une cage d'oiseau. Le commodore Perry fut, en un sens, la cause de l'introduction du nouveau régime au Japon, et ce nouveau régime fut la cause de l'établissement de la Douma russe; mais à quoi nous servirait-il de vouloir à toute force concevoir Perry comme la cause de la Douma? Les termes sont maintenant trop éloignés l'un de l'autre pour qu'il y ait entre eux aucun rapport réel et d'intérêt pratique.

Dans n'importe quelle série de termes, il n'y a pas que les termes qui changent, avec ceux qui s'y trouvent associés, avec tout ce qui les entoure : il y a *nous* qui changeons aussi; il y a leur *sens* qui change pour nous. De nouvelles sortes d'identité, des modes nouveaux de causation, viennent ainsi s'offrir à nous en détournant à leur profit notre attention. Les lignes d'abord adoptées par nous ne peuvent plus convenir, et nous les abandonnons. Les anciens termes ne sauraient servir de substituts à présent, et les relations jusqu'alors établies ne sont plus « transférables », par suite de toutes ces nouvelles dimensions que l'expérience a présentées en se développant. Au lieu d'une ligne droite, c'est une ligne en zigzag qu'elle suit en ce moment, et pour la maintenir dans la ligne droite, il faudrait faire violence à son mouvement spontané.

Certes, il ne serait pas absolument impossible, en cherchant bien, — quoique j'en doute, — de *trouver* dans la nature une ligne le long de laquelle on réussirait à dérouler indéfiniment des termes rigoureusement identiques ou des causes produisant leurs effets de la même manière, s'il arrivait qu'on eût intérêt à faire cette découverte. Dans les limites tracées par des lignes de ce genre, nos axiomes pourraient demeurer applicables, et les causes pourraient avoir chacune sa part dans les effets de son propre effet; mais ces lignes, si elles étaient découvertes, ne seraient que des parties d'un vaste filet naturel qui en comprendrait d'autres. En tenant compte de ces dernières, vous ne pourriez plus dire que le principe de l'omission des intermédiaires demeure toujours valable : du moins ne le pourriez-vous qu'en donnant à ce principe un sens auquel un homme sain d'esprit ne songerait jamais, — un sens qui, appliqué concrètement, serait une *niaiserie*. Dans le monde de la vie *pratique*, dans le monde auquel nous nous conformons selon les significations qu'il a pour nous, deux choses identiques à une autre ne sont certainement pas identiques entre elles, et sans cesse il y a des choses qui agissent comme causes à l'égard de certaines autres, sans que leur soient imputables tous les effets produits par ces dernières.

Le professeur Bergson, croyant, comme il le fait, au « devenir réel » que concevait Héraclite, devrait, si je le comprends bien, nier expressément que, dans le monde réel, les axiomes logiques soient toujours et indistinctement applicables. D'après lui, non seulement les termes changent bel et bien, de sorte qu'après un certain temps les éléments mêmes des choses ne sont plus ce qu'ils étaient; mais les rapports changent également, si bien qu'ils ne se comportent plus de la même manière entre les choses nouvelles qui ont remplacé les anciennes.

S'il en était réellement ainsi, le même aurait beau pouvoir indéfiniment se susbtituer au même dans le monde de la logique qui n'est qu'identité pure : dans le monde réel de l'action, il viendrait un moment où les lignes d'identité se déroberaient et deviendraient impossibles à prolonger. Dans ce monde-là, les choses identiques à d'autres ne seront pas toujours, ou plutôt ne seront jamais, à proprement parler, identiques entre elles ; car c'est un monde où il *n'existe* aucune identité réelle ou idéale entre des choses numériquement différentes. Dans ce même monde, il ne sera jamais vrai non plus que la cause de la cause est sans réserve la cause de l'effet de celle-ci ; car, si nous suivons les lignes de causation dans la réalité, au lieu de nous contenter des schémas qui, sortis des mains de Hume et de Kant, sont comme des corps vidés de leurs entrailles, nous voyons que les effets lointains sont rarement visés par les intentions causales[1], que nulle espèce d'activité causale ne se prolonge indéfiniment, et que c'est seulement *in abstracto* qu'on peut parler du principe de l'omission des intermédiaires.

Le *Monist* (vol. I, II et III, 1890-1893) contient un certain nombre d'articles de M. Charles-S. Peirce. Ces articles n'ont pas fait impression au moment où ils ont paru, probablement à cause même de leur originalité ; mais, si je ne me trompe, ils deviendront une mine d'idées précieuses pour les penseurs des générations futures. Les vues de M. Peirce s'accordent entièrement avec celles de M. Bergson, quoiqu'il y soit arrivé par des voies très différentes. Tous deux croient que ce qui apparaît comme nouveau dans les choses, est d'une authentique nouveauté. Pour un observateur placé en dehors des causes

---

1. Par exemple, comparez la Douma avec le but poursuivi par Perry.

qui la produisent, la nouveauté semble être un pur « hasard » : pour celui qui les observe du dedans, cette nouveauté est la manifestation d'une « libre activité créatrice ». Le « tychisme » ou *fortuitisme*, de Peirce est ainsi pratiquement synonyme du « devenir réel » de Bergson.

Ce qu'on objecte communément à cette conception, c'est que des choses nouvelles, jaillissant brusquement *ex nihilo* pour faire irruption dans l'univers, feraient comme voler en éclats sa continuité rationnelle.

Peirce réfute cette objection en combinant son « fortuitisme » avec une doctrine « synectique » ou de continuité qu'il établit expressément, et ces deux doctrines vont se rejoindre dans une synthèse supérieure à laquelle il donne le nom d' « agapasticisme » (Loc. cit. III, 188) et qui est exactement l' « évolution créatrice » de Bergson.

La nouveauté, telle qu'on la rencontre dans l'expérience, ne survient pas par sauts et par secousses, d'après Peirce : elle s'infiltre insensiblement, car, au sein de l'expérience, les parties adjacentes s'interpénètrent toujours, le plus faible élément du réel étant tout à la fois quelque chose qui se présente et quelque chose qui se retire, de sorte que les distinctions, même numériques, ne se réalisent qu'à la suite d'un intervalle concret. Ces intervalles contribuent précisément à nous jeter hors des lignes suivant lesquelles notre pensée s'était d'abord dirigée : toutes les vieilles identités finissent par s'évanouir, car les éléments nouveaux s'infiltrent d'une façon nécessairement continue au milieu des choses. Il en est ici ce qu'il en est d'une courbe qui ne suit *jamais* la même direction, et dont vous faussez l'idée en l'identifiant à un polygone de mille côtés. Peirce parle d'une tendance « infinitésimale » des choses à se diversifier sans cesse. La notion mathématique de l'infinitésimal se trouve impliquer en fait tout le paradoxe consistant à poser au sein même de l'identique une variation naissante, à concevoir une identité qui ne *persistera* qu'en persistant à *disparaître*, et ne pourra se prêter à aucun *transfert*, pas plus que les relations des termes d'une série ne s'y prêtent, lorsqu'on applique ces relations à la réalité, au lieu de ne les appliquer qu'à de purs concepts.

Un de mes amis a une idée qui met en lumière avec un énorme grossissement l'impossibilité de tracer la même ligne dans la réalité que dans l'esprit. Que faut-il, pense mon ami, pour donner à l'histoire un caractère scientifique ? Il suffit de déterminer d'abord exactement le contenu de deux époques quelconques, — par exemple, la fin du XIIIe siècle et la fin du XIXe ; — puis de déterminer non moins exactement la direction du changement qui conduit de l'une à l'autre ; et enfin de prolonger dans l'avenir la ligne qui représente cette direction. Par cette ligne ainsi prolongée, nous devrions, d'après mon ami, pouvoir définir la situation réelle des choses pour telle date future qu'il nous plairait. Or, nous sentons tous combien une telle conception de l'histoire est essentiellement en désaccord avec la réalité. Eh bien ! supposez que le monde réel soit effectivement ce qu'il est pour le pluralisme synectique ou continu admis par Peirce, par Bergson et par moi : alors tous les phénomènes, même les plus simples, où se développe le monde ainsi conçu, seraient pareillement réfractaires à notre science, si elle prétendait nous donner de ce développement une description littérale et rigoureuse, au lieu de s'en tenir à des descriptions approximatives, à des constatations que la statistique permettrait de généraliser.

Je ne puis, dans cette note, m'étendre davantage sur les idées de M. Peirce ; mais j'engage vivement tous ceux qui étudient Bergson à les comparer avec celles du philosophe français.

INDEX ALPHABÉTIQUE

Absolu (L'), 32, 46, 103-4, 106 sq., 167, 179 sq., 194 sq., 262, 283 sq., 299. — Distinct de Dieu, 105, 126. — Son caractère rationnel, 108. — Son caractère irrationnel, 108 sq. — Difficulté de le concevoir, 185.
Absolutisme, 32, 37. V. Monisme.
Achille et la Tortue, 216, 244.
Allemande (philosophie), 15.
Ame (L'), 189, 199.
Analogie, 7, 143 sq.
Anges, 156.
Antinomies, 219, 227.
Autre, 90, 301. — Son propre autre, 103, 271.

Bailey, 3.
Bergson (H.). Sixième Leçon, *passim* et note p. 321. — Traits distinctifs, 226 sq., 256.
Bradley (F. H.), 43, 65 sq., et Appendice A.

Caird (E.), 51, 89, 130.
Changement, 219 et Appendice B.

Cerveau, 152.
Chimie mentale, 174.
Chute (La), 113, 299.
Composition des états psychologiques, 160 sq., 166, 176 sq., 259, 270-4, 283.
Concepts, 207, 220 sq.
Conceptuelle (Méthode), 232 sq., 243 sq.
Concrète (Réalité), 271, 276.
Confluence, 246, 314.
Conscience (surhumaine), 148, 299 sq.; est un composé, 160, 164-5, 174 sq.
Continuité, 246 sq., 313-4.
Contradiction (Hegel), 84 sq.
Création, 23 sq.

Degrés, 70-71.
Dialectique (Méthode), 84 sq.
Différence, 247 sq.
Dieu, 24 sq., 105, 119, 183, 229, 284, 300.
Discontinuité, 219 sq., 251.

Elan vital, 253.
Empirisme, 255, 265, et Religion, 302, définition, 6.

Endosmose, 247.
Epais (L'), 128.
Expérience et raison, 300; religieuse, 290 sq.; finie, 36, 44, 172, 182 sq.
Extériorité, 23 sq., 307.
Extrêmes, 64 sq.; 70-71.

Fechner : quatrième leçon, *passim*. Sa vie, 138; il raisonne par analogie, 143; son génie, 146; Fechner comparé avec Royce, 165 sq.; pas véritablement moniste, 283 sq.; et l'expérience religieuse, 296 sq.
Ferrier, 4.
Foi (Échelle de la), 317.
Forme (*chaque*), 32, 312.
Forme (*tout*), 32, 312.

Green (T. H.), 4-5, 129, 266, 267.

Haldane, 131.
Hegel, 3e leçon; 9, 197, 202, 210, 287.
Humanisme, 306.
Hume, 17, 258.

Idéalisme, Voir Monisme.
Identité, 88, 260.
Immortalité (Fechner), 163.
Indéterminisme, 73, 313.
Infinité, 217.
Influence, 52, 249.
Intellect (Entendement), 236.
Intellectualisme, 56, 208.
Intellectualiste (Logique), 206,
231, 250, 252. (Méthode), 280.
Interaction, 52.
Intimité, 21 sq., 309.
Irrationnel, 77, 111-124, 309.

Jacks, 33.
Joachim, 115, 134.
Jones, 49.

Kant, 17, 189, 227-231.

Leibniz, 113.
Logique, 87, 201 sq., 207 sq.
Lotze, 52, 114.
Luther, 292, 293.

« Maigreur » du transcendantalisme courant, 136, 168.1
MacTaggart, 48, 71, 115, 132, 172.
Mal, 299.
Mill (J. S.), 119, 174, 231, 250.
Mentale (la poussière), 177.
Monisme, 2e leçon; 34, 111, 191, 301, 310 sq. M. de Fechner, 145. V. Absolutisme.
Mort (La), 292, 294.
Mouvement, 222, 227, 244.
Multiplicité, 272, 287. Voir Composition.

Nature, 19 sq., 276.
Négation, 88 sq. Double négation, 96.

Oxford, 2, 302.

Panthéisme, 22, 26.
Paulsen, 16, 18, 21.

Personnalité (Dédoublement de la), 289.
Philosophes, leur méthode, 7; leur aspiration commune, 9; ils doivent raisonner, 11.
Philosophies (différents types), 22, 29.
Plantes (Ame des), 158.
Pluralisme, 40 sq., 73, 75, 301 sq., 313, 315 sq.
Polythéisme, 298.
Pratique (Raison), 318.

Rationalisme, 6, 92, 136, 226.
Rationnel, 77, 106, 308.
Réalité, 252, 254, 272 sq.
Relations, 66 sq., 76, 266 sq.
Royce, 57 sq., 109, 110, 165-6, 172-3, 188, 197, 202, 256, 287.

Sauvages (Philosophie des), 19.
Science, 137.
Sensation, 277 sq.
Socialisme, 74.
Socrate, 208.
Spinoza, 43.

Spiritualisme, 21, 22, 29.
Sujet (de la connaissance), 190 sq.
Synthèse psychique. V. Composition,

Taylor (A. E.), 72, 132, 202.
Théisme, 22.
Témoins (du réel), 190 sq.
Temps, 219 sq., 272.
Terre (Ame de la), 148.

Unité. Voir Multiplicité.
Unités (concrètes), 277.

Vertige, 222.
Vie, 250, 272.
Vision (en philosophie), 6, 8-9, 18.
Volonté de croire, 317.

Wells (H. G.), 74.
Wundt, 174.

Zénon, 216 sq.

TABLE DES MATIÈRES

PREMIÈRE LEÇON

Les aspects de la pensée philosophique. 1

Renaissance de la philosophie à notre époque. — Le ton change depuis 1860. — Définition de l'empirisme et du rationalisme. — Comment procèdent les philosophes : voulant expliquer l'univers, ils y choisissent une partie et l'interprètent tout entier par elle. — Ils s'efforcent de faire qu'il paraisse nous être moins étranger. — Différences que leur tempérament met entre eux. — Nécessité de reconstruire les raisonnements d'où sont sortis leurs systèmes. — Leur tendance à un excès de technicité. — Exagération en ce sens chez les Allemands. — Importance de la vision chez le philosophe. — La pensée chez les primitifs. — Le matérialisme et le spiritualisme. — Deux types de spiritualisme : le théisme et le panthéisme. — Le théisme laisse l'homme en dehors de Dieu. — Le panthéisme identifie l'homme et Dieu. — Les tendances contemporaines vont au panthéisme. — Légitimité de notre prétention d'être quelque chose d'essentiel dans l'univers. — Pluralisme contre monisme. — Deux formes pour représenter l'univers : la forme chaque, et la forme tout. — Comment se caractérise l'idéalisme absolu. — Particularités qui appartiennent à une conscience finie et ne sauraient appartenir à l'absolu. — Le panthéisme met la première dans l'impossibilité de communiquer avec le second.

DEUXIÈME LEÇON

L'idéalisme moniste 39

Récapitulation. — Le pluralisme radical sera la thèse adoptée dans ces conférences. — La plupart des philosophes le dédaignent. — L'absolu de Bradley est chose qui nous reste absolument étrangère. — Spinoza : sa distinction entre Dieu en tant qu'infini et Dieu en tant que constituant la pensée humaine. — Difficulté d'entrer en sympathie avec l'absolu. — Comment l'idéalisme essaie de le présenter. — Réfutation du pluralisme par les partisans de l'absolu. — Examen critique de la preuve invoquée par Lotze en faveur du monisme : analyse de ce qu'implique l'idée de l'action d'une chose sur une autre. — Définition de l'intellectualisme mal compris. — Alternative posée par Royce : ou bien la séparation complète des choses, ou bien leur union absolue. — Difficultés que soulève Bradley, au nom de la logique, à l'égard des relations entre les choses. — L'hypothèse de l'absolu ne rend pas rationnelles les choses jugées irrationnelles. — Tendances des rationalistes à se jeter dans les conceptions extrêmes. — Le problème des relations « extérieures ». — Transition pour passer à Hegel.

TROISIÈME LEÇON

Hegel et sa méthode. 79

Influence de Hegel. — Caractère impressionniste de sa vision. — Il met dans les choses elles-mêmes « l'élément dialectique ». — Le pluralisme admet comme possibles des conflits entre les choses. — Hegel explique ces conflits par une contradiction mutuelle des concepts. — Il tente de dépasser la logique ordinaire. — Critique de cette tentative. — Exemples de la constitution « dialectique » des choses. — Idéal que poursuivent les rationalistes : des propositions trouvant leur propre garantie dans une double négation. — Sublimité de cette conception. — Critique de l'explication proposée par Hegel : elle implique un intellectualisme mal compris. — Hegel est un voyant plutôt qu'un logicien. — « L'absolu » et « Dieu » sont deux notions différentes. — Utilité de l'absolu pour donner la paix mentale. — Mais cette utilité est contre-balancée par les paradoxes qu'une telle idée introduit dans la philosophie. — Idées de Leibniz et de Lotze sur la « chute » impliquée dans la création du monde fini. — Comment, d'après Joachim, la vérité est « tombée » dans l'erreur. — Là-dessus, comme sur l'idée d'un monde parfait, l'absolutisme soulève des problèmes, au lieu d'apporter une solution. — Conclusion en faveur du pluralisme.

QUATRIÈME LEÇON

Fechner. 125

L'existence de consciences supérieures à la conscience humaine n'implique pas nécessairement un esprit absolu. — « Maigreur » de l'absolutisme contemporain. — Le ton du panthéisme empirique de Fechner contraste avec celui du panthéisme rationaliste. — Vie de Fechner. — Sa vision est ce qu'il appelle « la vision lumineuse du monde ». — Sa manière de raisonner par analogie. — Pour lui l'univers entier est animé. — Sa formule moniste n'est pas nécessairement liée à son système. — L'âme de la Terre : en quoi elle diffère de nos âmes. — La Terre est un ange. — L'âme des plantes. — La logique de Fechner. — Sa théorie de l'immortalité. — Caractère « substantiel » de son imagination. — Infériorité du panthéisme transcendantal ordinaire par rapport à la vision de Fechner.

CINQUIÈME LEÇON

La composition des consciences 170

Hypothèse relative à la possibilité pour les états de conscience de se combiner librement. — Cette hypothèse est commune à la psychologie naturaliste, à l'idéalisme transcendantal, et à Fechner. — Critique de cette hypothèse par l'auteur de ce livre dans un ouvrage antérieur. — On ne peut pas invoquer ici l'analogie des combinaisons dites physiques. — Néanmoins l'idée d'une combinaison entre les parties de l'univers est un postulat nécessaire. — Objections que la logique adresse à ce postulat. — La méthode rationaliste, en cette matière, aboutit à une impasse. — Nécessité de rompre radicalement avec le rationalisme. — Transition pour passer à la philosophie de Bergson. — Du mauvais usage des concepts.

SIXIÈME LEÇON

Bergson et sa critique de l'intellectualisme . . . 213

La personnalité du professeur Bergson. — Achille et la Tortue. — Ce n'est pas un sophisme. — On fait du mouvement une chose inintelligible, en lui appliquant des concepts immuables. — Immense utilité pratique de la méthode conceptuelle. — Mais le rationalisme traditionnel nous donne un univers absolument immobile. — On ne saurait donc s'accommoder du point de vue intellectualiste. — Il ne rend pas compte de l'action, du changement, c'est-à-dire des données immédiates de la vie. — Encore une fois, caractère pratique, plutôt que théorique, du rôle joué par les concepts. — Bergson nous renvoie à l'intuition ou à l'expérience sensible, si nous voulons comprendre comment la vie se déroule. — Ce qu'il entend par là. — Nécessité d'admettre la multiplicité dans l'unité. — Ce qui existe réellement, ce ne sont pas des choses toutes faites, mais des choses en voie de se faire. — L'originalité de Bergson. — Impuissance de la logique intellectualiste à définir un univers où le changement est continu. — Dans leur réalité vivante, c'est par rapport à elles-mêmes que les choses sont « autres »; et ainsi la logique de Hegel est vraie en un certain sens.

SEPTIÈME LEÇON

La continuité de l'expérience 267

Comment Green juge le sensualisme. — Aussi bien que les termes, les relations sont des données immédiates.

TABLE DES MATIÈRES 367

— *La continuité des choses apparaît dans leur flux lui-même, immédiatement connu : elle n'est nullement l'œuvre d'une raison tout abstraite qui ferait disparaître leur incohérence originelle. — La continuité se déroule dans les données élémentaires de l'expérience. — Valeur illusoire des objections formulées contre la composition des états de conscience. — Les unités concrètes de l'expérience sont « autres » par rapport à elles-mêmes. — De proche en proche, la réalité effectue sa convergence. — Il faut nettement répudier l'intellectualisme. — L'absolu n'est qu'une hypothèse. — Le Dieu de Fechner n'est pas l'absolu. — Par l'absolu ne se résout aucune des difficultés que soulève l'intellectualisme. — L'existence d'une conscience surhumaine est-elle vraisemblable ?*

HUITIÈME LEÇON

Conclusions 291

Une expérience religieuse ayant ses caractères distinctifs, est chose qui se constate. — Nature de cette expérience. — Elle confirme l'idée d'une vie plus vaste à laquelle nous prenons part. — Cette vie ne saurait se concevoir comme infinie, si l'on veut échapper aux paradoxes du monisme. — Dieu conçu comme un être fini. — L'empirisme est pour la religion un meilleur allié que le rationalisme. — Les preuves empiriques de l'existence d'un esprit plus vaste peuvent ouvrir la porte aux superstitions. — Mais cette objection n'est pas décisive. — Nos croyances font partie de la réalité. — C'est par l'empirisme pluraliste que s'établit pour nous la relation la moins lointaine avec Dieu. — Le mot « rationnel » serait remplacé avantageusement par le mot « intime » ou « intérieur ». — Distinction et définition du monisme et du pluralisme. — Le pluralisme implique l'indéterminisme. — La foi est l'échelle qui conduit l'homme à ses décisions. — Conclusion dernière.

NOTE de la page 239. — *Comment peut s'interpréter la théorie du professeur Bergson sur le caractère exclusivement pratique des concepts* 321

APPENDICES

	Pages
A. — La chose et ses relations	327
B. — Le réel et le changement	352

INDEX 359

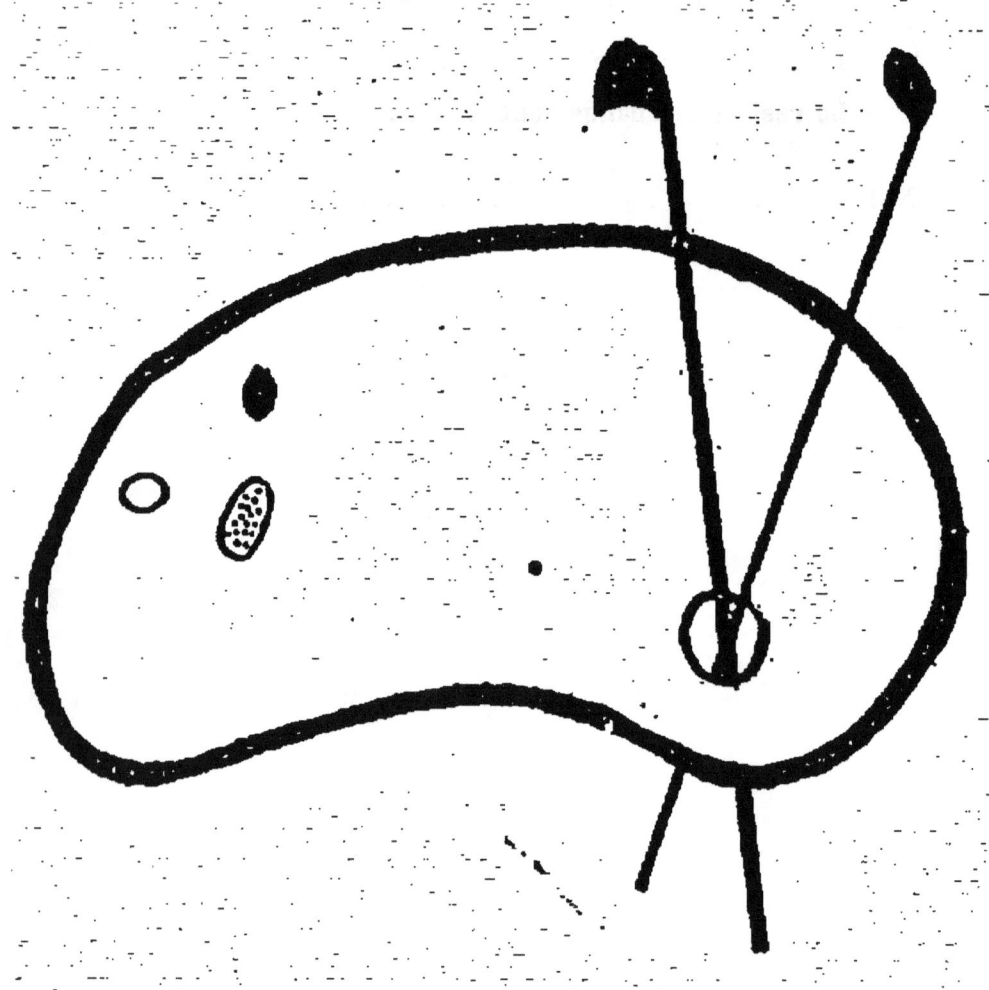

ORIGINAL EN COULEUR
NF Z 43-120-8

www.ingramcontent.com/pod-product-compliance
Lightning Source LLC
Chambersburg PA
CBHW050534170426
43201CB00011B/1426